文化很重要，这一结论明显是正确的，真正的问题在于“文化是怎样重要的？”就文化本身来说，它既非永恒和静止不变的，也不是独立于社会认识和行为的其他决定性因素——社会、政治和经济等——的“孤立的力量”。而更好地解释社会变化的需要则必然要求我们“将文化从命运的幻觉中分离出来，且将其与其他相互影响和相互作用的社会进程联系起来”。

作为一种开放的、跨学科的研究范式，文化研究旨在阐明文化因素“如何激发某些领域的社会变革，同时抑制某些领域的社会变革”。文化研究也是理解社会变革，为进步性社会变革寻找新的知识资源的一种努力，“因为此时，现存的知识范式，包括科学的知识范式和政治的知识范式，均处于危机之中，而且变革的驱动器似乎已经由经济领域和政治领域转向文化领域。”

刘　涛／著

文化视域下的
社会变革
——云南民族关系演进与文化生产

SOCIAL REFORM IN THE PERSPECTIVE OF CULTURE
The Construction of Ethnic Relations and Cultural Production in Yunnan Province

社会科学文献出版社
SOCIAL SCIENCES ACADEMIC PRESS (CHINA)

序　言

施惟达

文化生产与人类的诞生同步。从他们把自然界的某种生物或非生物当作自己的亲属开始，从他们围着死去的同类唱歌跳舞开始，从他们使用语言来交流信息、表达感情开始，从他们用特定的方式把自己组织起来生产自己的生活资料开始，文化生产就已出现。正如马克思和恩格斯曾指出的，“思想、观念、意识的生产最初是直接与人们的物质活动，与人们的物质交往，与现实生活的语言交织在一起的。人们的想象、思维、精神交往在这里还是人们物质行动的直接产物。表现在某一民族的政治、法律、道德、宗教、形而上学等的语言中的精神生产也是这样”。[①] 人类是文化的动物，文化是人类生产（创造）出来的。人类在生产文化的同时，也在不断地生产自己的生命。

文化生产是社会生产不可或缺的组成部分。在以往的研究中，比较注重文化生产的精神特性或艺术特性，基本用精神生产或艺术生产来指代文化生产，视其为与物质生产相分离的活动，也是统治阶级和知识分子的专利。马克思和恩格斯就说：“分工也以精神劳动和物质劳动的分工的形式在统治阶级中间表现出来，因此在这个阶级内部，一部分人是作为该阶级的思想家出现的，他们是这一阶级的积极的、有概括能力的玄想家，他们把编造这一阶级关于自身的幻想当作主要的谋生之道。”[②] 如果全面地审视文化，不仅有属于统治阶级的上层文化，还有属于被统治阶级的下层或民间文化。事实上，社会的每个成员都置身于特定的文化之中，在他们享有特定文化的同时，又都在参与着文化的生产与再生产。

---

① 《德意志意识形态（节选）》，《马克思恩格斯选集》第1卷，人民出版社，1995，第72页。

② 《德意志意识形态（节选）》，《马克思恩格斯选集》第1卷，人民出版社，1995，第96页。

人类的生产活动与消费活动关系紧密。马克思指出，“生产直接是消费，消费直接是生产”。[①] 这话对于人类的文化生产和消费来说尤为贴切。不仅是因为同时在两者之间存在着一种中介运动，而且因为文化生产的过程往往同时也就是文化消费的过程；反之，文化消费的过程也就是文化（产品）的再生产过程。艺术家演奏一首乐曲既是文化生产也是文化消费，听众欣赏一首乐曲既是文化消费，同时也以自身能动性的文化体验再生产了这首乐曲。大众在日常生活中遵从某种风俗，庆祝某个节日，同时也就把这种风俗和节日再生产出来。

文化生产不仅包括哲学、艺术等社会的上层文化部分的生产，而且包括民间风尚习俗、日常生活样式等的生产，以及生产方式和社会制度等。如果不局限于传统的精神生产或艺术生产的视域，从更广泛的文化生产的角度来检讨人类社会历史的发展，就会发现一些新的意味。不仅文化在社会中的涵盖面将更广，渗透度更深，影响力更大，文化生产在社会秩序形成、变迁过程中的作用也将越发突出。

云南自古以来就是民族迁徙的通道，文化传播的走廊。不同的民族在这里分合聚散，不同的文化在这里交流碰撞，形成一个多民族杂居、多文化并存的局面。长期以来，云南的民族关系总体上呈现出和谐融洽的态势。不同的民族既保留着自身的文化，又有着强烈的国家认同意识，这在云南是一个很显著的现象，也是云南民族关系的一个突出特点。如何解释这个现象，学界尚未给予足够的关注。

刘涛博士勤奋好学，敏锐多思，从文化生产的角度探讨云南民族社会演进中多民族之间相互关系形成的历史及原因，取得可喜的成果。为了研究的方便和集中，作者将文化生产定义为“与社会秩序合理化有关的文化产品的创造、复制、传播、接收、理解、解释、使用活动的总和”。这虽然不是一个周全的定义，但对于确立自己的研究范围有其合理性。在吸收、借鉴以往相关研究成果的基础上，作者选取云南历史上有代表性的几个时期，如南诏大理国时期、明清时期和现当代等，并选取有代表性的文化生产（产品），如阿吒力教、南诏图传、“两爨碑”、张胜温画卷、剑川石窟、汉字文化的吸取运用、儒学教育的发展、科举制度、现代学校教育、民族研究直至民族文化产业等，剖析文化生产怎样参与建构一个边疆

① 《〈政治经济学批判〉导言》，《马克思恩格斯选集》第2卷，人民出版社，1995，第9页。

地方的社会秩序及民族关系，令人耳目一新。如：在南诏国、大理国时期，云南地方政权将融合了多种宗教成分与本土原始信仰的阿吒力教奉为国教，其中的重要原因是为了建构自身的合法性。作者并对现存重要文物《南诏图传》进行剖析，指出“表面上，《南诏图传》的产生是南诏王舜化贞要辨析关于圣教（阿吒力教）由胡、梵、蕃、汉这些外地、外族传来的各种传说，探求阿嵯耶观音圣迹的真正源起。但揭开宗教因素的遮蔽，在更深的层次上，《南诏图传》的产生也可以被解读为南诏官方对‘圣教’起源的本土化建构，并试图在排斥或者说弱化其他外来宗教、外来文化——尤其是来自中原内地的——影响的基础上以本土化‘佛法’的传承作为王室统治合理性的依据”。这样的结论是能给人启发的。大理国时期的《张胜温画卷》则是大理国以“圣教”立国的另一重要文化产品。

汉字及其所表述的文化在云南的流传及使用就是汉文化在云南的生产及再生产。南诏国曾先后派遣数千人到成都学习孔子诗书。大理国时期诵读儒家经典成为一时风尚，国君派遣使臣到宋朝朝廷求书，商人也到内地购买如《文选五臣注》《五经广注》《春秋后语》《五藏论》《大般若十六会序》《押韵》《百家书》等典籍。元代开始在云南设立行省，云南重归中央政府的治下。明代以后，随着“改土归流”的实施，儒学教育得到进一步推广普及。明洪武十七年（1384 年），诏命云南增设学校，县设书院，乡设乡塾，云南文化生产与再生产的主流开始完全汉化。与《史记·西南夷列传》中所记载的楚庄蹻入滇时的“变服，从其俗，以长之”的情况相反，这时期云南各民族都向汉文化学习，践行汉文化。例如天启《滇志》说，“白人（即白族），迤西诸郡强半有之。习俗与华人不甚远，上者能读书”。其中佼佼者如李元阳为嘉靖时进士。《明史·土司传》记：“云南诸土官，知诗书，好礼守义，以丽江木氏为首。”可见，中原王朝与云南地方政权之间虽然也不时会有矛盾、冲突，但总体上看，云南各民族还是和谐共处的。探究其文化生产与再生产的状况，无疑有助于我们加深对维护民族团结和培养中华民族共同体意识等问题的理解。

毫无疑问，文化产业的产生是人类文化生产方式的一大变革，它使人类的文化生产以整体的方式获得社会经济生产的属性，而不再只是局限于精神性的领域或社会的某些特殊群体。从起源上考察，文化生产从一开始就与物质（经济）生产紧密地联系在一起。对于“原始人类”来说，文化生产具有“真实”的物质的力量，同时也是物质生产的过程。例如，他们在工具上刻画某种图案，绝不仅仅是为了好看，而是使之更有力量，就如他们努力把刀刃磨制得更锋利一样。同样，他们在庄稼旁跳模拟交媾的舞蹈是为了使庄稼更好地生长。随着人类社会的演进，文化生产中被想象出的物质力量不复存在了。由于社会分工的出现，文化生产也从一般的物质（经济）生产分离出来，专指精神生产或艺术生产。现代社会，科学技术迅猛发展，社会财富极大增长，人类社会生活中的精神消费的重要性日益凸显，而市场、大规模的复制技术催生了文化产业，更是赋予了文化生产鲜明的经济属性。文化产业的出现意味着一种全新的文化生产方式成为了文化生产的主流。首先文化可以而且必须作为产品的要素构成，作为资本进入经济生产过程；其次生产者和消费者都不局限于特定人群，而是扩展到了全社会。新的文化生产方式对于促进各民族交往、交流、交融，巩固平等、团结、互助、和谐的社会主义民族关系产生了积极的影响，发展民族文化产业使欠发达的少数民族和民族地区寻找到一条新的发展道路，寻找到新的与世界对话的方式。在本书中，刘涛博士也努力去探讨这方面的具体问题。

文化生产的涵盖面当然远不止作者所涉及的。例如，各少数民族的神话传说，是民族文化生产再生产的重要方式和重要内容，是民族文化心理的积淀和民族行为规范的指导。云南各少数民族的神话传说中，有大量“各民族是兄弟，汉族是大哥”的内容，这对稳定社会秩序与建构和谐的民族关系是极有意义的。又如，各民族之间的文化交流、相互学习与借取也是文化的生产与再生产，其与民族关系调整、社会秩序建构之间的相互作用，同样值得去深入研究和分析。作者没有能够充分讨论这些并使研究内容更加丰富厚实，显然是一种遗憾。一些地方缺乏细密充分的论证，也是该书的不足。但这个研究方向是有新意的，希望作者能沿着这一思路，有更多更好的新研究成果。也希望这样一个研究视角能得到相关学者的重视和认可。

是为序。

施惟达

2015 年 11 月于云南大学东陆书院

目　录

导　论

近年来，以建构一个有序与活力兼具的社会为目标，经济建设、政治建设、文化建设、社会建设、生态文明建设之间应该相互协调、整体推进的观点已逐渐成为中国社会的广泛共识。在文化产业研究领域，有学者主张，由于文化产业已经成为当代社会文化生产的主导形态，“改变精神文化秩序、建构社会文化秩序的核心战略能力”,[①] 应该把文化产业视为国家文化治理的有效工具和手段[②]。单就民族文化的产业化来说，也有研究者提出，真正具有可持续发展价值，能得到其他民族认可和尊重的文化产业一定是和民族的现实生活有密切关联，可以在本民族的社会生活中继续发挥认同、凝聚、规范、价值导向和人格塑造等功能，并且符合现代社会秩序建构的需要。[③]

在时间上，文化产业的出现是在近代以后才有的事情；而作为社会生产的一部分，广义上的文化生产则无疑存在于人类社会发展的各个历史阶段。文化产业应该在参与社会整体进步、提高公民生活质量以及促进各民族的交往、交流、交融等方面发挥积极作用，而非在各种宣传式的“虚化”和商业性的“策划”中逐渐失去其在社会秩序建构中的重要价值。要实现此目的，对文化产业在经济转型、社会变革中的实际意义和作用机制的深入探讨就不能不回顾约瑟夫·斯蒂格利茨在为《大转型：我们时代的政治经济起源》一书再版所撰写的前言中说过的话。他认为，经济科学与

---

① 胡惠林：《当前中国文化战略发展的几个问题》，载胡惠林、陈昕、单世联主编《文化战略与管理》第 1 卷，上海人民出版社，2011，第 12 ~ 13 页。

② 所谓“国家文化治理”，其实就是指：国家通过制度安排，利用、借助文化的功能来平衡与协调人、社会、国家三者之间的有序互动，影响和改变人、社会、国家的发展走向与秩序建构，解决国家在政治、经济、社会发展中的各种难题。参见胡惠林《国家需要文化治理》，《光明网》，http：//theory，gmw. cn/2012 - 06/23/content_ 4402035 _ 2. htm，最后访问日期：2016 年 5 月 2 日。

③ 施惟达：《民族文化的价值及其经济化》，《思想战线》2004 年第 3 期，第 92 ~ 97 页。

经济历史已经开始认识到波兰尼论点的有效性，应该“把市场看作一个更为广阔的经济的一部分，并且把这个广阔的经济看作一个还要广阔的社会的一部分”，不能把市场经济看作目的本身，而是要把它看作通向更为基本的目的的手段①。同时，也必须从既往的社会变迁和文化生产过程中汲取经验和教训。

一　文化生产：民族关系与社会秩序研究中的一个重要论题

中国正处于社会转型、秩序变革的重要历史时期。从高度集中的计划经济体制到社会主义市场经济体制，从封闭和半封闭社会到开放社会的重大变革以及政治体制、文化体制和社会结构、社会组织形式、社会利益格局等方面的深刻变化、调整仍在进行中。具体到民族关系②领域，《中华人民共和国宪法》明文规定“维护和发展各民族的平等、团结、互助关系”是国家的根本任务之一③。民族区域自治制度和中央政府的帮助、扶持政策也对促进民族地区的经济、社会和文化发展发挥了十分积极的作用。这充分说明中国现行的民族政策是正确和成效显著的。但与民族因素有关的社会问题有所增加，一些地区维护民族团结、社会稳定的工作日益繁重的现实也表明：民族理论研究还有很大的提升空间，应该及时把握新情况、新问题，在总结历史经验的基础上进行探索创新，为民族工作的开展和民族政策的制定提出新的思路。

民族的形成和发展并不是在孤立和封闭的状态下进行的。在漫长的历史过程中，不同民族之间通过贸易、通婚、迁徙、战争等不同形式的交往

---

① 〔英〕卡尔·波兰尼：《大转型：我们时代的政治经济起源》，冯刚、刘阳译，浙江人民出版社，2007，前言。

② “民族”一词在中国出现甚晚。通常所说的56个民族中的“民族”与民族国家学说中的“民族”以及中国古代常用的“×人”“×族”等在指涉范围上并不一致。在概念上，“×人”“×族”之类的称谓应该更接近于西方学者使用的“族群”。为行文方便，本文中主要使用民族关系、民族格局的说法；在具体引文中，则尊重原文，可能会使用“族群”一词。

③ 1982年12月4日公布施行的《中华人民共和国宪法》在序言部分明确指出：“中华人民共和国是全国各族人民共同缔造的统一的多民族国家。平等、团结、互助的社会主义民族关系已经确立，并将继续加强。在维护民族团结的斗争中，要反对大民族主义，主要是大汉族主义，也要反对地方民族主义。国家尽一切努力，促进全国各民族的共同繁荣。”在第一章总纲的第四条又着重强调，国家应“保障各少数民族的合法的权利和利益，维护和发展各民族的平等、团结、互助关系”。

在社会生活的各个方面结成种种联系，分化和融合始终存在。对任何多民族国家来说，民族关系[①]的处理和相关的各种制度性安排都不能不成为社会秩序建构的重要内容。尽管在民族研究史上曾经长期流行过民族关系"友好合作说"和"战争压迫说"两种观点，但作为对各民族间长期的、全面的联系和交往状况的概括性描述，民族关系的实际构成却往往是既具有和平交往、相互吸收和借鉴的一面，同时也具有压迫、战争、相互排斥和矛盾冲突的另一面，并且哪一方面能成为主导以及它的表现形式也常常是处在变化之中。[②] 对事物的分类不仅仅是进行归类，"而且还意味着依据特定的关系（如从属和支配）对这些类别加以安排"[③]，不同民族的区别和界分也是如此。就民族关系的内容而言，它不仅会涵盖不同民族在政治、经济和文化等领域的交往与融合，也必定涉及组成某一社会共同体的各民族在不同历史时期、不同政治制度和时代背景下的社会地位差异。如在中国，从先秦时期流传下的"严华夷之防"、"内诸夏而外夷狄"、"非我族类，其心必异"和"德以柔中国，刑以威四夷"的民族界限区分，"有不贡则修名，有不王则修德，序成而有不至则修刑"、"修其教不易其俗，齐其政不易其宜"和"用夏变夷"的军事镇压与文教安抚相结合的政策，到和亲、都护制、羁縻制、土司制、盟旗制、改土归流乃至后来的民族区域自治等制度的变迁都既是不同时代各民族之间交往、联系的实际状况在当时社会秩序中的具体反映，也是历代统治者在协调、建构民族关系方面做出努力的集中表达。[④]

与其他古代文明主要以血缘、肤色来划分民族的归属不同，古代中国区分不同民族——即"夏夷之辨"——的标准则主要体现在文化上。大体上，中原王朝的皇帝、官员、学者和民众把已经接受汉文化（以儒家文化为主体）的其他民族与汉族一起统统看成"化内"，而把那些坚持自身特有语言、风俗、服饰的民族置于"化外"。"化内"与"化外"在经济社会发展水平上往往存在差异，法律适用上也有所不同。如以刑罚适中、轻

---

① 民族关系的内容是十分丰富和多样的。在本文中，囿于篇幅的限制，将主要讨论中央政权与少数民族政权的关系、汉族（民间）与少数民族（民间）的关系、中央政权对民族地区的治理等民族关系类型，而较少涉及民族间的亲缘关系、少数民族政权之间的关系、少数民族内部（民间）的关系。

② 王文光、龙晓燕、陈斌：《中国西南民族关系史》，中国社会科学出版社，2005，序言。

③ 〔法〕涂尔干、莫斯：《原始分类》，汲喆译，上海人民出版社，2005，第9页。

④ 黄光学主编《中国的民族识别》，民族出版社，1994，第85～90页。

缓规范著称的唐律中规定了“诸化外人，同类自相犯者，各依本俗法；异类相犯者，以法律论”的基本原则，其中的“化外人”即包括不受唐中央政权管辖的“外国人”（包括藩属国）和唐帝国境内尚未归化的各少数民族。根据这一规定，当属于同一个国家或民族的“化外人”互相侵犯时，应依照该国、该民族的“本俗法”处理；若是中国人与“化外人”或属于不同国家、民族的“化外人”互相侵犯，则适用唐律。[①] 西南少数民族地区在清代被称为“苗疆”，其司法权和苗例之类的习惯法的解释权多掌握在土司手中，在司法的专横性和刑罚的酷烈性上往往会甚于内地。乾隆二年（1737 年）规定：苗疆“一切（苗族）自相诉讼之事，俱照苗例完结，不治以官法”。乾隆二十九年（1764 年）则进一步明确：云南“夷猓”地“改苗为民者，犯罪军流徒遇，照黔省例与民人一体办理”，“其实系苗民，未改苗言、苗服，犯军流徒遣者，仍照例折枷完结，其情罪较重或再犯不悛，亦照例将本犯折枷后，仍将家口就土流管辖，一并迁徙安插，不使混入腹地”。[②]

20 世纪 80 年代末，费孝通首先将“格局”的概念引入民族关系的研究中，提出了“中华民族多元一体格局”理论，即中华民族是指现在中国疆域里具有民族认同的 13 亿人民，“它所包括的 50 多个民族单位是多元，中华民族是一体，它们虽则都称‘民族’，但层次不同”。他认为，在中华民族多元一体格局形成的过程中，汉族起了凝聚核心的重要作用，“（汉族）不断吸收其他民族的成分而日益壮大，而且渗入其他民族的聚居区，构成起着凝聚和联系作用的网络，奠定了以这个疆域内许多民族联合成的不可分割的统一体的基础，成为一个自在的民族实体，经过民族自觉而称为中华民族”。[③] 当下，中华民族多元一体格局已经成为中国学术界讨论中国民族关系问题的主要理论“平台”。费孝通之后，“格局”的概念在民族关系的研究中得到广泛应用，许多以“格局”为题的研究成果公开发表，如《广西多民族格局发展轨迹述论》[④]、《略论

① 沈寿文：《〈唐律疏议〉“化外人”辨析》，《云南大学学报》（法学版）2006 年第 3 期，第 115～118 页。

② 张晋藩主编《中国司法制度史》，人民法院出版社，2004，第 445～446 页。

③ 费孝通主编《中华民族多元一体格局》，中央民族大学出版社，2003，第 3～4 页。

④ 徐杰舜、罗树杰：《广西多民族格局发展轨迹述论》，《广西民族研究》1997 年第 4 期，第 9～19 页。

唐宋党项政策与西北民族格局的互动》①、《焕然在严控的气象中——论明代新民族格局的形成》②、《西南民族的历史发展与中华民族多元一体格局关系述论》③、《从晚明辽东民族格局看“多元一体”理论》④、《先秦时期“武陵民族走廊”的民族格局》⑤、《元明清时期武陵民族走廊的民族格局》⑥ 和《清代开发：对新疆民族分布格局与关系的影响分析》⑦，等等。总的说来，这些研究主要是从历史学的角度对民族关系演进的过程展开分析，其使用的“格局”概念并不涉及核心（中心）、非核心的划分，而多是就各民族的地域分布和人口数量的增减而言；在民族关系变化的原因方面则比较重视移民、军事征服和政府民族政策的影响，却较少提及文化因素。

人类社会发展的历史已经证明，“政治、法、哲学、宗教、文学、艺术等的发展是以经济发展为基础的。但是，它们又都互相作用并对经济基础发生作用。并非只有经济状况才是原因，才是积极的，其余一切都不过是消极的结果”⑧。对研究社会秩序问题来说，任何全面综合的社会秩序理论也都必须探讨、检验文化与社会生活的其他领域——尤其是政治、经济之间的交互关系。冷战结束后，文化因素对国际政治、经济活动的影响受到了全世界的广泛关注。同步于全球化的深入推进，人们越来越容易地感受到文化差异性的存在和文化交流的必要，“在全球秩序范畴下，文化歧异性日益凸显，程度之剧促使政治学家亨廷顿提出主张，直指世界正朝向‘文明冲突’的时期迈进”。⑨ 相应地，文化生产在建构平等、团结、互助

① 杨浣、陆宁：《略论唐宋党项政策与西北民族格局的互动》，《宁夏大学学报》2003 年第 4 期，第 22～25 页。

② 张証：《焕然在严控的气象中——论明代新民族格局的形成》，《宁夏大学学报》2003 年第 5 期，第 81～84 页。

③ 王文光、翟国强：《西南民族的历史发展与中华民族多元一体格局关系述论》，《思想战线》2005 年第 2 期，第 29～35 页。

④ 肖瑶：《从晚明辽东民族格局看“多元一体”理论》，《大连民族学院学报》2007 年第 4 期，第 7～9 页。

⑤ 黄柏权：《先秦时期“武陵民族走廊”的民族格局》，《思想战线》2008 年第 3 期，第 121～122 页。

⑥ 黄柏权：《元明清时期武陵民族走廊的民族格局》，《三峡大学学报》2009 年第 1 期，第 21～26 页。

⑦ 王茜：《清代开发：对新疆民族分布格局与关系的影响分析》，《黑龙江民族丛刊》2009 年第 6 期，第 124～127 页。

⑧ 《致瓦·博尔吉乌斯》，《马克思恩格斯选集》第 4 卷，人民出版社，1995，第 732 页。

⑨ 〔美〕弗朗西斯·福山：《信任——社会道德与繁荣的创造》，李宛蓉译，远方出版社，1998，第 9～10 页。

的民族关系，确立国家认同、国家意识过程中的价值和作用也开始受到中国学术界的关注。部分学者在对现行民族政策的反思性研究中十分重视文化生产、文化因素的意义和作用，如马戎认为，未来应在“政治一体、文化多元”的框架下重新思考中国的民族问题，国家层面上，各族群应有基本的价值观念上的彼此认同，“而在‘族群’层面上，各个族群保持的特殊文化应具有平等的法律和社会地位，每个族群对于其他族群的不同文化应采取宽容的态度并相互承认，和谐共存”。① 周平认为，“包含各个民族文化因素的中华民族文化是中华民族巩固和发展的基础”，加强中华民族建设的重要途径之一就是挖掘历史上各民族融合的文化内涵，构建和弘扬中华民族文化，促进中华民族意识的发展。② 胡鞍钢等则提出，中华民族文化的开放性和包容性正是中华民族生生不息、历久不衰的重要原因和力量所在，要加强对各族文化与中华民族文化一体化、共通共融的宣传，既不能把汉族文化简单地等同于中华民族文化，也不能因保护少数民族文化而排斥汉族文化。③

当下，国内学术界对文化生产与民族关系以至社会秩序的深入探讨尚未展开。这体现在一方面，在民族学和人类学领域，自费孝通提出中华民族多元一体格局至今，把民族研究等同于少数民族研究。在关于少数民族文化的研究中“把包括在民族这个整体概念中的局部过分突出，甚至从整体中割裂出来”的局限性仍未能被很好地克服，不仅难以达到对各少数民族文化演进过程的全面认识，也不容易把握住这些民族在中华民族整体中的地位、它们和汉族的关系以及各少数民族互相间的关系。④ 另一方面，已有对文化生产与社会秩序关系的探讨多是以实用目的为主旨，不是把具有丰富内涵的“社会秩序”的概念刻意简化为以法律、政策的制定和调整为主要内容的社会控制、社会管理、社会治理和社会稳定，就是把文化生产置于单向地为社会秩序的维系提供精神动力、舆论支持和思想保证或者说“教化”的固定框架之内，并不能够为现实中民族地

---

① 马戎：《理解民族关系的新思路：少数民族问题的“去政治化”》，《北京大学学报》2004年第6期，第122~133页。

② 周平：《政治学视野下的中国民族和民族问题》，《思想战线》2009年第6期，第61页。

③ 胡鞍钢、胡联合：《第二代民族政策：促进民族交融一体和繁荣一体》，《中国民族宗教网》（哲学社会科学版）2011年第5期，第1~12页。

④ 费孝通主编《中华民族多元一体格局》（修订本），中央民族大学出版社，2003，第296~297页。

区文化、政治、经济、生态的相互协调、互动发展和改革有关体制、机制提供有效的理论指导。目前，虽然中国民族关系总体是和谐的，但随着内外环境的变化也出现了不少新情况和新特点。在部分民族地区，分离主义与宗教极端思想有所抬头；外部政治与宗教势力通过外交手段、贸易谈判、新闻传媒和人员交往等方式所造成的影响较以往明显增强；在经济利益的刺激下，部分地区民族文化的保护传承出现了表演化、伪民俗化的趋势，各民族之间的文化差异性有时被刻意放大；推广国家通用语言、文字被有些人认为会给保护、传承少数民族的语言、文字带来难以避免的冲击……这些伴随社会秩序转型和对外开放不断扩大而出现的新现象、新矛盾和新问题不仅影响到中华民族认同、国家认同和公民意识的培育，也给保护、促进文化多样性以及维护社会的和谐稳定带来了许多不确定乃至消极的因素。

随着国体和政体的更替，在不同的行政管理体制下，中国社会民族关系的实际状态自然会有所不同，而在任何类型民族关系形成和转变的过程中，不仅文化生产（或者说文化）曾经并将继续发挥重要的正当性与合理性来源的作用，文化生产本身的主体和产品结构、产品内容、生产方式、区域格局也在发生缓慢但是永不停息的变迁。中国从以往的华夷、番汉对立到汉族成为中华民族的凝聚核心无疑属于民族关系研究的重要命题，而现在，以中华民族为核心，巩固和发展中华民族的多元一体格局同样也需要对各元之间的关系展开跨学科、多角度的深入研究。难以否认的是，在统一的多民族国家内部，各民族之间存在历史际遇的不同、文化习俗的差异和社会经济发展的不平衡，这不仅会导致国内出现复杂的群体认同，也构成了以民族为基本分野的社会分层——主要表现在社会地位、经济收入和文化权利等方面①。相较于作为中国疆域内各民族集团相互联系、逐步融合核心的汉族，用强调内部各元（族）地位平等的“中华民族”来作为中国各民族共同的统一称谓的历史要短得多。为巩固和发展中华民族的多元一体格局，培育中华民族认同和国家认同，维护国家统一和国家安全，人们应该并且也能够从民族关系建构的历史经验、历史传统中找到启示和帮助。而以此为基点，考察中国不同历史时

① 王建娥、陈建樾：《前言：族际政治研究的视野和目标》，王建娥、陈建樾等：《族际政治与现代民族国家》，社会科学文献出版社，2004。

期、不同类型的文化生产与民族关系建构之间的关联，并反观当下民族地区文化产业的发展，其意义就不仅在于加深对中华民族逐步融合、发展壮大的历史进程的理解，还能够为有关文化生产与社会秩序的研究提供一些具有实证意义的典型材料和历史经验，对探讨改进民族地区的文化和宗教事务管理、发挥文化产业在民族地区经济和社会转型中的积极作用以及促进民族地区经济、政治、文化等社会领域的协调发展等现实问题也会有所帮助。

二　相关研究回顾

法律史的研究表明，作为社会秩序的重要组成部分，民族关系建构在人类社会中有着十分悠久的历史。在形成于约公元前11世纪、终止于公元1世纪的希伯来法中，如“独尊族神”、“不得与外族通婚”、认为只有自己的民族最洁净等具有鲜明“民族性”特征的规定已经出现；古印度法的核心内容是种姓制度，“种姓”即是与职业有密切关系的社会集团；古罗马的法律体系中则存在市民法和万民法的区别。[①] 在中国，自唐以来的历代王朝在修订律法时也都曾对番、夷、蛮等“化外人”做出过特殊的规定。在民族学的研究中，不但文化要素对于任何一种关于民族的定义都不可或缺，民族的建构理论还往往特别强调各类宣传与制度设计以及将民族视为是天生的、是上帝对人类的分类的“民族主义神话”在民族建立中的重要性。[②] 然而，总体上，就文化生产在民族关系建构过程中的意义、

---

① 《摩西律法》中提到，“我是耶和华，你的神……除了我以外，你不可有别的神”。若信奉别族的神，均以石击死。《利未记》也规定：以自己的儿子祭献于摩洛（其他民族的伪神）者，处死刑。当尼西米亚从波斯帝国返回耶路撒冷重建希伯来法制时，就把不得与外族人通婚作为第一件法律，并进一步规定凡已经与外国人结婚者，得劝其退婚，将妻子送回原籍。《摩西律法》还禁止犹太人与非犹太人一起食肉；规定希伯来男婴出生后第八天须行“割礼”（割去生殖器的包皮），以示断绝邪念并保持与外族人的区别（少数寄居的外人加入希伯来民族或外族奴隶成为希伯来族奴隶主家庭之成员，也须行“割礼”）。市民法为罗马固有的专门适用于罗马市民的法律，包括罗马固有的习惯法、十二表法、民众大会通过的法律和元老院的决议、法学家的解答等；万民法则是指适用于调整罗马人与外国人、外国人与外国人相互之间关系的法律。《法学阶梯》指出：“万民法即一切民族所适用的法……它是各民族根据实际需要和生活必需而制定的某些法制。”参见何勤华、李秀清主编《外国法制史》，复旦大学出版社，2010，第15、19、24、26、46页。

② 〔英〕埃里克·霍布斯鲍姆：《民族与民族主义》，李金梅译，上海人民出版社，2000，第10页。

价值和作用机制而言，相关的专门性研究目前仍是十分缺乏。为了使文化生产与民族关系建构的研究得以深入，避免陷入“官方民族主义”的窠臼，[①] 首先要做的就是对以往有关文化生产、文化生产与社会秩序、文化生产与中国民族社会秩序等命题的理论研究成果进行梳理和回顾。

（一）文化生产

文化生产理论最早是由马克思在1857年以后的几部重要的经济学论著中提出的，如《〈政治经济学批判〉导言》《1857～1858年经济学手稿》《1861～1863年经济学手稿》等。马克思生前没有使用过“文化生产”这一概念。在马克思的著述中，出现最多的是精神生产、非物质生产和艺术生产。他用“精神”这一概念来指涉在今天被人们认为是文化的那些范畴，如语言、哲学、宗教、法律、习俗、制度、艺术、意识形态以及人的思想、情感和观念活动等，这一现象与“文化”概念出现的时间有关。

在马克思看来，文化生产可以被分为两个层次。广义上讲，文化生产是指以思想、观念、意识为对象的精神活动、精神性的劳动，它作为社会结构的重要组成部分普遍存在于人类社会发展的各个历史阶段，并与社会的经济基础、上层建筑（政治、法律、道德、宗教、文学、艺术、习俗）等密切相关。严格来说，被纳入全面的社会生产之中，与物质生产过程具有大致相同的结构和运行机制的真正意义上的文化生产则仅发生在科学技术高度发达、商品经济高度繁荣的特定历史阶段。在这一历史阶段，文化生产主要表现为直接同资本交换、能创造出剩余价值的劳动，要受价值规律、市场竞争的制约和支配，就像马克思所说的被剧场老板雇用去演唱的歌女，莱比锡的为书商编写书籍赚取工资、稿酬、版税收入的“无产者作家”等从事的那样。虽然对于马克思主义中是否存在独立的文化生产理论仍然存在争议，但从思想史的角度来看，至少拉法格的文学社会学的文论和批评思想、葛兰西关于大众文学和文化霸权的文艺思想等明显是对马克思有关论说的继承和发展，法兰克福学派的文化工业和大众文化批判理论

① 在政府主导下凭借大众传播媒体、教育体系和行政管制等手段进行有系统的意识形态灌输，促进对民族国家这一“共同体”的想象。参见〔美〕安德森《想象的共同体——民族主义的起源与散布》，吴叡人译，上海人民出版社，2005，第4、6、84、109～110页。

无疑也曾从中受益。[①] 而时至今日，不管我们是否承认文化生产领域存在经济学中所谓的“寡头垄断”（或者说少数几家大公司支配、控制了大部分文化产品市场），许多学者在论及文化生产问题时，所指涉的也往往都是文化产业发展中的生产、供给和均衡问题。[②]

布迪厄将“场域”的概念引入了文化生产研究。他认为文化生产在等级制的社会结构中起着重要作用。文化资本的再生产和经济资本、社会资本、文化资本之间的转换都在由艺术家和作家、受到承认的“大师”、批评家和出版家、卖主和买主等组成的“文化生产场”中进行，而它产出的正是关于现实社会的“幻象”——或者说象征秩序和逻辑秩序。在布迪厄看来，包括艺术家和作家在内的知识分子其实是统治阶级中被统治的一部分，因此，相对于政治场、权力场，文化生产场其实是有相当自主性的。知识分子在社会中所处的矛盾位置决定了他们在面对现实社会时往往会采取在文化生产场内部两极之间的、模棱两可的立场，一方面，他们在文化生产的“流水线”上为统治者提供批量化、标准化的象征性服务；另一方面，作为自由的、具有批判意识的思想家，他们运用自己的独特资本承担起反对统治者的角色，“他们的确对政治场做出了干预，这是一种左拉或萨特的模式”。[③] 与布迪厄关注知识分子在文化生产中的作用不同，伯明翰学派的学者们较为重视大众在文化生产中的角色。威廉斯认为，文化的定义应该是大众“活生生的经历”。他把资产阶级文化与工人阶级文化区分开来，坚持前者反映“基本的个人主义观点、制度、生活方式、思维习惯和出于资产阶级文化的目的”；后者则体现“基本的集体主义观点、制度、生活方式、思维习惯和出于工人阶级文化的目的”。在霍尔和沃内尔看来，通俗艺术虽然由于文化工业的冲击而不再是“有机社会”的“生活方式”的直接产物，也不是“人民创造的”，但从不适用于高雅艺术的角度来看，“它仍然是一种通俗艺术，是为人民服务

---

① 李益荪：《马克思“艺术生产”理论研究》，巴蜀书社，2010，第 2 ~ 3、120 ~ 121、138 ~ 139、170 页。

② 〔美〕戴安娜·克兰：《文化生产：媒体与都市艺术》，赵国新译，译林出版社，2001，第 50 ~ 51 页；金元浦：《文化生产力与文化产业》，《求是》2002 年第 20 期，第 38 ~ 41 页；陈奇佳：《市场经济条件下的文化生产问题——以马克思的精神生产学说为批判视角》，《江海学刊》2010 年第 4 期，第 195 ~ 201 页。

③ 〔法〕布迪厄：《文化资本与社会炼金术》，包亚明译，上海人民出版社，1997，第 85 ~ 86 页。

的”。[①] 后现代主义者则认为，借助传播和复制技术的进步，通俗文化和高雅文化的传统界限或者说简单对立已然消失，知识分子在文化生产方面的特权和权威都受到质疑，而在文化等级制度崩溃、“元叙事”被消解之后，正如洛克维尔所说，“每个人都是艺术家，如果他们想成为艺术家的话”。[②]

近年来，人类学、民族学的研究也开始对文化生产问题有所涉及。本质上，所谓“民族文化资本化”和“民族文化产业”论题的提出，其意义就不仅是要把民族文化资源引入文化产业的发展，或者说将依托民族（传统）文化在文化产业的发展中来实现对现代时尚的不断重塑，同时也体现了对不同主体参与文化生产的条件、内容及其意义的深度关注。如“民族文化资本化”理论首先是指处于“边缘”的不同民族参与主流社会和经济活动的必要性和条件问题；其次强调只有在“参与”中，不同的民族共同体才有可能获得生存与发展的基本条件，或者说直接规定了“边缘”参与“主流”的必然性；最后明确了参与的实现离不开文化或制度的融合与创新。参与的最终结果并不是要用民族文化的特殊性与地方性去克服资本的一般性和全球性，也并非要达到所谓的赶超，而是要保护和发展人类文化生态的多样性，并由此构成人类发展的整体性。[③] 另外，也有学者将“文化生产”的概念应用在社会整合的研究中。如麻国庆认为，文化人类学的研究一直着眼于民族文化，特别是侧重于“无意识的文化传承”，而在今天，不同国家、不同地域和不同民族的文化常常是在被来自国家和民间的力量进行有意识的创造、复制或再生产，像汉族社会作为文化共同体的宗族、作为文化仪式的祖先祭祀与民间信仰等就是这样的。[④] 显然，这里所说的文化生产其内涵与文化产业所涉及的规模复制、标准化、格式化、市场化的文化生产之间差异甚大，却同社会转型期的秩序重建、国家权威来源的日益多元、集体或社会团体参与公共事务的动力渐趋增强等论题密切相关。

---

① 〔英〕约翰·斯道雷：《文化理论与通俗文化导论》，杨竹山等译，南京大学出版社，1993，第78、87页。

② 〔英〕约翰·斯道雷：《文化理论与通俗文化导论》，杨竹山等译，南京大学出版社，1993，第244、249页。

③ 陈庆德：《民族文化资本化论题的实质与意义》，《云南大学学报》2004年第2期，第25~36页。

④ 麻国庆：《文化的复制与生产：宗族的复兴与祭祀空间——以闽北樟湖镇的田野调查为中心》，载麻国庆著《永远的家：传统惯性与社会结合》，北京大学出版社，2009，第121页。

（二）文化生产与社会秩序

“秩”和“序”在古汉语中含有常规、次第的意思。近代以来，“秩序”一词被广泛应用于社会的政治、经济和日常生活领域，并逐渐成为反映社会生活有序性的一个基本范畴。[①] 对社会秩序研究来说，虽然分开考虑各种强调权力、文化或者经济因素的传统或许在分析上是有益的，但是在实践过程中任何具体的理论都会倾向于糅合这三个要素。在人文社会科学的经典理论中，对社会秩序形成的解释已经形成了以下三种主要的传统，[②] 文化生产（广义上的）在其中的角色和地位并不相同。

1. 强调权力要素（社会约束和高压强制）是社会秩序的基础

该传统的特点是坚持社会是在外力下才保持一体的，社会运作中充斥着强制力、严密的规章制度和暴力恐吓，从而使反对者屈服，人们不敢轻举妄动。马基雅维里的论说展现了暴力强制在维持社会秩序中的强作用形式，那是一种有意识的、直接明了的对社会行动者的操纵。[③] 同时，暴力强制也会以弱作用的形式出现——即在文化生产中通过一些假定的共享价值来实现既定的约束作用，使高压手段能被披上“合法性的外衣”。暴力强制弱作用形式的典型表现就是葛兰西的“文化霸权”理论。在葛兰西的追随者看来，文化霸权[④]发挥作用或者说统治阶级在道德、精神方面引导社会的工具是家庭、电视、大众传媒、教育、有组织的宗教、文化工业等所谓的“意识形态国家机器”，而当它发生危机时，霸权过程还会暂时由“强制性国家机器”（军队、警察和监狱系统等）取代。[⑤] 持类似主张的还有对文化工业（文化产业）维护社会权威、压制政治想象持批判态度的法

---

① 赵利生：《民族社会控制系统分析》，《甘肃政法学院学报》2003 年第 4 期，第 104 页。

② 〔英〕布莱恩·S. 特纳、克里斯·瑞杰克：《社会与文化——稀缺和团结的原则》，吴凯译，北京大学出版社，2009，第 56～61、89～95、97、130 页。

③ 〔意〕马基雅维里：《君主论》，李盈译，天津教育出版社，2004，第 105～109 页。

④ 〔英〕约翰·斯道雷：《文化理论与通俗文化导论》，杨竹山等译，南京大学出版社，1993，第 168～170 页。

⑤ 有学者认为，在葛兰西的理论中，将霸权替换为领导权可能更准确。“文化领导权就是‘文明的领导权’。它不是意识形态的强制推行，也不是对某种政治文化的被迫忠于。因此，在葛兰西那里，‘文化领导权’非常酷似‘婚姻’和‘合同’，它是以自愿的方式为前提并最终得以实现的。”参见孟繁华《传媒与文化领导权——当代中国的文化生产与文化认同》，山东教育出版社，2003，第 3～5 页。

兰克福学派。正如马尔库塞在《单向度的人》中所说，通过提倡一种比以前的生活方式要好得多的生活方式，娱乐和信息工业的产品向消费者灌输某些思想并操纵他们的行为，导致了一种单面思想和行为模式的出现，“在这种模式中，在内容上超然存在于已经建立的话语和行动领域之外的各种理念、抱负和目标，要么被排斥在这个领域之外，要么被限制在这个领域的界限之内”。[①]

2. 强调文化是理解社会秩序的核心议题

此类理论认为社会秩序是基于共同的传统、宗教信仰或者说价值观的，在涂尔干（又译迪尔凯姆）关于“机械团结”的论述中已初见端倪，在专业研究文化的人类学家那里则表现得更加突出。发展到极致就是主张文化秩序决定社会秩序、文化生产决定社会生产的文化决定论。机械团结理论的基础是人与人之间具有共同的感情、信念和意识。该理论认为，在现实生活中，虽然随着社会分工的不断发展和新的学问的不断出现，像宗教这样典型的集体意识（或共同意识）将变得越来越模糊、越来越微弱，但集体意识的相互贯通、相互加强以及不同意识的相互减损还是最容易发生在祭祀、仪式、节庆、教育等各种各样的文化活动之中。[②] 然而，格尔茨却坚持认为包含了宗教、哲学、美学、科学、意识形态等内容的文化模式是“程序”，“它们为组织社会和心理过程提供了一个模板，非常像遗传机制为组织生理过程提供了一个模板”。人类学研究的宗旨之一是“发现人类行为的自然秩序”，如格尔茨所言，主导此秩序的文化控制机制正是形成于各种有意义的象征性符号的交流过程中。进而，格尔茨还提出了他对文化与社会关系的看法，即将它们看成可以独立变化但又相互依存的因素，视前者为一个有序的意义与象征体系，个人依据此种价值框架来定义自己的世界、表达感情、做出判断，社会的互动也依据它而发生；而视后者为社会自身互动的模式本身——其持续的形式称为社会结构。本质上，文化与社会结构不过是同一现象的不同的抽象。[③] 持有相似观点的还有萨林斯，他主张“物质力量本身是没有生命力的。它们的特定意向和确定结

① 〔英〕约翰·斯道雷：《文化理论与通俗文化导论》，杨竹山等译，南京大学出版社，1993，第145页。

② 〔法〕涂尔干：《社会分工论》，渠东译，三联书店，2000，第42、68、240、242页。

③ 〔美〕克利福德·格尔茨：《文化的解释》，韩莉译，译林出版社，1999，第17、57、56～57、176～177、259页。

果只能通过将其与文化秩序的坐标联系起来才能得到解释”。[①]

3. **强调社会互惠的作用**

这种传统有两种视角，即社会契约论及互惠和交换理论，而社会契约的达成和互惠的实现都离不开文化生产。按照社会契约论的观点，为了防止“所有人对所有人的战争”，也因为在集体事务中个体之间有显而易见的共同利益，可以产生最低限度的社会合作，理性人必定会将他们各自的自由让渡出来交给国家之类的共同体，并依靠其建构、维持社会秩序，确保社会契约的稳固，实现社会整体的良性运行。[②] 一般说来，这样的社会契约是以存在一个有边界的、内部充溢着平等式的同志之爱的、拥有主权的“想象的共同体”（国家）为前提的。近代民族国家形成的过程证明：对促成此种想象起到关键作用的则是对国家（民族）历史的选择性建构，“最终在新世界和旧世界都能适用的解决方案，是在历史——或者应该说被以特定方式来安排情节的历史——里面找到的”。[③] 从神权国家、君权国家、君主立宪制国家到共和制国家，政体虽有不同，但在对国家和民族的热爱或认同总是会集中体现在经过历史积淀、被符号化的国家象征物方面，没有丝毫差异，比如国旗、国歌、国徽、神圣图像（包括神话人物、著名国王、皇帝及教会领导人的肖像、著名建筑物的图像等）或者“神圣的俄罗斯”“神圣的爱尔兰”之类通俗的口号。[④] 无疑，这些象征物本身及其载体常常也就是经过艺术加工、提炼的结果。作为艺术品，它们存在的主要意义却并非为人们带来美的愉悦和享受，而是要符合人们想象中的“真实”，能唤起人们对现实统治秩序的公开的、仪式性的敬意并适合成为尊敬的对象。

依据互惠和交换理论，关于无穷无尽的交换的“基本”感觉是公平、

---

① 〔美〕萨林斯：《文化与实践理性》，赵丙祥译，上海人民出版社，2002，第269、266～267页。

② 〔英〕鲍桑葵：《关于国家的哲学理论》，汪淑钧译，商务印书馆，1995，第302页。

③ 例如：为了建立一个充满荣耀的、连续的、只是偶尔发生“手足相残”事件的国家谱系，美国的历史教科书已经成功地迫使年轻的美国人将1861年至1865年的相互仇视记忆为一场“兄弟”之间的“内”战，而非——在一段简短时间内确实如此——两个主权国家之间的激烈冲突；在英国，每个学童也都被教导应称呼来自诺曼底的征服者威廉为伟大的开国之父，而非像拿破仑和希特勒一样的掠夺者。参见〔美〕安德森《想象的共同体——民族主义的起源与散布》，吴叡人译，上海人民出版社，2005，第57～58、82页。

④ 〔英〕埃里克·霍布斯鲍姆：《民族与民族主义》，李金梅译，上海人民出版社，2000，第57～58、82页。

正义的社会基础，因此，社会秩序的实现会要求存在一种普遍意义上的平衡与交换，如果这个条件没有被保持下去，社会成员就会产生被剥夺感，并不大可能会把现行体制视为有合理依据的应然存在。[①] 莫斯曾对礼物这种既不属于自然经济又不属于功利主义经济的古老习俗（文化事项）进行深入研究。他发现，强制与自发参半的赠礼以其负载的情感价值——而非销售价值——构成了人类道德和社会生活的重要内容，商人的道德和一切都用买卖来考量的交换方式并不能完全主导社会，“有一些人和一些阶层仍旧遵循从前的风尚，而至少在一年中的某些时刻或是在某些场合中，我们自己也得尊重这些习俗”。在应对当今社会危机的实践中，莫斯主张，作为一种久被遗忘了的支配性动机的再现，礼物及其蕴含的自由与义务、慷慨施舍以及给予将会带来利益等主题有必要重新受到人们的关注。[②]

（三）文化生产与中国民族社会秩序

在学术研究的视域下，民族社会应该就是民族社会学研究的对象，而当下，中国学术界在民族社会学研究对象的具体指涉和主要研究内容的看法上并不一致。1981 年 12 月，费孝通在题为《民族社会学调查的尝试》的发言中曾将民族社会学定义为在少数民族地区进行的社会调查研究。贾春增等认为，民族社会学是民族学和社会学的一门交叉学科，其主要任务是对我国少数民族和民族地区的社会结构和社会变迁、民族文化和民族关系特别是民族地区当前社会经济和社会问题进行综合考察和比较研究。[③] 马戎主张民族社会学就是国外所讲的种族与族群社会学，其研究内容主要包括族群及族群关系形成与发展的理论、多族群社会的族群关系目标、族群集团的结构性差异分析、衡量族群关系的主要变量、现代化进程中的族群关系演变、政府政策对族群关系的影响等。[④] 郑杭生等则将民族与社会的关系作为民族社会学研究的基本对象与核心问题，认为民族社会学主要

---

① 〔英〕布莱恩·S. 特纳、克里斯·瑞杰克：《社会与文化——稀缺和团结的原则》，吴凯译，北京大学出版社，2009，第 91 ~ 93 页。

② 〔法〕莫斯：《礼物：古式社会中交换的形式与理由》，汲喆译，上海人民出版社，2002，第 186、190 页。

③ 贾春增主编《民族社会学概论》，中央民族大学出版社，1996，第 26 ~ 27 页。

④ 马戎：《民族社会学——社会学的族群关系研究》，北京大学出版社，2004，第 4 ~ 5、17 ~ 18 页。

涉及社会中民族及民族文化形成、民族之间的社会关系及其动态发展、民族社区、民族人口、民族教育、民族地区社会问题、民族政策和制度安排、社会变迁与民族发展的基本规律等。[①]

虽然对民族社会的定义存在差异，但以社会控制、社会管理、对民族关系的政策制度性安排、民族政策、族际社会的良性运行机制等为切入点，对社会秩序建构问题的关注在中国学者关于民族社会的研究中是普遍存在的。如：社会控制即通过社会力量使人们遵从社会规范、维持社会秩序，一般分强制性的和非强制性的两种。习俗、道德、宗教等属于非强制性社会控制，在中国民族地区建设和民族社会的稳定中应起主导作用。[②]历史上的中国曾长期实行以内陆地区为核心，周边地区行政控制权力层层淡化的管理体制。内陆地区有着严密的行政管理机构，在边疆、汉族与少数民族杂居区的行政组织较为松散，少数民族聚居区则往往由世袭王公贵族、土司头人直接治理。鸦片战争以后，在外来侵略的压力下，中央政府对边疆少数民族地区的控制不得不强化，并对历史上形成的多元一体格局在行政制度方面的原有形式进行重新调整，将其转变成为一种“核心地区（首都和重要城市）控制紧、边疆地区控制紧、中层地带控制松的新的行政管理结构”[③]。民族社会学关注的重要问题是如何维持和促进多民族社会的良性运行和协调发展。从多民族社会的结构特征来看，要促进族际社会的良性运行，首先，必须大力发展生产力；其次，必须注重经济与社会的协调发展；最后，还应该加强民族之间的文化交流和相互理解。其中，“民族文化的相互交流和相互包容，就如民族社会关系的润滑剂，能够增进民族之间的感情、理解和相互合作，有利于民族关系的和谐发展”。[④]

近年来，在有关塑造中国的国家认同、民族认同的讨论和对现行民族政策的反思中，逐渐有学者开始重视文化因素在民族社会秩序建构中的意义和作用。马戎曾提出应从“去政治化”的角度，在“政治一体、文化多元”的框架下重新思考中国的民族问题。[⑤] 陈云生认为，从与一般地方国

① 郑杭生主编《民族社会学概论》第2版，中国人民大学出版社，2011，第3~6页。

② 贾春增主编《民族社会学概论》，中央民族大学出版社，1996，第183页。

③ 马戎：《民族社会学——社会学的族群关系研究》，北京大学出版社，2004，第135~136页。

④ 郑杭生主编《民族社会学概论》第2版，中国人民大学出版社，2011，第7、9页。

⑤ 马戎：《理解民族关系的新思路：少数民族问题的“去政治化”》，《北京大学学报》2004年第6期，第122~133页。

家机关的权能相区别的视角，中国的民族区域自治机关主要是在与民族有关的语言、文字、宗教、节庆、风俗、习惯等文化事务上行使自治权，未来应设立从中央到基层的民族文化自治机构，并在杂居、散居的少数民族中建立群众性的民族文化自治。① 郑永年也主张：中央政府在计划生育、教育、政府工程，甚至法律等方面给予少数民族一系列的优惠待遇固然非常重要，但同时也应在塑造各民族“共享价值”——如人本主义——的基础上用类似文化多元主义的“民族共和”来促进各民族国家认同、国家意识的确立。②③ 然而，或许是由于民族建构理论传统的影响，上述学者对文化或者说文化生产的定位似乎主要是政治行为的附属物或在政治力量主导下由知识阶层努力的结果。马戎认为，应该强调历史的观点、动态的观点、多元影响和比较分析在观察、理解族群关系变迁过程中的重要性。他将影响族群关系的因素概括为体质、人口、社会制度差异、经济结构、社会结构、文化（语言、文字、习俗）、宗教、心理、人文生态、历史、偶发事件、政策、传媒作用、外部势力影响14大类，其中至少一半的因素是与文化生产有关。④ 但在分析各亚洲传统国家（如中国、日本）、各原殖民地（如印度、印度尼西亚）的国家体制转型和民族构建时，马戎着重指出，需要特别关注的是知识阶层“如何利用原有的传统来重建现代的‘民族’、‘祖国’和‘爱国主义’的思想观念与政治制度”以及“在人们认同体系中由于外在原因（非自然产生）的作用而出现的、主要由政治势力主导而‘构建’的身份认同”。⑤

三 研究思路

“为一切现实的意图和目的，秩序在现代已经逐渐被看成控制和管理的手段……换言之，‘秩序’这一概念与其说和事物本身有关，倒不如说和控制事物的方式有关；与建立秩序的能力相关，而不是与事物在那一瞬间碰巧具有的任何性质相关。”⑥ 近年来，文化生产在社会秩序转型和社会

---

① 陈云生：《宪法人类学》，北京大学出版社，2015，第555～556、778～780页。

② 郑永年：《中国少数民族政策的问题到底在哪里?》，《联合早报》2009年7月21日。

③ 郑永年：《中国的“共享价值”》，《南方人物周刊》2009年第29期，第47～49页。

④ 马戎：《族群关系变迁影响因素的分析》，《西北民族研究》2003年第4期，第5～28页。

⑤ 马戎：《当前中国民族问题研究的选题与思路》，《中央民族大学学报》（哲学社会科学版）2007年第3期，第15页。

⑥ 〔英〕齐格特·鲍曼：《个体化社会》，范祥涛译，上海三联书店，2002，第98页。

治理——或者说社会既存经济、政治、文化秩序的维持及变革——中的价值和作用开始受到学术界的关注。然而，前述关于文化生产和社会秩序研究的三种传统并不足以为探讨建立秩序的能力和方式提供强有力的支持和帮助，它们往往只涉及文化生产和社会秩序关系的某一部分、某一方面，在解释社会秩序的实际建构时都会遇到一些难以克服的困难。

首先，文化权利是整个人权体系中个体性特征最为强烈的类型，关系到人类社会文明进步的内在动力——思想自由——的维系。国家对文化生产的控制、主导或者说“文化霸权”的存在固然有其合理性，但这种控制或主导始终存在变成某种（或某类）形式的外在强制的可能，不仅难以发挥预设的积极作用，也有导致对个体文化权利（尤其是文化参与权和选择权）进行不当压制的风险。[①] 其次，不涉及政治权力的运作和经济活动的开展，仅凭文化模式本身——宗教的、哲学的、美学的、科学的、意识形态的——并不可能像遗传机制为组织生理过程提供模板那样为组织社会和心理过程提供一个完善的意义与象征体系。最后，在多元文化主义兴起之后，以往曾被视为背离社会主流、愚昧落后的诸多文化产品和文化服务类型都因为道德标准、生活方式、婚姻形式、家庭模式、文艺创作等的“多元化”而开始变得可以被公众接受，业已给许多国家的社会主流价值观、国家认同带来了巨大的冲击，也使攸关社会秩序的公平、正义、共同（公共）利益等方面的社会普遍共识更加难以达成，等等。为了更全面地诠释文化生产在民族关系以及社会秩序建构中的作用机制，理解、解释民族关系演进和社会变革的具体过程，更紧密地将文化生产与其他相互影响和相互作用的社会进程联系起来，就需要在文化生产与社会秩序的研究中引入新的理论视角。

（一）合理性与社会秩序

自 20 世纪 70 年代以来，在《合法化危机》《重建历史唯物主义》《交

---

① “对一个自由的民族来说，一个人的思想比他的生命和财产还重要，如果可以剥夺他们的思想方法，那末也就更可以剥夺他们的生命财产了”。参见〔法〕孟德斯鸠《论法的精神》（上册），张雁深译，商务印书馆，1995，第 326 页。即便是坚持“国家所要求于个人的义务，也直接就是个人的权利”的黑格尔也曾说过：“在现代国家中人要求他的内心生活受到尊敬。”“国家的成员是私人，而作为能思想的人，他又是普遍物的意识和意志。但是这种意识和意志只有在充满了特殊性（而这种特殊性就是特殊的等级及其规定）的时候，才不是空虚的，而是充实的和真正有生气的。”参见〔德〕黑格尔《法哲学原理》，范扬、张启泰译，商务印书馆，1979，第 263、326 页。

往行为理论》《在事实与规范之间：关于法律和民主法治国的商谈理论》等重要理论著作中，哈贝马斯曾多次论及“合法性”[①]（或合理性）在社会系统有序运行、建立社会的集体同一性、实现社会的一体化过程中的关键性作用。从体察、审视当代资本主义社会表现出来的各种危机入手，通过对自然法和实证主义两种合法性传统的批评，分析权力行使的不同形式与政治统治秩序合理化之间的关联性，哈贝马斯对合理性问题的思考、研究逐步深入，不断完善，最终围绕重构公共领域这一特殊的交往网络，以《在事实与规范之间：关于法律和民主法治国的商谈理论》一书完成了其对合理性理论的系统架构。

国内学者在探讨哈贝马斯的合理性理论时，往往将目光聚焦在政治秩序上。如傅永军曾说，一种政治秩序如何获得自己所需要的合法性是哈贝马斯合法性理论的中心问题，“对他来说，一种政治秩序是否得到普遍认同并不是最主要的，最主要的是它被普遍认同背后的理由”。[②] 又如李佃来所言，合法性是哈贝马斯政治哲学中的核心概念，它具有事实性和有效性两个向度：前者指作为政治构件的政治制度或者法律制度能够被信任，并显示出实际的政治、社会效果；后者则是指信任的理由应是“基于人们认为它是值得信任的而不是因为其他的原因”。[③] 然而，细究哈贝马斯合理性理论从提出到完善的全过程，虽然他十分重视政治秩序在现实社会中的作用，但总体上，他对合理性问题的论述一以贯之地是在系统理论或者说（包括政治系统、经济系统和社会文化系统等亚系统在内的）社会系统整合、协调的基本框架内进行的。政治系统并非社会系统的唯一组成部分，哪怕只是对政治秩序进行深入探讨也是既不应该又不可能被局限于政治领域。

1973 年，哈贝马斯在《合法化危机》中已提出：社会是一个具有特殊

---

① “合法性”的说法源自于韦伯关于“理性统治”的模糊概念，后者是指现代社会所特有的依法律形成并由符合法律规定的程序加以调节的统治类型。回溯哈贝马斯关于“合法性”的一系列著作，他所说的“合法性”并非必然与法律相关，而是紧密联系于人们对于正当性的信念、某种建立在价值合理性基础上的普遍共识和规范获得“合理承认的可能性”。为避免误解，本文在论述中将使用“合理性”“合理化”来指代哈贝马斯所说的“合法性”“合法化”，在具体引文中则尊重原文。

② 傅永军：《公共领域与合法性——兼论哈贝马斯合法性理论的主题》，《山东社会科学》2008 年第 3 期，第 5 ~ 11 页。

③ 李佃来：《合法性：哈贝马斯政治哲学的焦点》，《人文杂志》2010 年第 5 期，第 7 ~ 15 页。

控制能力的、自我调节的系统，该系统包括若干地位并不平等的亚系统。各亚系统都具有相当的自主性，各有自己的规范结构（通过社会化和职业化而获得规范力量的制度），但同时也必须受制于社会整合的整体需要。如作为分化出来的控制中心，政治系统的地位虽然要高于包括文化传统（文化价值系统）和规范结构在内的社会文化系统和经济系统，但对某一个具体的社会来说，究竟哪个亚系统能够具有功能优先性和引导社会进化，主要是由该社会的组织原则所决定的。就社会文化系统而言，它主要的功能是为社会系统的内在整合提供必不可少的“理想价值”、“动机”、“意义”和“认知”。从经济系统和政治系统那里，社会文化系统获得可以购买的能够满足集体需要的商品和服务、法律行为和管理行为、公共和社会保障等投入，而其产出就是为国家机器、法律秩序乃至规范结构本身都需要的，能被大众认同的正当性、合理性。“在此过程中，需求得到了解释，行为得到了许可，甚至承担起了责任。其中所表现出来的动机（Motivation）概念不能掩盖这样一个特殊事实，即社会系统通过需要加以论证的规范完成了对内在自然的整合。”[①] 1976年，《重建历史唯物主义》出版，本书中虽然多次强调合法性与政治制度的关系，诸如“合法性就是承认一个政治制度的尊严性”和“只有在谈到政治制度时，我们才能谈合法性”之类的文句，但同时，哈贝马斯也承认，单凭政治系统并不能“自由”地拥有实现社会一体化、巩固社会同一性的能力。“合法性要求同用社会一体化力量来维护社会的由规范所决定的同一性相关联。”而它的说服力，能否受到信任则依赖于其本身对于整个社会系统的动员能力。[②]

20世纪80年代初，哈贝马斯完成了《交往行动理论》一书。此书中关于“合法性”“合法”的表述和阐释不但涉及政治制度和法律制度，还与更广阔的“社会合理性”论域——世界观、价值观、道德伦理、非正式权威等——发生了直接的关联。如把政治看作社会的一个分支系统的政治学，从科学的角度把道德——实践的合法性问题置之度外，“政治学这样做和自然法的规范主义背道而驰，从而也就和合理性问题失之交臂”；把

① 〔德〕哈贝马斯：《合法化危机》，刘北成、曹卫东译，上海人民出版社，2000，第7、8、11、14、16、21、66页。

② 〔德〕哈贝马斯：《重建历史唯物主义》，郭观义译，社会科学文献出版社，2000，第262~264、268、281页。

经济当作社会的分支系统加以研究的“专业经济学”对合法性问题不闻不问。“从这样一个片面的角度出发，合理性问题就会被分解成经济平衡问题和合理选择问题”；如果要在概念上对自然的因果关系与社会的规范秩序进行准确地区分，“关键就取决于我们如何认识我们从观察或操纵转向遵守或破坏合法的行为规范时所完成的视角和立场的转变”①。在大约十年后出版的《在事实与规范之间：关于法律和民主法治国的商谈理论》中，哈贝马斯深入论证了在全方位世界观和有集体约束力的伦理规范瓦解之后，“民主的意见形成和意志形成过程的程序条件和交往前提”或者说公共领域的重构已经是处在多元主义社会中的民主法治国的唯一合法性源泉。同时，他也反复强调，政治系统不可能“借助于自己的代码而自成一体、成为一个自我封闭的交往循环”。在一个功能分化的社会中，法律和行政权力等政治工具的作用能力终究是有限的，虽然所有尚未解决的整合问题最后都会被归因为政治系统的不完善或不作为，但它常常只能间接地发挥作用，“而且必须（如我们已经看到的那样）不去损害各功能系统和其他高度组织的行动领域的自主的运作方式”②。

（二）文化生产与社会秩序、民族关系的合理化

为避免使文化生产在社会秩序建构中的复杂作用被刻意简化为替国家对社会秩序的设计与建构寻找依据，以及作为社会整体秩序一部分的政治秩序或经济秩序成为文化生产的实际主导者，对文化生产与社会秩序的探讨就不能局限于以政治、经济或文化领域为中心的狭隘视角，而是要更加关注不同领域之间的相互协调、相互依赖，必须在多学科——不仅是基础学科，也包括边缘和交叉学科在内——的融会贯通、多重交叉中才能展开。虽然哈贝马斯有关合理性理论的著作中甚少出现“文化生产”一词，③

---

① 〔德〕哈贝马斯：《交往行动理论第一卷：行为合理性与社会合理性》，曹卫东译，上海人民出版社，2004，第4、50页。

② 〔德〕哈贝马斯：《在事实与规范之间：关于法律和民主法治国的商谈理论》，童世骏译，三联书店，2003，第425、475、459、684、686页。

③ 在《交往行动理论》中，哈贝马斯曾说过：“把一些基本功能和社会亚系统搭配起来，这样做忽略了一个问题，即对于文化再生产、社会整合以及社会化具有重要意义的社会互动领域，绝不是像经济学、政治学等行为领域中的互动那样专业化。”参见〔德〕哈贝马斯：《交往行动理论第一卷：行为合理性与社会合理性》，曹卫东译，上海人民出版社，2004，第4、50页。

但他对于社会文化系统、公共领域、交往理性等与合理性关系的论述与文化生产经典定义所指涉的精神活动、精神性的劳动以及思想、观念、意识、道德、宗教、文学、艺术、习俗等有着密切的关联。如果接受合理性不仅意味着政治秩序的正确、合理，还是实现社会系统整合、协调所必不可少的要件，或者说建构、维持社会秩序的重要基础，那么哈贝马斯的合理性理论就必然会给文化生产和社会秩序的深入研究带来许多新的意义。

“通过劳动而达到的自己生命的生产”（物质生产）、“通过生育而达到的他人生命的生产”（人口生产）和“思想、观念、意识的生产”共同组成了社会生产。[①] 鉴于社会生产对社会存续的极端重要性，这样的表述显然已经凸显了文化生产在社会整体运行中不可或缺的地位以及文化作为流变的、累积的过程而具有的生产性本质。但就社会秩序的研究而言，将文化生产定义为与政治、法律、道德、宗教、文学、艺术、习俗等有关的精神活动、精神性劳动未免过于粗疏，尤其是在日趋复杂和多元的现代社会。一方面，政治、法律、道德、宗教、文学、艺术、习俗等早已分化为不同的学术领域，建立起了各种不同的学科，在研究方法、基本理论上都存在很大差异，不能被置于一种统一的研究框架下；另一方面，文化生产涵盖的范围实在太过广阔，也使集中和深入的实证性研究难以完成。为方便开展文化生产与社会秩序的研究，可以借鉴哈贝马斯关于社会文化系统为社会系统——包括经济系统、政治系统和社会文化系统本身等亚系统在内——的内在整合提供合理性的论述，将作为研究对象的文化生产重新界定为：与社会秩序合理化有关的文化产品的创造、复制、传播、接收、理解、解释、使用活动的总和。此处的合理化是指社会秩序的正当性、合理性受到来自公众的普遍认同，此处的传播则主要包括通过具有（准）公益、公共性质的文化服务、文化产品向社会扩散和由企业、非政府组织、个人以市场化、商品化的形式向公众提供等不同类型。这样的诠释具有以下几个方面的优点。

1. 使研究对象的范围大大缩小

就文化生产与社会秩序的研究来说，上述对文化生产概念的重新界定便于围绕秩序的有效性和建立秩序的能力与方式等实证性论题开展跨学科

---

① 《德意志意识形态》，《马克思恩格斯选集》第1卷，人民出版社，1995，第72、80页。

的深入讨论。比如，一般来说，音乐爱好者、戏剧爱好者在自己家中或者与朋友一起进行“自娱自乐”式的音乐演奏、戏剧排练并不属于文化生产与社会秩序研究的范围，但当他们参加面向公众的（公益性和非公益性的）公开演出和“自娱自乐”的文化权利受到限制甚至被剥夺时则应该属于。

2. 体现了文化生产主体的多元性和形式、内容的多样性

上述定义有助于克服在文化生产与社会秩序研究中普遍存在的教化和控制工具（或“意识形态国家机器”）式的单向思维。文化生产在本质上可以说是对生活意义和象征符号的生产。意义在社会生活中无所不在，循环流动于各个社会系统中，与之相应的文化生产当然也不会只限于文化行政主管部门管理之下的狭小范围。围绕“合理性”这一中心，本文中涉及的文化生产主体不仅包括国家机关、企业、学校、家庭、大众传媒之类的组织，还有知识分子、普通民众等；形式上也不再拘于大文化（物质文化和精神文化）生产和小文化（精神文化）生产的旧有界限，而且包罗了器物、制度、行为、心态等多个层次和高雅文化（精英文化）、通俗文化（大众文化）、伦理、宗教、政治（宣传、组织、动员）、法律、经济（广告、营销）、科学等不同类型的丰富内容。①

3. 揭示了文化生产与实存的社会秩序之间存在固有的不平衡性

哈贝马斯所说的“合法性危机”就是文化生产与社会秩序失衡超出一定界限的结果。在他看来，各种危机倾向只有通过社会文化系统才能最终爆发出来，其原因就在于社会整合依赖于这一系统的产出，“直接依赖的是社会文化系统以合法化形式给政治系统提供动机，间接依赖的是社会文化系统向教育和就业系统输送劳动动机”②。一般说来，以提供理想价值、动机、意义等形式，经济活动、政治活动、法律活动、艺术活动等“文化的行为系统”都会与文化生产的合法化功能发生关联，前者虽然是高度分化的，但这种分化却绝不应该引起生活秩序之间爆发不可调和的冲突。③如果合法化危机不能被及时控制、消解，将导致大众对社会秩序的认同降低到必要水平以下，引发对国家机器合法性的普遍质疑，使社会陷入全面

---

① 当代社会，随着符号学的研究成果在人文社会科学各领域的广泛应用，凭借符号学和“消费社会”理论的中介，区分物质和非物质的意义在秩序的生产和再生产中早已模糊不清。

② 〔德〕哈贝马斯：《合法化危机》，刘北成、曹卫东译，上海人民出版社，2000，第66页。

③ 〔德〕哈贝马斯：《交往行动理论第一卷：行为合理性与社会合理性》，曹卫东译，上海人民出版社，2004，第240页。

无序的混乱状态。

4. **显示出文化生产所具有的自主性品质**

“对符号进行商业生产和行政计划，会消耗掉虚拟的有效性规范力量。获取合法化的‘方式’一旦被看穿，对合法化的追求就会不战自败。”文化系统与政治系统、经济系统的运行规律是不一样的，它们各有普遍有效性的合理性结构，彼此之间虽然相互作用、紧密联系，但同时也存在相互竞争和相互排斥，并共同构成了社会秩序合法化的认知基础。特别应该注意的是，文化领域与政治领域之间存在结构性的差异，它尤其能抵制行政控制，“国家不能简单地接管文化系统，国家计划领域的膨胀实际上使得文化的自主性成为了问题”。①

5. **有利于从历史的维度展开对文化生产与社会秩序关系的实证研究**

作为社会生产的一部分，文化生产从人类社会形成之时就已经开始，其合理性也不是只在现代国家才出现的新的、特殊性的问题。在不同国家的不同历史时期，社会生产力的发展水平和社会系统的分化程度、整合能力都会存在巨大差异；由于社会组织原则的不同，原始社会、传统社会、现代社会与后现代社会在“究竟哪个亚系统能够引导社会进化”方面也存在显著的不同，但任何社会的整合或者说社会秩序的建构都必然需要文化生产发挥重要的合法性来源的作用。② 就合法性冲突本身来说，它可以为一切古老的高度文化社会作证明，“甚至可以为原始社会作证明，如果这种社会在殖民主义化的进程中与来自以国家形式出现的有组织的社会的掠夺者发生冲突”③。

民族关系建构历来是多民族国家社会秩序的重要内容。在多民族国家内部族际整合的研究中，早已有研究者注意到合理性理路的重要性。盖尔纳曾明确指出，民族主义的实质乃是一种关于政治合法性的理论，“它在要求族裔（ethnic）的疆界不得跨越政治的疆界，尤其是某一个国家中，族裔的疆界不应该将掌权者与其他人分割开”④。陈建樾也论述过，“通过

---

① 〔德〕哈贝马斯：《合法化危机》，刘北成、曹卫东译，上海人民出版社，2000，第93、96页。

② 〔德〕哈贝马斯：《合法化危机》，刘北成、曹卫东译，上海人民出版社，2000，第21~33页。

③ 〔德〕哈贝马斯：《重建历史唯物主义》，郭观义译，社会科学文献出版社，2000，第265页。

④ 〔英〕厄内斯特·盖尔纳：《民族与民族主义》，韩红译，中央编译出版社，2002，第2页。

不断的族际利益调适来确保各民族的共同繁荣和建筑于上的政治合法性”在多民族国家的族际整合中起着至关重要的作用，化解合法性争议和达成维系多民族国家统一是几乎所有多民族国家的共同目标。[①] 但就总体来说，这些研究者将合法性（合理性）预设为服务于政治统治的需要，在合理化过程中强调政治权力对族际利益冲突的控制、调节可能在事实上限制了合理性理论对民族关系建构过程——尤其是文化生产在其中的意义、价值和作用机制——的分析潜力。在哈贝马斯看来，“不能随时用来满足行政系统要求的僵化的社会文化系统，是加剧合法化困境并导致合法化危机的唯一原因。……因此，决定合法化危机的必然是一种动机危机，即国家、教育系统和就业系统所需要的动机与社会文化系统所能提供的动机之间所存在的差异”。[②] 然而，上述族际政治的研究者在原则上却仍旧是把所有尚未解决的整合问题都最后归结到了政治这里——尽管政治系统在一个功能分化的社会中所具有的作用的能力必定是有限的。以上述对“文化生产”概念的再阐释为切入点，在社会系统论和整体观的视域下，考察多民族国家民族关系的合理化过程或者说形成、确立、发展的过程，应该会发现，文化生产在其中起到的正是重要的正当性与合理性来源的作用，其机制之复杂也远非“想象的共同体”和“官方民族主义——即民族与王朝制帝国的刻意融合”以及“经由大众传播媒体、教育体系和行政管制等手段进行的有系统的”意识形态灌输之类的表述所能概括。[③] 如柯娇燕在对满族形成过程的研究中认为，满洲人由最初的文化共同体到“人种”（race）的转变与清朝官方对其（满洲人）共同血统观念和自我归属意识的持续强调有关。[④]

---

① 陈建樾：《多元一体：多民族国家内部的族际整合与合法性》，王建娥、陈建樾等：《族际政治与现代民族国家》，社会科学文献出版社，2004，第 362 ~ 372 页。

② 〔德〕哈贝马斯：《合法化危机》，刘北成、曹卫东译，上海人民出版社，2000，第 97 页。

③ 〔美〕安德森：《想象的共同体——民族主义的起源与散布》，吴叡人译，上海人民出版社，2005，第 84、109 ~ 110 页。

④ 此过程的基调确定于皇太极时期，基本完成于乾隆初期。经过乾隆中期对满洲集体经历的“世谱化”动员和对满洲源流的再勘定——均为官方主导，满洲人最终在清末发展为一个具有前现代民族性质的种族群体。参见 Pamela Crossley, Orphan Warriors, *Three Manchu Generations and the End of the Qing World* (Princeton: Princeton University Press, 1990); Pamela Crossley, *A Translucent Mirror: History and Identity in Qing Imperial Ideology* (Berkelev and Los Angeles: University of California Press, 1999)。

（三）以云南为主要对象的考察

云南是中国少数民族人口超过千万的三个省区（广西、云南、贵州）之一，同时也是少数民族种类最多的省份——共有5000人以上的世居民族26个，其中白族、哈尼族、傣族、傈僳族、佤族、拉祜族、纳西族、景颇族、布朗族、阿昌族、普米族、德昂族、怒族、基诺族、独龙族15个民族为云南所特有。根据云南省第六次人口普查统计的数据，云南现有人口4596.66万人，其中少数民族人口1533.7万人，占全省总人口的33.37%。自古以来，云南就是一个多民族的地区。从《史记·西南夷列传》开始，二十四史和晋代常璩的《华阳国志·南中志》，唐代樊绰的《蛮书》，元代李京的《云南志略》，明代钱古训、李思聪的《百夷传》等地方志、类书、私家著述中都有对云南各民族历史、社会、文化、习俗的记载。在民族学成为一门独立的学科之后，云南则由于各民族间社会经济发展的极不平衡，能为研究民族社会的发生、发展和演变提供一部极为珍贵的“活的社会发展史”而成为被学术界公认的民族学研究的“宝库”。[①]

从文化圈的理论看，云南处于中原汉文化、藏族文化、印度文化和东南亚文化的交汇带；从政治结构的角度看，云南两千多年来都处于中原王朝统治的边缘地带。虽然相较于中国内地，云南民族社会在发育程度、分化程度上存在显著差别，但云南民族文化具有的多样性、乡土性、边缘性、包容性特征也为研究长期历史演进中的文化生产与民族关系建构提供了丰富的材料和广阔的空间。[②] 如作为“南中大姓”之一的爨氏声称自己是黄帝和楚王之后裔，是中国史籍可考的华夏族，但其统治区域在语言、风俗、文字、服饰等方面却呈现出明显的多民族融合特征。南诏国、大理国时期，云南的统治者一方面接受中原王朝的册封，用汉字、习儒书、崇礼乐，自称为中原王朝不侵不叛的忠诚藩属；另一方面，在胡、梵、蕃、汉交杂的大环境下，通过对“圣教”（阿吒力教）本土化起源的强调，他们也进行了寻求本国国民一体化的本土认同，建构一个有别于胡、梵、蕃、汉的认同群体（或者说族群）的努力。在重塑“圣教”本土化起源的过程中，王室的先祖与观音圣迹有了密切的关联，许多原本认同华夏族源

① 江应樑：《民族学在云南》，《江应樑民族研究文集》，民族出版社，1992，第423~424页。

② 施惟达、段炳昌等编《云南民族文化概说》，云南大学出版社，2006，第4~17页。

的大姓家族开始转而宣称其先祖为观音亲传的阿吒力灌顶僧。元代，云南始建行省，此后，中央政权对云南的管辖、控制逐渐加强。在持续的驻军屯垦、从内地移民、办儒学、兴科举和改土归流之后，具有鲜明云南地方色彩的“贝币”最终于清中期退出市场，汉文化在云南各地获得广泛传播，少数民族的知识精英走上读书仕进之路。历经元、明、清三朝，云南与中国内地在经济、政治、文化等领域的一体化程度明显提高，同时也促进了汉族在云南多民族社会中“凝聚核心”地位的确立与巩固。至清末，在“排满兴汉”的革命浪潮中，云南作为鸦片战争前中国的十八行省之一和汉族聚居地已被革命者视为未来华夏中国（汉族国家）的核心组成部分。

中华民国建立后，中华民族逐渐取代了汉族成为凝聚中国各民族认同的主要对象，但直至新中国成立，中华民族概念本身蕴含的各民族平等思想也并未被很好落实，其在民族关系方面关注的重点仍是汉、满、蒙、回、藏“五族”的团结，对包括云南在内的西南地区各民族则始终没有给予足够的重视。20 世纪 30～40 年代，云南的民族学研究开始起步。杨成志、江应樑、吴文藻、李有义、费孝通、陶云逵、凌纯声、林耀华、田汝康等众多学者先后进入云南开展民族学的教学、科研和调查工作。他们在大学里开设有关学系，深入少数民族村寨进行田野调查，编辑出版《西南边疆》等民族学专门刊物，不仅为后人留下了《民族学与中国西南民族》（杨成志）、《中国边疆之土司制度》（凌纯声）、《云南土著民族研究之回顾与前瞻》（陶云逵）、《云南汉夷杂居区经济》（李有义）、《大理古代文化史》（徐嘉瑞）、《西南民族语言分类》（芮逸夫）、《么些象形文字字典》（李霖灿）等一大批在民族经济学、民族政治学、民族语言学等民族学分支学科领域具有开拓意义和重要学术价值的论著和调查报告，也使以云南为对象的民族学研究从此开始在国内享有声誉，并推动了国际社会对云南丰富多样的民族文化的关注。[①] 1949 年 10 月 1 日，中华人民共和国成立，其后不仅把民族平等作为基本国策写入了《中华人民共和国宪法》，还制定了《民族区域自治法》，从法理上赋予各少数民族较以往更为丰富的政治、经济和文化权利。从那时开始，随着民族识别的开展和民族区域自治

① 江应樑：《民族学在云南》，《江应樑民族研究文集》，民族出版社，1992，第 430～435 页。

的实施，云南的多民族社会开始进入以巩固和发展中华民族多元一体格局为主旨，以实现民族平等、消灭民族歧视和民族压迫为现实路径的新的发展阶段。近十余年来，云南开始建设民族文化大省，有关方面提出要积极推动将民族文化资源优势转化成民族文化产业优势。在经济资本的主导下和激烈的市场竞争中，云南各民族之间的文化差异性得到凸显，并出现了集中和固着于某些民族文化符号形式的趋势。

对云南的民族学界来说，民族文化与社会的有序运行或者说秩序化与制度化之间的关联性早已为人熟知。如曾有学者提出，民族文化为其成员提供了一种整体的生存和行为模式，维系民族的凝聚力需要民族文化来调节、规范民族群体成员的价值取向、思维和行为方式及相互关系。[①] 也有学者在经济人类学的研究中表达过人类的各种活动很难区分为经济性、宗教性、政治性或家庭性的，即便是经济活动也必然会“受到现存的并且不断演变着的、制度化了的文化价值标准的约束”，应该“从一种新的、总体性的角度来认识人类活动的多样性与有序性”。[②] 但在社会整体观的框架下，对文化生产在民族关系建构过程中的具体作用机制，特别是文化变迁与政治、经济变迁之间互动关系的研究在当下还并不多见。就民族关系研究而言，云南的奇特之处或者说独特优势正在于：一方面，在云南的历史上，多元文化之间的相互交流、相互融合——而非相互排斥、相互冲突——一直没有间断；另一方面，明清以来，伴随与中原内地和域外（南亚、东南亚乃至欧美）不断增强的经济和文化交流，云南相继经历了改土归流、民国建立、中华人民共和国成立、改革开放等多次大的社会秩序转型。它虽然是地处中国西南边陲的多民族地区，但曾在相当长一段时间内都居于中国民主革命、民族国家建构、工业化运动以及关税、外汇、金融等多方面制度创新和文化产业发展的前列。

基于上述原因，以云南为中心，立足于以往云南民族学研究的丰硕成果，广泛收集整理相关文献资料、专著、论文，在梳理云南民族社会演进趋势的基础上，有重点地考察文化生产在不同历史时期出现的主体、结构、产品内容、生产方式的变迁，对不同类型的文化生产与民族关系的形成、发展——尤其是中华民族多元一体格局——以及政治秩序、经济秩序

① 张文勋、施惟达、张胜冰等：《民族文化学》，中国社会科学出版社，1998，第17页。
② 陈庆德、潘春梅、郑宇：《经济人类学》（修订版），人民出版社，2012，第29页。

的建构、转型之间的关联进行个案研究，应该能够获得许多关于文化生产与民族关系建构的典型资料。同时，这也有利于促进不同民族之间的相互理解和丰富文化产业学、民族学、文化政策学等相关领域的理论研究，并将为巩固和发展平等、团结、互助、和谐的民族关系，促进文化产业和公共文化服务在建构更为包容、稳定和更具活力的社会秩序（尤其是在民族地区）过程中发挥积极作用等提供重要的理论和经验支持。

第一章 云南民族关系概说

在世界范围内，“民族”一词的现代意义的出现不会早于18世纪，而它在中国的出现则更是相当晚近的事情。[①]“民族”一词在中国的流行是近代以来西方民族主义思潮在中国传播，要求建立民族国家的民族主义运动的结果。自梁启超等人于清末将现代民族的概念介绍到中国以后，“民族”在中国社会虽然被普遍使用，但究其实际含义，常常是与种族、国家、部族相混淆，既可能指涉现代民族，也可能用于描述古今中外处于不同社会历史发展阶段的各种地域性共同体。

中华人民共和国成立后，为了体现各民族一律平等的原则，将历史上形成的各种在经济生活、语言文字、文化特征、民族意识等方面具有明显特点的、稳定的共同体，不分人口多少、居住地域大小、社会发展阶段和经济文化发展水平高低，都统称为“民族”，并为其建立起相应的行政单元——各级民族自治地方。1953年，中共中央在讨论《关于过去几年内党在少数民族中进行工作的主要经验总结》时，毛泽东明确指出：“科学的分析是可以的，但政治上不要去区分哪个是民族，哪个是部族或部落。”[②]1962年，在一次民族理论方面的座谈会上，与会者决定把外文著作中有关民族的词汇统一翻译为“民族”，而不再使用“部族”或其他译名，认为这样“不仅解决了汉民族的形成问题，同时，也解决了中国50多个少数民族的形成问题，而且也解决了全世界一般民族的形成问题”。[③] 从那时开始，不仅那些通过了民族识别的筛选，并建立起民族自治地方的“××人”“××部族”具有了现代民族的身份，就连历史上曾经出现过的匈奴

---

① 据考证，《南齐书》和唐代《太白阴经》中就有“民族”一词，主要是指以姓氏为标志的氏族群体。参见吴楚克《中国民族问题产生的原因及解决之道》，《中国民族报》2013年2月8日。

② 黄光学主编《中国的民族识别》，民族出版社，1994，第117页。

③ 马戎：《关于“民族”定义》，《云南民族学院学报》2000年第1期，第5～13页。

人、鲜卑人、契丹人、吐蕃人等称谓也被注入了（古代）民族的新内涵。

第一节　初入中华：秦、汉至唐前期的云南民族关系

考古发现表明，先秦时期，云南古代民族建立的滇国就已经与内地的楚国发生了交往和联系，但由于相关文献资料的缺乏，难以对当时云南民族关系的状况做出详尽的描述。秦、汉王朝的建立开启了中国统一多民族国家的历史，国家政权的统治不仅覆盖了整个华夏族的分布地区，也包括了许多少数民族聚居地。秦、汉以后，典籍中关于云南民族情况的记载才逐渐增多，如“庄蹻入滇”虽是发生在秦朝建立之前，记载其事的《史记》却是成书于西汉时期。

（一）秦、汉

秦灭六国之后，秦王嬴政改称“始皇帝”，废除分封制，实行中央集权的郡县制，实现了“诸夏”的统一。秦朝设立的三十六郡中的蜀郡和巴郡就在今天的四川盆地一带。从那时开始，包括僰人、昆明人、叟族、僚人等云南古代民族在内的“西南夷”[①] 与华夏族的联系也日渐增多。西汉时进行了大规模开拓“西南夷”的活动，先后攻灭了滇国、夜郎等小国，在西南夷的分布地区设置了越嶲、沈黎、汶山、武都、益州等郡，并派大量汉族官吏及士卒前往戍守。东汉永平十一年（69 年）东汉王朝又将益州郡中的不韦、嶲唐、比苏、叶榆、邪龙、云南等 6 个县加上另设的哀牢、博南两县，设置为永昌郡。郡县的建立和与之配套的羁縻制度——封少数民族的首领为王、侯、君长等，利用他们对各少数民族进行间接统治——的实施使西南夷地区与中原王朝的政治联系得以建立和加强，也促进了华夏族与各西南民族之间的经济、文化交往。云南秦汉以前的古遗址和墓葬中基本没有“汉式器物”，说明当时汉族与当地民族的联系较少。而秦汉以后，尤其是西汉中期以后，出土文物中兵器、农具等“汉式器物”的数量明显增加。在滇东北出土的农具上多有“蜀郡”“成都”铭文，日常生活中常用的各式铜镜也十分常见。随着兴农耕、修道路、驻军等经营西南夷政策的推行和汉族人口的迁入，“西南夷地区各民族，尤其是处于交通

① 秦、汉时期，称今四川西南、贵州、云南境内的各少数民族为“西南夷”。

沿线的民族开始接受了汉族先进的生产工具以及生产方式，随之在思想观念等方面也受到了影响，交通沿线地区的少数民族，尤其是那些少数民族的上层分子逐步地接受了汉文化而开始了汉化的进程”。[①]

（二）三国、两晋、南北朝

秦、汉所称的“西南夷”地区在这一时期被称为南中或宁州。此期间，由于中原内地长期处于分裂割据的状态，无力对南中地区进行深入的经营和控制，史称“南中大姓”和“夷帅”的地方政治势力开始兴起。“南中大姓”是在汉朝的扶持下，从汉代进入西南夷地区的汉族移民中逐渐发展起来的地方豪强，夷帅则是当地少数民族的首领。最初，中央政权扶持南中大姓的目的是为了稳固在少数民族地区的统治，但随着中央政权对南中地区控制力的减弱和南中大姓的“夷化”以及与夷帅的通婚、结盟，他们的势力日渐扩大，并公开进行分裂割据活动，各自据地称雄。

蜀汉政权建立后，为平定“南中大姓”和“夷帅”的反叛活动，诸葛亮曾亲率大军征讨南中，但事后仍沿袭了利用大姓和夷帅进行统治的模式，并将南中大姓视为其在南中统治的基础，特别加强了对南中大姓的扶持力度，如为焦、雍、娄、爨等大姓增加私人武装“部曲”，吸收大姓子弟到蜀汉政权中做官等。蜀汉之后的相当长时间里，一方面，中原王朝在南中地区的影响力始终微弱，仅要求南中大姓奉中原王朝的正朔而已；另一方面，南中大姓的势力扩张虽然未能受到中央政权的有效制约，但都一直以中原王朝的地方官自居——包括长期称霸南中地区的爨氏。总体上，在这一时期，借助南中大姓，汉族与少数民族之间的交流、交往得到了加强。表现在文化的汉化和民族融合上，就是在汉文化依然作为强势文化的前提下，以南中大姓为代表的汉族逐渐在生活习惯、服饰穿戴上“夷化”，但是同时还坚持认为自己是汉人。而以夷帅为代表的与汉族移民接触较多的一部分少数民族则逐渐在语言、文字等方面接受了汉文化。

（三）隋朝和唐前期

581年，杨坚建立了隋朝，并于开皇十年（590年）结束了中国自西

---

① 王文光、龙晓燕、陈斌：《中国西南民族关系史》，中国社会科学出版社，2005，第111～120页。

晋末年以来三百多年的动乱。隋朝在中国历史上虽然仅仅维持了38年，但标志着中央政权对南中地区直接控制的重新开始。隋朝以武力征服了爨氏等南中地区的分裂势力，还对西爨及西宁州两地进行了初步经营。唐朝建立后，在边疆地区采取了以怀柔手段为主的羁縻政策，设立羁縻府州，任命各族首领为都督、刺史，注意不改变各少数民族原有的生产方式、社会制度、部落体制，尊重其习俗。在南中地区，唐朝恢复了爨氏的政权组织，并使爨氏与唐朝保持了长期稳定的臣属关系。军事征服和羁縻招揽政策的实施使唐朝在南中地区的统治范围不断扩大，各少数民族纷纷请求"内附""来降"，也树立起了唐王朝在南中地区的极高声威。大体上，在唐朝于618年建立以来的七八十年中，唐王朝对南中地区的经营可以说是卓有成效的。但随着吐蕃势力的迅速崛起，为抵御吐蕃的扩张和入侵，唐王朝也不得不扶持乌蛮部落蒙舍诏统一六诏，建立了南诏国。这一时期，有关云南民族关系的重要事项还有白蛮在爨氏统治区的出现，它是汉族与土著的僰人、夷人共同融合而成的一个新民族，其文化在语言、文字、丧葬习俗等方面也都显示出显著的汉、夷融合特征。

第二节　地方政权：南诏国、大理国时期的云南民族关系

在南诏国、大理国时期，云南民族关系的主要内容是中央政权与少数民族政权之间的关系，具体来说就是汉民族建立的唐朝和以乌蛮为主体建立的南诏国之间的关系，汉民族建立的宋朝和以白蛮为主体建立的大理国之间的关系。[①]"若依唐书南诏传所说，唐代大帝国之亡，实和南诏有极密切的关系；宋太祖有鉴于此，且有挥玉斧割大渡河以外于不顾的让避决策，都可以说明彼此关系的不容轻视。"[②] 单就南诏国、大理国内部的民族关系而言，南诏国的王室来自乌蛮，大理国的王室来自白蛮，但无论在南诏国还是大理国时期，它们的贵族和官吏阶层都主要由白蛮组成，而乌蛮中的"三十七部"和河蛮、扑子蛮、寻传蛮等则长期处于集体奴隶式的附属地位。[③] 为保持和强化地方政权的独立性，在南诏国、大理国存续期间，

① 王文光、龙晓燕、陈斌：《中国西南民族关系史》，中国社会科学出版社，2005，序言。

② 李霖灿：《南诏大理国新资料的综合研究》，台北故宫博物院，1982，第17页。

③ 尤中：《云南民族史》，云南大学出版社，1994，第161～195页。

统治阶层依托地方化的密宗佛教——阿吒力教，也进行了建构一个既融汇胡、梵、蕃、汉文化但又与胡、梵、蕃、汉有明显区别的认同群体（或者说民族、族裔、族群）的努力。但在总体上，南诏国、大理国和阿吒力教的历史发展并未脱离中国文化体系。

（一）南诏国与唐朝的关系

据《旧唐书·南诏传》的记载，南诏“本乌蛮别种也。姓蒙氏，自言哀牢之后”。从南诏国建立的时代背景来说，它无疑是唐朝为制衡吐蕃崛起，抵御吐蕃的入侵而在洱海地区扶持地方势力的结果。唐高宗永徽四年（653 年），蒙舍诏首领细奴罗遣使向唐朝朝贡，唐高宗赐细奴罗锦袍。永徽五年（654 年），细奴罗派长子罗盛炎到长安朝贡，唐高宗封细奴罗为巍州刺史。皮罗阁担任蒙舍诏首领时，唐朝册封他为“特进台登郡王，知沙壶州刺史，赐名归义”，他的几个儿子也分别被授予杨瓜州刺史、蒙舍州刺史、江东州刺史和双祝州刺史的职位。正是在唐朝的大力扶持下，蒙舍诏才通过长期的军事征服逐渐统一了滇西六诏。开元二十六年（738 年），唐朝册封皮罗阁为云南王，标志着作为唐朝属国的南诏国建立。[①] 天宝十一年（752 年），南诏国联合吐蕃消灭了唐朝军队，与吐蕃结为兄弟之国，改年号为赞普钟元年，这是南诏国正式建立地方政权的开始。[②]

在云南历史上，南诏国的建立具有十分重要的意义。在此之前，云南虽然也存在爨氏政权等地方势力，但它们在名义上都是从属于中原王朝的。南诏国则除了在立国初期对唐朝表示从属以外，其余时间里，南诏国与唐朝之间的关系都呈现出明显的对抗特征。南诏国建立后，一度保持了对外扩张的强劲势头，不可避免地与唐朝发生了激烈的冲突。天宝十年（751 年），唐玄宗命令剑南节度使鲜于仲通出兵讨伐南诏国，南诏国与唐朝的矛盾被进一步激化。在联合吐蕃消灭了来犯的唐朝军队之后，天宝十一年（752 年），南诏国改年号为赞普钟元年，开始正式建立地方政权。此后，唐军多次被南诏军队打败，南诏国军队屡次侵犯内地，南诏国与唐朝之间的政治联系也长期处于断绝的状态。大历十四年（779 年）以后，南诏国与吐蕃的矛盾逐渐显现，面临被吐蕃控制、并吞的危险，也是由于唐

① 王文光、龙晓燕、陈斌：《中国西南民族关系史》，中国社会科学出版社，2005，第 213 ~ 217 页。

② 尤中：《云南民族史》，云南大学出版社，1994，第 137 页。

朝开始执行李泌制定的“北和回纥，南通云南，西结大食、天竺”[①] 以共同抗击吐蕃的战略，南诏国与唐朝的关系又重新开始密切起来。贞元十年（794 年），南诏国国王异牟寻与唐朝的代表崔佐时订立《云南诏蒙异牟寻与中国誓文》，宣布与吐蕃断绝关系，归附唐朝，不再侵犯内地。但实际上，南诏国与唐朝之间的战争却并未因此而停息，对唐境内的剑南、西川、黔中和安南等地的大规模进攻、掳掠在此后一百余年间仍时有发生，甚至曾攻下过西南腹地的成都。长时期的交战使唐朝与南诏国双方的国力都受到严重耗损，国内各种矛盾不断激化。902 年，南诏王族为权臣郑买嗣所杀，南诏国灭亡。五年后，唐朝也在农民战争的冲击下宣告覆灭。

（二）大理国与宋朝的关系

在经历了南诏末期的动乱和政权的频繁更迭后，白蛮贵族段思平于 937 年建立了大理国。当时中原地区为后晋政权，四分五裂的局面并未消失，无力顾及与大理国的交往。宋朝建立后，大理国才开始恢复与中原王朝的政治联系。相较于宋朝与西南地区其他民族的关系而言，宋朝对大理国的态度在总体上显现出较为疏离的特征。根据相关历史文献的记载，大理国多次主动向宋朝表示愿意成为按时朝贡的藩属国，归附宋朝，但或许是受到唐朝灭亡是由于南诏国入侵这一历史的影响，宋朝在发展与大理国的关系方面始终是持谨慎、防范的态度，并不愿与大理国进行更多的政治交往。根据《宋史·外国传》的记载，熙宁九年（1076 年），大理国向宋朝进贡了刀剑、犀皮甲、鞍辔等物品，未受到宋朝的积极响应，“自后不常来，亦不领于鸿胪”。政和七年（1117 年），大理国国王段和誉派遣使臣向宋朝请求内附，宋徽宗册封他为“金紫光禄大夫、检校司空、云南节度使、上柱国、大理国王”。次年，宋科举考试的题目也与大理有关，为“代云南节度使大理国王谢赐历日”。但其后，宋朝却又主动停止了与大理国的交往，因而导致除了个别地方保留了断续的互市关系以外，“大理复不通于中国”。[②]

---

① （宋）司马光：《资治通鉴·唐纪》卷 233，中华书局，1956，第 502 页。

② 王文光、龙晓燕、陈斌：《中国西南民族关系史》，中国社会科学出版社，2005，第 316 ~ 325 页。

第三节 重归一统：元、明、清时期的云南民族关系

1253 年，蒙古军队攻占大理，大理国宣告灭亡。1271 年，忽必烈废除"蒙古"国号，建立元朝。1279 年，元灭南宋，建立了中国历史上空前庞大的统一帝国。从那时开始，云南地区各民族重新回归大一统①王朝的治下，历经元、明、清三代，再未建立过类似南诏国、大理国的地方政权。这一时期，中央政权对云南各民族的统治逐渐深入，云南与中国内地的政治、经济一体化趋势不断加强。

（一）元代

在中国历史上，元朝的统治持续时间并不算长。然而，对云南来说，相较于秦、汉时期中原王朝不深入的统治，元朝在云南设置行省、驻扎军队、开展屯田、兴办儒学的一系列举措无疑大大促进了云南与中国内地的一体化进程，并使中央政权对云南少数民族的统治得以"深入"和加强。在元朝统治的百余年间，云南与内地的政治、经济、文化交往无论在规模、范围还是频度上都有了很大提高，不但加快了云南世居少数民族融入统一多民族国家和中华民族多元一体格局的历史步伐，巩固了统一多民族国家的政治版图，而且相关的政策、制度在以后的明、清两朝也多被因袭、延续，对云南民族关系的发展产生了极为深远的影响。②

1. 设置云南行省，推行土司制度

在蒙古兵征服大理国的过程中，为迅速稳定被征服地区的政治局势，使蒙古的统治能得到当地少数民族上层的承认，招降尚未被征服的各民族、各部落，蒙古统治者曾参照蒙古军队的组织形式在云南设置万户府和千户所、百户所来实施军事管制。充当万户的往往是土著民族（主要是白

① 或者说多民族中国的大统一。秦汉是统一多民族中国形成的开端。就汉朝"天子"称号加之于"四夷"，"皇帝"称号加之于"王侯"，同时包举郡县而言，国家元首称号的这两重含义已完全体现了华夷的大统一。参见费孝通主编《中华民族多元一体格局》（修订本），中央民族大学出版社，2003，第 342 页。

② 王文光、翟国强：《西南民族的历史发展与中华民族多元一体格局关系述论》，《思想战线》2005 年第 2 期，第 29 ~ 35 页。

族和彝族）中的封建诸侯和大部落贵族，而千户长、百户长则由小部落的贵族和氏族头目担任。1253 年至 1273 年的二十一年里，在云南先后设置了大理上万户府、大理下万户府（原大理国王直辖领地）、威楚万户府和鄯阐万户府（原高氏封建主领地）等 19 个万户府，各万户府之下又分设数量不等的千户所、百户所，初步恢复了云南受内地中央政府羁縻统治的格局[①]。

忽必烈建立元朝之后，为加强中央集权和全国范围内的政治统一，开始在地方行政建制上推行“行中书省”（简称“行省”）制度。中书省为总揽全国政务的中央机关，分驻各地的行中书省则在地方行使中书省的权力，“凡钱粮、兵甲、屯种、漕运，军国重事，无不领之”。行中书省下设路、府、州、县，构成了从中央到地方基层的完整的政权组织系统。元朝在全国共设置了 11 个行省，云南行省即是其中之一。至元十年（1273 年），元世祖派赛典赤到云南筹建行省。赛典赤到云南后，将原来的万户府和千户所、百户所全部撤销，改设与内地相同的路、府、州、县等行政机构。作为全国统一的政权组织体系的一部分，云南行省与汉、唐时在云南设立的羁縻州府具有本质上的区别，其与内地在行政机构设置上的相同之处标志着中央政府对云南行省的管理已趋向于与全国同步，也说明云南在当时已不再被中央政权视为难以进行有效统治的特殊地区。[②]

为使中央政权对少数民族的统治得以深入，元朝还创设了土司制度。在改设路、府、州、县的过程中，不仅各土著民族中的上层分子仍被委任充当各路、府、州、县的土官，在行省之下还设置有宣慰司、宣抚司、安抚司、招讨司、长官司等级别不等的行政机构，其长官也多由“土酋”“土人”等土著民族的首领充任。通过将土著民族中的上层人物纳入中央政权控制下的官僚体系，元王朝对云南的统治得到了加强。[③] 一方面，土司们的治下可以说是大小不等的“半自治区域”，中央政权对这些地区少数民族的内部事务并不加以干涉，土司或者说各少数民族首领原有的在本地区、本民族内部的统治权并未发生改变；另一方面，中央政权与土司之间的关系也不再是简单的羁縻而已，土司不仅必须承担向朝廷朝贡、纳赋和听从征调的义务，而且中央政权对朝贡的时间和人数以及土司的承袭、

① 尤中：《中国西南民族史》，云南人民出版社，1985，第 311～313 页。
② 尤中：《云南民族史》，云南大学出版社，1994，第 274～278 页。
③ 尤中：《云南民族史》，云南大学出版社，1994，第 276 页。

升迁、奖惩等都有明确和详尽的规定。[①]

2. **驻防军队，开展屯田**

为巩固中央政权的统治，元朝在云南长期驻扎有大量军队，这些军队的粮饷供应部分来自于屯田。元朝在云南的屯田分为军屯和民屯两种。军屯的劳动力主要来自从内地被调派到云南来驻守的蒙古、回回、汉军和在云南本地签拨组成的僰白土军（或写作“寸白军”），统称为军屯户。蒙古、回回、汉军屯种的土地系由云南行省拨给，或由官方指定地点自行开荒；白族军户中原来自有土地的可“自带己业田”加入军屯，没有土地的则由官方提供无主荒田。军屯户除服军役外，大部分时间从事农业生产，其收获除交给行省的部分之外，剩余部分能够自主支配，土地也可以进行自由买卖。民屯的劳动力则主要来源于原大理国封建领主和一些土官的附民（或者说农奴、隐户），他们或者“自带己业田”，或者由官方拨给荒田及向行省佃种官田，组成了民屯户。行省直接向民屯户征收租赋，其标准大约仅为原大理国封建领主收取数额的三分之一。屯田的推行不仅使云南行省获得了一个较为稳定的收入来源，把相当一部分少数民族民众由依附于封建领主的农奴转变为国家编户制度下的自由农民，也促进了内地先进农业技术、手工业技术在云南的传播和云南农业、手工业生产的发展。[②]当时，云南行省每年向中央政府上交的粮食有二十七万多石，虽说不及全国税粮总数的四十分之一，但较相邻四川省的十一万六千五百七十四石还是要高出一倍多。而应该注意的还有，元朝的屯田主要是在白族地区进行，受屯田区域农业、手工业生产发展的影响，行省的行政管理也随之逐渐扩大到许多本来不属于路、府、州、县体制下的彝族村寨，即《元史·张立道传》中所说的，“罗罗（彝族）诸山人慕之，相率来降，其地悉为郡县”。[③]

3. **建立学校，提倡儒学**

元朝建立云南行省之后，开始在云南各地建立学校，推广以儒家学说为主的儒学教育。《元史·赛典赤传》中说，云南过去处在“俗无礼仪”和“子弟不知读书”的社会中，赛典赤到云南后教授云南人跪拜、婚姻和丧祭的礼仪，“创建孔子庙、明伦堂，购经史，授学田，由是文风渐兴”。

① 王文光、龙晓燕、陈斌：《中国西南民族关系史》，中国社会科学出版社，2005，第362页。

② 尤中：《云南民族史》，云南大学出版社，1994，第284～291页。

③ 王文光、龙晓燕、陈斌：《中国西南民族关系史》，中国社会科学出版社，2005，第365～367页。

这种说法虽难免夸张，而朝廷倡导儒学教育的真实目的也可能只是为了使“资性悍戾”的各世居少数民族能逐渐被“摩化其心”，成为元朝统治的顺民，但“建孔子庙，置学舍，劝土人子弟以学，择蜀士之贤者迎以为弟子师”的做法对促进汉文化在云南各世居少数民族中的传播，改变他们的生活习俗，增进汉族与各少数民族——尤其是白族和彝族——间的交往、交流方面也确实起到了积极的作用。①

（二）明朝

明朝取代元朝的统治之后，继续在云南设置郡县、驻军屯田、完善土司制度和推广儒学教育，并从内地迁移大量人口到云南定居，使云南在“大一统”政治版图内的地位得到了进一步的巩固。在明代，云南汉族人口的数量逐渐超过了云南的其他民族，汉族开始在政治、经济、文化等社会生活的各方面起到主体民族和凝聚核心的作用。各少数民族不可能再把大量的汉族人口融入他们当中，而汉族居住地区的经济、文化发展形态则开始给少数民族的社会生活带来更直接、更深刻的影响，少数民族在风俗习惯、道德伦理、语言文字方面接受汉文化的趋势日渐明显，也使云南民族间的分化与融合趋势发生了改变，“在明以前是汉族融入西南民族，以单向融合为主，而明以后的融合则是双向融合，由此形成了包括汉族在内的西南各民族之间你中有我，我中有你的亲缘关系”。②

1.“土流参治”和局部地区的“改土归流”

明朝延续了从元朝开始实行的土司制度，并将其进一步完善、发展。在明代，土司首先必须承认自己是朝廷委派在地方的官吏，服从朝廷的征调、驱使，履行朝廷规定的各种义务，然后他们在相关地方的统治才能获得朝廷的认可或者说具有合法性。正如《明史·职官志》中关于土司职责的描述：“附辑诸蛮，谨守疆土，修职贡，供征调，无相携贰。有相仇者，疏上听命于天子。”③ 本质上，土司制度可以说是体现了统治民族与被统治民族之间相互妥协、相互容忍的关系，它对于国家统一、社会稳定，或者说把社会发展极不平衡的各少数民族统一在中国版图内曾发挥过重要的积极作

---

① 尤中：《云南民族史》，云南大学出版社，1994，第293～294页。

② 王文光、翟国强：《西南民族的历史发展与中华民族多元一体格局关系述论》，《思想战线》2005年第2期，第29～35页。

③ 尤中：《云南民族史》，云南大学出版社，1994，第348～351页。

用。然而，从加强、巩固“大一统”政治格局的需要出发，中央政权实行土司制度的最终目的不可能是维护各少数民族原有的政治、经济、文化结构永远不变，而是要在保持各少数民族地区社会秩序的相对稳定和不发生大的动乱的前提下，把主要受土司管辖的属民逐渐转变为受中央政府直接控制或者说处于中央政府“编户齐民”制度下的天朝子民。其中最主要的表现就是在少数民族与汉族长期杂居的地区进行“土流参治”和“改土归流”。

“土流参治”是指在设立了府、州、县的地区实行土官、流官共同管理。土官实行世袭制，流官由中央政府委派，实行任期制。对于土官势力较强的地方，一般是以原有的土官担任土知府、土知州和土知县等正职，流官任副职，起辅佐和监督作用；在土官势力较弱的地方，则是由流官担任正职，原有土官则常被任命为同知、通判等副职。当时，在云南境内，云南府、曲靖府、澂江府、临安府、大理府、永昌府六府都是在府一级只设流官，而下属州、县则多是土流参治；楚雄府、姚安府、广南府是以流官任知府，以土官任同知、通判等副职；寻甸、武定、广西、元江、景东、蒙化、顺宁、鹤庆、丽江、永宁、乌蒙、东川、芒部13个府则是以土官担任正职，流官充任副职。在土流参治的府、州、县，实行的是与内地一般地区相同的赋税制度，即由地方政府根据户口、人丁和田地的多寡，直接征收赋税和加派差役，即便是土官拥有的庄园、田地也概无例外。同时，朝廷又在这些地区设立军事卫所，迁入大量的军屯和民屯户，矿场工人、手工业者和商人等也纷纷随之涌入，既削弱了土官的势力，也相应地促进了这些地区社会经济的发展。[①]

“改土归流”是指废除世袭土司制度，以流官直接统治原有的土司辖区。云南的改土归流始于正统八年（1443年）。鹤庆土知府高伦欺压百姓、鱼肉乡里、聚敛民财、侵害宗亲，朝廷将其逮捕后诛杀，并任命原泸州知府林遒节为鹤庆知府。成化十四年（1478年），寻甸土知府安晟死，“兄弟争袭，遂改置流官”。其后，广西府、弥勒州、武定府、顺宁府等也因为土官不能平息少数民族内部的争斗，与朝廷委派的流官发生矛盾，意图聚众作乱、谋反等而相继被改土归流。改土归流的本质是以一种统治制度代替另外一种统治制度，它打破了土司制度下民族、地区间的壁垒，对加

---

① 王文光、龙晓燕、陈斌：《中国西南民族关系史》，中国社会科学出版社，2005，第402～403页。

强各民族之间的交往、交流，巩固统一的多民族国家和促进改流地区的社会经济发展都具有十分重要的意义。但同时，明代的改土归流也存在许多不足和缺陷，如改上不改下，改大不改小，大土司被废除之后，那些处在下层的小土司仍然长期存在；由于许多流官不愿到边远地区任职，一些改土归流地区的流官等同虚设，掌握地方行政权力的依然是土官；某些地方虽然设立了府、州、县，朝廷也派遣了流官，但这些流官在行使权力时仍然是依靠当地原有土司征收赋税、调发差役，并不能从根本上改变原来的土司统治。①

2. 大规模的移民垦殖

明代，在官方的组织和鼓励下，对云南进行了大规模的移民垦殖，其形式主要有军屯、商屯和民屯三种。与元朝一样，明朝也长期在云南驻扎重兵。明朝在云南各地广设卫所，其兵额总数接近三十万人，各卫所辖下的军士每人由朝廷拨给农田五十亩和耕牛、农具，“教树植，复租赋”，世代过着“三分守城，七分屯种”的屯田定居生活。民屯则主要由“招募或罪徙者”以及由政府从内地迁移来的民户组成。谢肇淛在其所著的《滇略》中说，明太祖在平定云南之后，曾“尽迁江左良家”到云南定居，“有罪窜戍者，咸尽室以行”。《滇粹·云南世守黔宁王沐英传附后嗣略》中也有沐英从江南、江西等地迁移二百五十余万人入滇的记述。② 据后世学者的研究，这里所说的民屯人口数字可能有所夸大，但也表明当时通过民屯来到云南的汉族移民确实具有相当庞大的数量规模。商屯的设立其本意则是国家用食盐专卖的指标（“盐引”）来吸引商人到边疆进行垦殖，以收获补充军粮。明军平定云南之后即开始在云南开展“盐商中纳”的商屯，至明末也未停止。商人从内地招募汉族佃户前来云南屯田的总人数比军屯户和民屯户要少，但他们中的相当一部分也必定会同军屯户、民屯户一样，就此落籍于云南，成为当时汉族移民中的一部分。③

3. 发展儒学教育，推行科举制度

明代，云南的儒学教育较元代有了更为明显的发展。在政府的倡导和

---

① 王文光、龙晓燕、陈斌：《中国西南民族关系史》，中国社会科学出版社，2005，第407～411页。

② 尤中：《云南民族史》，云南大学出版社，1994，第352～359页。

③ 王文光、龙晓燕、陈斌：《中国西南民族关系史》，中国社会科学出版社，2005，第412～414页。

鼓励下，不仅正规官学在各府、州、县、卫广泛设立，民间自办的私塾、社学也纷纷出现。各族普通民众接受儒学教育的机会大大增加，也为云南士人（知识分子）阶层的形成奠定了基础。在明代所修的云南各地的地方志中，关于士人阶层情况或者说“士风”的描述已普遍成为不可回避的重要科目。科举制度在云南从元朝开始就已经施行，但却较少有人参加考试，这种情形在明代发生了根本上的改变。整个明代，云南全省共中举人2206人，进士及第216人。“士子中举，投身仕宦，在云南士人阶层中又造就了一个通过儒学教育获得知识，依靠科举考试登进入仕的知识分子仕宦阶层，他们已经跻身于统治阶级行列，成为士绅阶层中更高的社会群体。”①

（三）清朝

清朝在云南的统治，就其所采取的各种政策措施和建立的政治、经济、文化制度的实际内容而言，可以说都是来自于对明朝的继承和发展。这一时期，没有再出现像明朝初年那样汉族人口集中迁入云南的情形，但随着“改土归流”的继续推行，儒学教育和科举制度的发展繁荣和边疆开发力度的增强，汉族人口的分布范围仍较明代有了明显的扩展，当代云南的各民族在经过了漫长的分化、融合后一一登上历史舞台，以汉族为中心的各民族之间的联系日益紧密，也基本形成了云南各民族大杂居、小聚居的民族分布格局。②

1. 大规模的改土归流

清代，土司的权力受到极大限制。一方面，清朝为土司的辖区划定了疆界，不准其扩张势力范围；另一方面，也加大了流官对土官的节制力度，不准土司及其属民随意离开土司的辖区。在此基础上，清朝在云南地区进行了大规模的改土归流。顺治十六年（1659年），元江土知府那嵩抗清失败，元江土府即被改设流官。康熙四年（1665年），宁州、蒙自、路南、陆良、石屏等地的土司联合反清，被吴三桂镇压后，滇中、滇南、滇东南的一批土司都被废除，其辖地改设流官。雍正元年（1723年）丽江土

---

① 陆韧：《变迁与交融——明代云南汉族移民研究》，云南大学博士学位论文，1999，第296～297页。

② 王文光、龙晓燕、陈斌：《中国西南民族关系史》，中国社会科学出版社，2005，第429～430页。

府改流。雍正二年（1724 年）和三年（1725 年），威远土州（今景谷）、姚安土府同知被废除。雍正四年（1726 年）至九年（1731 年），是清朝改土归流的高潮阶段，其重点区域是滇东北和滇南的澜沧江中、下游以东地带。在此期间，许多地方都发生了由土司策动的反改土归流运动，有的甚至聚众数万，但都被清军镇压下去。改土归流的高潮阶段之后，区域性的改土归流活动并未停止，如乾隆十三年（1748 年），勐缅长官司的土官被废除，改设缅宁厅流官。而改土归流在云南南部和西南部边疆发展和推行，则延续到民国时期都还没有结束。总体上，改土归流对于促进少数民族的社会发展和维护多民族国家的政治统一是有积极意义的，但囿于时代的局限，归流之后对于少数民族的民族歧视、民族压迫还依然存在。以宣威州的命名为例，其意义即在于“宣扬威德”于乌撒、东川的彝族，使他们能拱手听命。①

2. 儒学教育和科举制度的继续发展

清朝统治云南期间，除了继续兴办地方官学和书院以外，还开始在少数民族聚居区广泛兴办启蒙教育性质的夷番义学。义学不以科举为唯一目标，而是重在普及、推广汉文化。义学的办学条件、教师素质和学费相对较低，这也就使许多少数民族的平民子弟能够负担起学习的费用。在清代，由满族建立的朝廷对通过科举制度选拔、任用各少数民族中的优秀人才十分重视，制定了许多优待、变通的政策以吸引少数民族学子参加科举考试，如提供差旅费用和对少数民族考生的阅卷标准、录取名额都进行了特殊规定。

第四节　中华民族共同体的建构：近代以来的云南民族关系

近代以来，中国民族关系的最大变化是蕴含了民族平等意味的“中华民族”成为中国境内各民族的统一称谓，并取代汉族成为整合各民族集团力量，共同建设统一的多民族国家的新的凝聚核心。“中华民族作为一个自觉的民族实体，是近百年来中国和西方列强对抗中出现的，但

① 尤中：《云南民族史》，云南大学出版社，1994，第 515 ~ 528 页；王文光、龙晓燕、陈斌：《中国西南民族关系史》，中国社会科学出版社，2005，第 444 ~ 450 页。

作为一个自在的民族实体则是几千年的历史过程所形成的。”费孝通的这一著名论断，目前已得到国内外学者的广泛认同。[①] 从1840年到中华人民共和国成立之前的一百多年间，正是中华民族从自在到自觉联合的重要历史阶段，而作为国家民族的中华民族共同体的建构迄今也还在进行之中。

（一）清末至民国时期

从根本上说，现代中华民族意识的萌生和发展，是中国内部各民族在帝国主义列强的侵略和欺凌下，受到近代西方民族主义思潮的影响，对于彼此之间长期形成的内在联系与一体性的不断自觉过程，同时也是“一个经由‘先知先觉’的认知、揭示、启发、倡导、鼓吹，到全民普遍认同的发展历程”[②]。鸦片战争以后至中华人民共和国成立之前，团结起来共同抗击帝国主义，维护国家统一和主权领土完整逐渐成为这一时期中国民族关系的基本特点。由于毗邻的东南亚、南亚国家相继沦为英国、法国的殖民地，云南长期面临殖民侵略的直接威胁，又因为与现代世界体系的经济联系日益紧密和接受西方文化的传播等，不仅各民族的内聚力较以往有了明显增强，而且中华民族的整体观念和对中华民族共同体的认同也开始在社会上广泛流行。[③] 这主要表现在两个方面。

1. “中华民族”观念成为政治动员的有力工具

在推翻清政府、创立民国、抵御外辱的历史进程中，作为多民族共同体的“中华民族”观念逐渐成为各政党、政治派别、社会团体在包括少数民族在内的广大民众中进行宣传、组织、动员的有力工具。1911年10月30日，距武昌起义仅20天，云南就发生了“重九起义”，并很快光复了云南全境；而当袁世凯复辟帝制时，云南又率先宣布与袁政府脱离关系，组成军政府，掀起了声势浩大的“护国运动”。1911年，腾越起义后组建的滇西军政府，其下属的军队称中华国民军，其布告中公开宣称：“方今我国种族，共计四万万有余，皆称同胞。既为同胞，视国如家，务须一视同

① 费孝通主编《中华民族多元一体格局》（修订本），中央民族大学出版社，2003，第3页。

② 黄兴涛：《现代“中华民族”观念形成的历史考察——兼论辛亥革命与中华民族认同之关系》，刘凤云、刘文鹏编《清朝的国家认同——“新清史”研究与争鸣》，中国人民大学出版社，2010，第269页。

③ 王文光、龙晓燕、陈斌：《中国西南民族关系史》，中国社会科学出版社，2005，序言。

仁，各泯仇隙。勿藏怒，勿宿怨，亲爱之而已矣。”[①] 1916 年，《唐继尧护国首义誓师文》中说：“粤自武昌首义，中土云从，五族一家，亿姓同德，扫除专制，创建共和，应世界之文明，为友邦所承认。乃者袁逆世凯，谋叛民国，复兴帝制……”；《唐继尧蔡锷等向全国同胞申明护国宗旨誓词》中有：“（二）地无分南北，省无论甲乙，同此领土，同是国民，惟当量材程功，通力合作，决不参与地域观念，自启分裂。……（四）五大民族，同此共和，袁氏得罪民国，已成五族公敌，万众一心，更无何等种族界限。”[②]

1934 年，面对英军的入侵，以班洪王为首的佧佤各部落首领自发组成“佧佤十七王民族自决会”，派代表至昆明会见云南省主席龙云，并发布《致中英勘界委员会主席尹斯兰先生的公开信》和《佧佤十七王敬告祖国同胞书》称：“佧民为组成中华民族之一分子，兼汉颁之印信可资凭证，风俗习惯皆大同小异。同是一体，不欲分割。又以守土有责，岂甘无故放弃！故予等始终上下一心，团结一志，效忠于我阿祖阿公，不使英人越界一步。”[③]《中国回教协会云南省分会第二届全省代表大会宣言》声称：“自唐时，伊斯兰教传入中国以后，千余年来，散布极广。而奉信回教的人士，除极少数是由中亚细亚一带东来者外，其余大多数是中华国民服膺回教的，所以回教之血统，是纯粹的中华民族，仅仅宗教信仰上不同而已！现在一般人将宗教信仰不同的人士，硬分为汉族、回族，而加以畛域的观念。其见解不独歪曲历史，肤浅得可笑；而其用心之辣毒，亦不难想象。名不正则言不顺，人数达数千万，分布二十余省的回民，应当是‘信奉伊斯兰教的中华国民’，而不是自外于中华民族的种族。”[④] 1935 年 8 月 1 日，中华苏维埃共和国中央政府、中共中央在莫斯科发表的《为抗日救国告全体同胞书》，即著名的《八一宣言》中有“大中华民族抗日救国大团结万岁!”“中国境内一切被压迫民族（蒙、回、韩、藏、苗、瑶、黎、番等）的兄弟们！大家起来！冲破日寇蒋贼的万重压迫，勇敢地与苏维埃

---

① 中国人民政治协商会议云南省委员会文史资料研究委员会编《云南文史资料选辑》第 17 辑，云南人民出版社，1982，第 1、8、28 页。

② 中国第二历史档案馆编《护国运动》，江苏古籍出版社，1988，第 198 ~ 199 页。

③ 一言：《试论班洪佧佤十七王民族自决会》，《历史档案》1993 年第 3 期，第 118 ~ 122 页。

④ 原载于《清真铎报》新十二号，1945 年 10 月 16 日出版。引自马建钊、孙九露、张菽晖主编《中国南方回族社会团体资料选编》，四川民族出版社，2003，第 186 ~ 187 页。

政府和东北各地抗日政府一起组织全中国统一的国防政府；与红军和东北人民革命军及各种反日义勇军一块组织全中国统一的抗日联军。”① 而在辛亥革命和护国运动、护法运动中曾担当一定领导和组织工作的刀安仁（傣族）、赵藩（白族）、周钟岳（白族），云南早期的共产党员张伯简（白族）、王德三（彝族），著名的抗日将领龙云（彝族）、卢汉（彝族）、张冲（彝族）、罗炳辉（彝族）、周保中（白族）等也都是云南少数民族在民主革命和反侵略战争中涌现出的杰出分子。

2. **狭隘的地方民族主义倾向受到抑制**

1927～1949 年，以龙云、卢汉为首的彝族统治集团掌握了云南军政大权。二人虽属出身彝族上层的军阀，② 但治滇期间能抑制狭隘的地方民族主义倾向，倡导民族平等，注意从中华民族和国家利益的整体出发去考虑问题。龙云认为：“少数民族，自古以来就没有那么复杂，大家都是一个祖先。”“大家同系一族，因地名而异”，“就像云南的洋芋，河北叫土豆，山西叫山药蛋一样”。“从行政的观点来看，（少数民族）分多了不好，增加工作和安排的困难。”民族“到那里就是那里”，“我在昆明时，就是‘昆明族’，今天在北京，就是‘北京族’”。③ 云南省民政厅厅长也指出，“我中华民族，号称五族共和，盖举其大者而言。实则系由数百种宗族，藉文化之力，融合而成。此数百种宗族，虽其政治信仰，已完全一致。但在语言文字、宗教意识、生活习惯上，则仍稍有不同。主持民政者，岂可不分别认识其个别性能，以供施教与器使之参考乎？本省住民宗族，向极复杂，但可大别为二：一为操汉语之汉人，一为操土语之边民”。根据外国学者的记录，当时在云南，“不论是汉族移民、地方官员或民家本身，在政治上的地位都是平等的。如果一个民家可以读书写汉字，事实上很多人都能做到，他就可以胜任任何一个汉族可以胜任的政府职务，同样这也适用于云南其他部落”④。

---

① 《1935 年 8 月 1 日：中国苏维埃政府、中国共产党为抗日救国告全体同胞书（八一宣言）》，新华网，http：//News. Xinhuanet. com/Ziliao/zoo4 - 11/30/content_ 2276127. htm，2016 年 4 月 20 日。

② 龙云和卢汉都是著名的云南陆军讲武堂的毕业生。清末民初，云南陆军讲武堂是爱国主义、民族主义和共和革命思想在云南传播的重要平台。该校师生在云南重九起义、护国讨袁运动中都发挥过重要作用。

③ 潘先林：《民国云南彝族统治集团研究》，云南大学出版社，1999，第 130 页。

④ 朱映占：《民国时期的西南民族》，博士学位论文，云南大学，2012，第 318、321 页。

辛亥之后至中华人民共和国成立，虽然与中国的其他省份一样，云南社会也属于“首先是军人，然后是有武装力量作依托的党人占据了社会的中心地位”，知识阶层则逐渐被边缘化，[①] 但由于龙云、卢汉等地方政府首脑能保持较为开明、开放的心态，云南的社会环境在整体上与国民党统治区的其他地方还是有所区别。尽管仍旧带有军阀割据和地方官僚资本的浓厚色彩，但云南的经济、社会和文化建设确实较以往有了显著进步，在某些方面的制度建设甚至已居国内前列。如法国占领越南后，殖民政府在越南铸造有自由神坐像的银元，发行纸币，对云南的地方金融造成巨大冲击，仅 1904～1907 年，就有值关平银 7176394 两的越南银元被运入云南。加上法国东方汇理银行长期操纵云南外汇行情，极力贬低云南地方货币（滇币）币值，推行越南纸币，使云南金融市场秩序紊乱，越南银元和纸币在云南大量流通，滇币币值下降，物价上涨，严重影响了云南进出口贸易的发展。[②] 龙云主政云南后，不惧法国政府与法商企业的反对，在国内率先通过征收入口货特捐、管制外汇，收回了部分被外国资本把持的经济主权，逐渐恢复了滇币的对内对外信用。[③]

再以昆明在抗战时期由“边缘省会”到“中国最重要的大学中心之一”的发展过程为例。关于西南联大的著述一般都会把当时昆明文化界的活跃气象归因于西南联大内迁给“文化边缘地带”带来的巨大冲击。如易社强所说，“迟至 1937 年，这座城市只有三所高中和一所大学，到 1939 年才有第一座电影院”，这表明滇越铁路的通车未能给法国带来预期的帝国和商贸利益，也几乎没给昆明带来经济和文化价值。云南省教育厅厅长龚自知要求联大教员为中学教师提供在职培训和动员联大毕业生到云南高中教书，则证实“该省教育极为落后，只有极少数中学毕业生认真报考联大，能考上者寥寥无几”。[④] 但实际上，自滇越铁路于 1910 年通车后，云南早已由偏僻的边疆变为当时中国对外开放的前沿，经济的流动性在与世界市场的对接中大大增强。个旧所产锡先是由滇越铁路运往越南，继而海

---

① 何怀宏：《选举社会——秦汉至晚清社会形态研究》，北京大学出版社，2011，第 332 页。

② 万湘澄：《蒙自的东方汇理银行》，载全国政协文史资料委员会编《淘金旧梦：在华洋商纪实》，中国文史出版社，2001，第 167～170 页。

③ 缪云台：《缪云台回忆录》，中国文史出版社，1991，第 55～65 页。

④ 〔美〕易社强：《战争与革命中的西南联大》，饶佳荣译，台北传记文学出版社，2010，第 82、88～89 页。

运至香港后再发往伦敦。1933 年，云南地方矿业企业（在外籍技师的帮助下）开始生产精炼锡，并在解决了电信交通、货币汇兑等问题后直接在伦敦金属交易所上市。就连旧中国常见的政治权力干扰经济流动的现象也得到一定遏制。如 1934 年，缪云台接掌云南地方银行（富滇新银行），即向省政府提出富滇新银行不代理省金库、省政府不向富滇新银行举债、政府主要负责人不在富滇新银行开户头的条件并被接受，在国内率先划清了财政、金融的界限。① 抗战八年，昆明能成为知名民主人士聚集的“民主堡垒”则更是与当时云南地方首脑对民主党派活动的有意包容难解难分。②

（二）中华人民共和国成立后

1949 年 10 月 1 日，中华人民共和国宣告成立，中国社会的民族关系也进入了新的发展阶段。建政伊始，中央政府就对民族关系的处理与调整给予了高度的重视。具有临时宪法性质的《中国人民政治协商会议共同纲领》于 1949 年 9 月 29 日获得通过，其中第六章“民族政策”明确规定了民族平等、团结互助和民族区域自治的原则，从法理上赋予各少数民族较中华民国治下更为丰富的政治、经济、文化权利。这些原则和权利在民族识别和民族区域自治中被逐渐贯彻、实现，并在后来制定和颁行的《中华人民共和国宪法》以及宪法的历次修订中得到继承和延续。

1. 民族识别

为实现民族平等，首先就需要进行以辨明族属为目的的民族识别。中华人民共和国成立后的第一次全国人口普查于 1953 年完成。登记民族名称最多的是云南，有 260 多种（全国共计 400 余种）；其次是贵州，有 80 多种。1954 年，中央民委派出云南民族识别调查组，对云南的 260 多个不同民族名称进行识别。1954 年在云南操彝语并拥有各自不同他称或自称的族体约 300 万人，分为数十种支系。从语言的音位系统和语法结构以及经济生活、社会文化诸如火把节、族长制、同姓不婚、父兄弟婚、火葬遗址、祖先灵台、巫术、多神崇拜等方面看，他称或自称的“土家”“倮”“水田”“支里”“子彝”“黎明”“莨莪”“他谷”“纳查”“大得”“他鲁”

① 缪云台：《缪云台回忆录》，中国文史出版社，1991，第 38～44、53～54 页。

② 〔美〕易社强：《战争与革命中的西南联大》，饶佳荣译，台湾传记文学出版社，2010，第 91～94 页。

“水彝”“咪哩”“密岔”“罗武”“阿车”“山苏”“车苏”等数十种族体，都基本相同或相近于彝族所具有的普遍特点，因而他们被确定为彝族的支系，而不是单一的少数民族；把文山地区的“侬人”“沙人”“天保”“黑衣”“隆安”“土佬”等不同称呼的族体归为壮族的支系；把“糯比”“梭比”“卡都”“碧约”“拉乌”等归为哈尼族的支系；把居住在洱源的自称“白彩”的“土家”人归为白族的支系；把“黑浦”（即“摆彝”）归并入傣族的支系。经过半年的工作，把云南自报 260 多个不同族称的族体，归并为 22 个，除首先确定的彝族、白族、傣族、苗族、回族、佤族、哈尼族、傈僳族、拉祜族、纳西族、景颇族、藏族和瑶族外，还识别了 68 个大小族体，有的给予正名，有的划分了归属。[①]

民族识别的主要依据是斯大林对民族的定义：“民族是人们在历史上形成的一个有共同语言、共同地域、共同经济生活以及表现于共同文化上的共同心理素质的稳定的共同体。”具体实施中，则把现实的特征与历史渊源结合起来，在考虑待识别人群共同意愿的基础上采取了较为灵活的态度。在 1954 年的民族识别中，民族学家林耀华曾担任云南民族识别调查组的负责人，他用自己的民族学专业知识指导了这一工作的进行，主持编写了《云南省民族识别第一、二阶段总结》，为云南省民族结构的确定奠定了基础。[②] 此后，在 1958 年和 1960 年对云南民族的进一步识别中，也都有民族学家参与其中。[③] 到 20 世纪 80 年代中后期，民族识别和民族成分更改基本完成。民族识别中，少数属于识别其为汉族还是少数民族，而大量的则是属于确定其是否为单一民族或者是其他少数民族的一部分（支系）。为了使民族识别的结果既符合科学的客观依据又能满足被识别人群的共同意愿，民族识别调查组除了注重考察调查对象的族称来源、意义、群众对族称的态度和意见、祖居地、迁徙历史，还调查了他们日常使用的语言与其他语言的差异和相近程度以及经济生活、社会结构、文教卫生、宗教信仰和风俗习惯等方面的情况，并综合当地的民族结构和政权建设问题进行认真研究。通过有民族学家参与的民族识别，符合科学标准的、由国家确定的、相对稳定的民族划分代替了以往少数民族地区混乱的、重叠的、多元的地方族群认同。

---

① 黄光学主编《中国的民族识别》，民族出版社，1994，第 22、117、148～149 页。

② 宋蜀华、满都尔图主编《中国民族学五十年》，人民出版社，2004，第 57～64、105 页。

③ 尤伟琼：《云南民族识别研究》，博士学位论文，云南大学，2012，第 47 页。

以云南水族的识别为例。水族在史籍中无明确的记载。他们自称水户、水族、水仲老户等，汉族称之为“水仲家”。在水族的传说中，水族人大都自称是从湖南、贵州、四川、广西等地迁来的或封官而来的。如古敢乡郎姓说他们是明朝后期从贵州迁来的，岑姓说是从广西迁来的，查姓说是从湖南迁入贵州再迁至富源的，有的甚至说祖辈是南京柳树湾的。罗平九龙公社以洪大队的水族调查材料中还保存有南京柳树湾及竹子巷递传的家谱。水族语言属于汉藏语系壮侗语族侗水语支，与侗语更为接近。但由于云南水族远离祖居地，且年代久远，与汉族等杂居相处，加之有大量的汉族融合到水族之中，汉语成为其通用语言。在清代，水族的墓碑和家谱都是用汉文来书写。在民族识别中，综合文献资料和口碑传说，调查组认定：南宋时期，水族已经逐渐从僚族中分化出来，作为一个单一的民族，居住在今龙江和都柳江的上游，这种分布一直延续到近现代。云南水族最迟是在明初沿着都柳江两岸向黔西南境内迁徙，由贵州而来，最后落户于今黄泥河流域古敢区一带，形成了聚集的村落，也有的散居于富源县南部黄泥河流域的其他乡镇，从而使富源县成为云南水族主要的聚居区。在 1954 年的民族识别调查研究中，水族中的一部分被识别到壮族之中，另一些则被放到“未明族系民族”之中。1982 年第三次人口普查时，将分布在曲靖市富源县古敢乡自称为“水家”“水户”“老户”的民族群体，最终识别确认为“水族”。①

再如云南东南部的“沙人”和“侬人”。他们主要分布在当时的文山专区，少数分布在原宜良专区和蒙自专区。“沙人”这一名称在宋代即已出现，元明清各代志书都有“沙人”的记载。《清职贡图》载“沙人”散处广南、广西、曲靖、临安、开化五府。“沙人”自称“布雅伊”，“布”乃“人”的意思。“沙人”的语言属壮侗语族壮傣语支中壮语北部方言。抽查比较了“沙语”与壮语北部方言 600 个同源词，发现基本相同。语法结构一致，语音都没有 ph、th、kh、tsh 等送气音。“侬人”自称“布侬”，与广西部分壮族自称相同。其他少数民族多称他们为“布侬”，只有砚山“沙人”称他们为“布傣”。根据历史记载和民族迁徙情况看，唐宋以来，“侬人”就住在广西西部和云南东南部，《新唐书》记载的“西原蛮”就是住在这个地区的少数民族。“西原蛮”的黄、韦、周、侬等姓氏一直是

---

① 尤伟琼：《云南民族识别研究》，博士学位论文，云南大学，2012，第 229～235 页。

今天广西壮族的大姓。宋初，广源州首领侬民富就是此地区的大盟长，公元1049年侬智高建立“南天国”，在广西、云南两省活动范围甚广，后兵败入奔大理国，随侬氏入滇的人很多。元代由于划分省界，“侬人”被分割开来，一部分住广西，一部分住云南，他们都认为自己是侬智高的后裔，实际上是同出一源的。语言属于壮侗语族壮傣语支中壮语南部方言，与广西龙州壮语语法结构大体相同。根据近600个同源基本词的比较，两者语音特点相近，都保留有ph、th、kh等送气音；同声母的词占79%，不同声母的词占21%；同韵母的词占77%，不同韵母的词占23%；同声母韵母的占61%，同声母而不同韵母或不同声母而同韵母的占39%，其大部分有语音对应规律；声调都是6个，调值虽不同，但调类大体一致，所以侬语与广西龙州壮语只是方言上的差别。在风俗上，“沙人”和“侬人”都保留住“干栏”（楼居，楼上住人，楼下居畜）、寨老制、“不落夫家”、“夫兄弟妇”、姨表舅表可婚、姑表不婚，以及祭龙、崇拜祖先、信鬼神、巫师诸特点。在民族识别中，“侬人”与“沙人”都被识别为壮族。①

在民族识别中，还根据被识别民族的意愿，对部分民族——尤其是人口较少民族——原有的不一致、不准确或带有侮辱性的族称进行统一更改，既体现了民族平等、反对民族歧视的基本原则，又为在各民族的不同支系中建立共同的民族认同提供了确定的对象。如白族是秦、汉、晋以来的僰族及隋唐时期的白蛮在大量吸收汉文化及汉族人口的基础上形成的，是云南各少数民族中汉化程度最深的族群。明代将云南境内的居民分为军户、民户、夷户三种。一般来说，军户、民户都是汉族，夷户则是泛指少数民族。由于白族广泛地与汉族民户杂居，经济文化生活逐渐与汉族的民户趋于一致，所以到明朝后期，白族又自称民家，表示自己是有别于“夷户”的民户。清代，白族又称为“白人”或“僰人”，也有称“白子”或“民家”的情况。而滇西北与纳西族杂居的白族则被纳西族称为“那马”，碧江、兰坪一带的白族被称为“勒墨”。1954年民族识别调查时，将白族族称初定为“民家族”，但“民家族”实际上是其他民族对以大理为中心白族的他称。后来，就以大理地区白族的自称“白人”“白子”“白伙”

① 黄光学主编《中国的民族识别》，民族出版社，1994，第209～210页。

中的“白”来作为所有支系共同的族称。[①]“白朗”分布在西双版纳，一般自称为“白朗”，在澜沧县的自称“翁拱”，在镇康县的自称“乌”，人口共5.2万余人（1953年）。史籍上载为“蒲蛮”“濮满”“蒲人”“朴子蛮”“黑濮”等，新中国成立后汉族称他们为“蒲曼”（濮满）。经识别，认定“白朗”为单一少数民族，族称应改为“布朗”，以更切合本民族的自称。“西番”，约1.5万人（1954年），主要分布在兰坪、宁蒗、丽江、永胜、剑川、中甸、维西、华坪、德钦等县（自治县）。兰坪的“西番”自称“普英米”，宁蒗的“西番”自称“普日米”，都是“白人”的意思。傈僳族称他们为“流流帕”（意为“不懂礼貌的人”），藏族称之为“巴”（意为“藤条”或“树根”之意），纳西族称之为“剥”，汉族称之为“西番”。由于“西番”之称带有侮辱之意，在民族识别中根据本民族的意愿，改用自称“普米”为统一的族称。“卡瓦”族分布在云南澜沧江以西和怒江以东的怒山山脉南段，习惯上称这一带地区为“阿佤山区”。“卡瓦”的称谓源于傣族，“卡”傣语意为“奴隶”，因此“卡瓦”这一称谓是含有侮辱性的。1949年后，曾一度改称“佧佤”，民族识别中，根据本民族大多数的意见于1963年改称为佤族。[②]

2. **民族区域自治**

民族区域自治制度是当代中国的基本政治制度之一。1952年8月，中央人民政府颁发《民族区域自治实施纲要》。1953年6月，中央民委召开第三次委员（扩大）会议，通过了《关于推行民族区域自治经验的基本总结（草案）》。1954年9月，第一届全国人民代表大会召开，通过了中华人民共和国的第一部宪法，指出：“各少数民族聚居的地方实行区域自治。各民族自治地方都是中华人民共和国不可分离的部分。”宪法用了1节6条的篇幅，专门对自治机关的组成、权利、义务和上级国家机关的职责做了明确规定。[③]

云南是国内较早推行民族区域自治的地方。1951年5月12日，全省第一个相当于县级的民族自治地方——峨山彝族自治区成立，彝族干部施致宽当选为自治区主席。1956年，根据宪法的规定改称峨山彝族自治县。

---

① 尤伟琼：《云南民族识别研究》，博士学位论文，云南大学，2012，第171页。

② 黄光学主编《中国的民族识别》，民族出版社，1994，第254~256页。

③ 国家民族事务委员会研究室：《新中国民族工作十讲》，国家民委网站，http://www.seac.gov.cn/art/2010/11/8/art_109_116014.html，2016年4月30日。

1953 年 1 月 24 日，建立了全省第一个相当于专区级的民族自治地方——西双版纳傣族自治区，傣族干部召存信当选为自治区主席，并在 1956 年西双版纳改为自治州后连任州长。至 1957 年上半年，云南全省已建立了 4 个自治区（州）、10 个自治县，共有 14 个少数民族实行了民族区域自治。[①] 到 1985 年底，云南共设置有 8 个自治州和 29 个自治县。与以往的改土归流不同，民族区域自治不仅意味着国家的政治统一和对民族地区政治控制力的加强，同时也意味着民族地区经济、政治、社会、文化等领域的全面转型和变革。在民族区域自治的框架下，民族自治地方的自治机关可以自主地管理本地方的教育、科学、文化、卫生、体育和经济建设事业，使用本民族的语言、文字，保护和整理民族的文化遗产，发展和繁荣民族文化，但其基本的前提是要走社会主义道路、拥护中国共产党的领导、坚持人民民主专政，并没有给保留各少数民族原有的政治制度和社会形态留下空间。虽然各民族在中华人民共和国成立初期所处的社会发展阶段不同，但在都必须向社会主义社会过渡这一点上是绝对平等的，有所差异也只是反映在过渡时间的早晚和具体步骤上。

云南省少数民族人口众多，社会发展极不平衡，不仅从原始公社制到奴隶制、领主制和地主制的各种社会形态无所不有，即便是同一个民族，由于分布区域和生活环境的不同，其内部的经济结构和社会分层也存在相当大的差异。为确立和完善民族区域自治制度、促进各少数民族向社会主义社会平稳过渡，1950 年底，中共云南省委召开民族工作会议，决定将全省民族地区分为少数民族人口将近 400 万的“内地民族杂居区”和少数民族人口将近 200 万的“有土司制度的边沿区”，以后者为重点，分别进行全面深入的社会性质调查。民族学家马曜、缪鸾和参加并具体主持了对“有土司制度的边沿区”内各民族社会性质的调查研究工作。经过数年的调查研究，调查组最终认定：分别处于原始公社末期（独龙）和从原始公社向阶级社会过渡阶段是分布在怒江、德宏、临沧、西双版纳地区的独龙、怒、傈僳、德昂、景颇、布朗（部分）、佤（部分）、基诺 8 个民族与沿边一线的苗、瑶、拉祜等族，当时共约 60 万人；基本上处于奴隶社会的是分布于滇川边境宁蒗县小凉山的彝族，大约有 5 万人；处于封建领主统

① 马志敏：《中国共产党云南民族工作研究》，博士学位论文，中央民族大学，2006，第 80 ~ 86、129 页。

治之下或政治上由土司统治、经济上由封建领主制向封建地主制的过渡阶段的是居住于德宏、西双版纳、临沧、红河、迪庆、丽江等地的傣、哈尼、阿昌、拉祜（部分）、藏、普米、纳西（摩梭）等族，共有约150万人（包括部分土司统治下的汉族）。其后，云南省委、省政府制定了“直接过渡”和“和平协商土地改革”的政策。前者适用于阶级分化不明显的景颇、德昂等十几个民族（或其居住的部分地区），即：“不把民主改革作为一个运动来进行，而是扶助他们发展生产，并在此过程中完成某些民主改革的任务，直接向社会主义过渡。”后者适用于地处边境和保留了封建领主制的地区，“那就是党依靠农民群众，团结民族上层领袖人物，用和平协商的方式，达到消灭封建剥削制度的目的”。马曜起草了《关于西双版纳傣族自治州傣族地区采取和平协商方式进行土地改革的意见》，并随后形成《和平协商土地改革条例》。实践表明，“直接过渡”和“和平协商土地改革”对于确保少数民族地区向社会主义的平稳过渡和民主改革的顺利进行起到了积极的促进作用，也为民族区域自治的推行和巩固创造了条件。[①]

总体上，在中华人民共和国成立之后，由于各种复杂因素的限制，云南经济原有同国际经济体系的紧密联系一度中断；同时，通过加强中国共产党的全面领导、废除金银和外国货币在国内流通、发行人民币和民主改革、社会主义改造以及民族识别和确立民族区域自治制度，云南社会的经济、政治、文化发展与整个中国社会的一体化趋势被大大加强。

第五节　云南民族关系的总体特征

云南民族关系的发展与中国历史的发展紧密相关，是中华民族从孕育到逐步形成、不断发展的过程的重要组成部分。在云南民族关系的发展中，既有军事征服和政治力量的强势作用，又有经济往来和文化交流、传播的逐渐浸润；既显现出汉族作为中华民族形成中“凝聚核心”不可或缺的作用，又表达了各少数民族与汉族之间真实存在的矛盾冲突、交往融合。纵向来看，云南民族关系的发展可以分为秦、汉至唐前期，南诏国、大理国时期，元、明、清时期和清朝末期至今等几个具有明显特征的发展阶段。在每个阶段，不仅民族关系的主要内容、主导方面（如友好合作还

---

① 宋蜀华、满都尔图主编《中国民族学五十年》，人民出版社，2004，第146～147页。

是战争压迫）会发生变化，作为民族关系合理性的重要来源，文化生产的主要生产方式、生产主体、产品结构、内容观念，以及与政治系统、经济系统的实际运行和制度建构之间的关联等也往往不尽相同——甚至会呈现出较大的差异。而就云南民族关系发展在整个中国民族关系发展中的地位和作用来说，云南之所以能成为学术界公认的研究民族社会发生、发展、演变的“宝库”，一个很重要的原因是云南民族关系在整体上还具有以下四个方面的突出特点。

（一）分布上的大杂居与小聚居

在云南，各民族交错杂居、立体分布的现象十分普遍。在同一地域范围内，有的民族居住在山顶，有的居住在山腰，有的居住在山脚或坝区、河滨。大体上，白、回、纳西、壮、傣、布依、水等民族主要居住在坝子、河谷；哈尼、彝、瑶、佤、景颇、布朗、德昂、拉祜、基诺等民族主要居住在半山区；苗、傈僳、藏、普米、怒、独龙等民族则主要居住在高山上。在云南文山，可以看到“苗族住山头，瑶族住箐头，壮族住水头，汉族住街头”[①] 的现象；在元江，白族居住在坝区和交通沿线，傣族分布在低海拔的热区，哈尼族、彝族则多分布在山区。云南俗语描绘的“十里不同天，一山不同族”正是这种各民族交错杂居、规律分布的生动写照，同时也促成了云南各民族之间在政治、经济、文化上的相互依存，难以割裂的局面。

（二）政治上的多元一体性

早在先秦时期，滇国等少数民族政权组织就已经在云南出现。秦、汉以后，云南地区虽然逐渐被纳入中原王朝的治下，但由于云南各民族间经济、文化、社会发展的不平衡和中原王朝长期实行因俗而治的统治方式，各少数民族原有的具有显著民族特色的社会组织制度也往往能较为完整地保存下来。像彝族的“则溪制度”，布依族的“亭目制度”，苗族的“鼓社制度”，瑶族的“瑶老制度”、“石牌制度”，侗族的“侗款制度”，景颇族的“山官制度”等就是如此。这些制度的长期存在、延续充分反映了各

---

① 从居住格局上说，苗族多住在山上，瑶族多住在林边，壮族多住在河谷，汉族多住在城镇。

民族在发展过程中所具有的巨大差异性。但同时，就整体而言，各少数民族在秦、汉以来的大部分时间里仍旧是处在一个统一政权（中原王朝）的治下，对中原王朝长期保持了程度不等的向心力——如大理国时期向宋朝请求“内附”——也是难以否认的历史事实。通过郡县制、羁縻府州制和土司制的长期实行，云南少数民族与历代中央政权之间在政治方面的从属关系渐趋紧密；而在改土归流之后，随着通过土司对少数民族进行间接统治的统治方式被废除，中央政府在少数民族地区的统治得到了进一步的稳固和加强，更大大促进了少数民族地区与内地在政治、经济、文化等方面的一体化趋势。

（三）社会发展的不平衡性

在云南，汉族与少数民族之间，各少数民族之间乃至同一民族的不同部分之间在社会发展上都长期处在极不平衡的状态。“汉族从进入西南地区开始，在生产技术和经济制度方面都较西南地区各民族发达，而各少数民族之间的不平衡自各族群形成之日就已开始。”受汉文化传播和汉族移民迁入的影响，那些长期和汉族杂居的少数民族逐渐认同、接受汉文化，其社会发展水平与汉族较为接近。而有些地处偏远，与汉族长期隔绝的民族直到中华人民共和国成立还处于原始社会发展阶段。中华人民共和国成立初期，西双版纳、德宏等地的傣族还保留着封建领主制；聚居在小凉山的有些彝族停留在奴隶制社会中；怒、独龙、傈僳、景颇等民族中的一部分则还处于原始社会末期，从事着刀耕火种的原始农业。这种社会发展上的不平衡，使云南各民族在政治、经济、文化等方面长期处于不平等的地位，“阶级问题与民族问题紧密地结合在一起，极大地影响了各民族以及同一民族内部人民之间的关系”。

（四）文化上的多元交融

云南处于中原汉文化、藏文化、印度文化和东南亚文化的交汇地带，其民族文化具有多样性、乡土性、边缘性、包容性的鲜明特征。在语言方面，云南的语言种类既有属于汉藏语系藏缅语族的藏语、彝语、哈尼语、傈僳语，又有属于壮侗语族的壮语、傣语、布依语、水语，还有属于南亚语系孟高棉语族的佤语、布朗语、德昂语、克木语等。从宗教来看，存在有原始宗教、佛教、道教、伊斯兰教、基督教等多种宗教信仰，其中佛教又分阿吒力教、南传上座部佛教、藏传佛教和汉传佛教。云南的民族传统节日的数量极多，既有汉族的中秋节、重阳节、春节等，又有傣族的泼水节，彝族的火把节，白族的三月街，景颇族的目瑙纵歌等具有少数民族特色的节日。而由于各民族长期地交错杂居，不同民族之间在语言、风俗、音乐、舞蹈等文化事项上的相互影响和交融混合现象也相当普遍。①

① 王文光、龙晓燕、陈斌：《中国西南民族关系史》，中国社会科学出版社，2005，序言。

第二章　宗教文化生产与民族关系的合理化

宗教的创立和传播是文化生产的重要内容之一。在“把合法性的基础同统治的制度化加以区别”的基础上，按出现时间的先后，人类社会迄今为止出现过的关于合法性基础的证明（辩护）水平可以按等级排列被分为不同类型。在早期文明中，占统治地位的家族是借助叙述性的原始神话来为自身进行辩护的，“例如，法老就首先把自己说成是神，说成是霍鲁斯——太阳神之子”①。随着社会的发展和对合法性的需求日益增长，“必须给予辩护的不再仅仅是统治者个人，而是一个政治制度（统治者可能违背政治制度）”，则出现了第二种证明水平，即由孔子、释迦牟尼、苏格拉底、以色列先知、耶稣等开创的用以宇宙学、本体论为基础的伦理学、高级宗教和哲学来进行的证明。旨在解释全部世界（自然界和人类社会）的最终依据、缔造统一原则的“论证”战胜了叙述性的神话，这种状况直到近代，尤其是现代科学诞生之后才被改变。②

在中国历史上，自汉武帝“罢黜百家、独尊儒术”以来，历代中原王朝都把重视现实，讲求君臣、上下、贵贱、亲疏等级差别和德治礼教的儒家学说作为自身统治的主要合理性基础。而对处于天下体系边缘的南诏国和大理国的统治阶层来说，在相当长的时间里，其合理性的主要来源是融合了云南少数民族原始宗教的、地方化了的密宗佛教——阿吒力教。阿吒力教之所以会在南诏国、大理国被奉为国教、圣教，不仅是神化王权、宣扬王权神授的需要，更体现了其统治阶层试图在与唐、宋王朝和吐蕃以及东南亚、南亚、西亚国家的交往中保持和强化政治实体的独立性、建构一个既融汇胡、梵、蕃、汉文化但又与胡、梵、蕃、汉有明显区别的认同群

① 〔德〕哈贝马斯：《重建历史唯物主义》，郭观义译，社会科学文献出版社，2000，第269页。

② 〔德〕哈贝马斯：《重建历史唯物主义》，郭冠义译，社会科学文献出版社，2000，第269～274页。

体的努力。[①] 这种对民族关系的合理化建构尽管在元朝设置云南行省之后已经终止，但该过程本身也在客观上为云南在元代迅速融入中国这一统一多民族国家做了必要的准备。南诏国、大理国的具体情形因缺少“信史”的佐证而不得不更多地参照中原王朝的汉文典籍和各种野史、笔记，然而，考察南诏国、大理国时期遗留下来的绘画、碑铭、石刻等极富地方色彩和时代特征的文化产品，还是可以发现阿吒力教在生产、消费（传播）以及与其他宗教的关系，对南诏国、大理国的政治制度、经济制度和社会发展的影响等方面的某些特点。

第一节 “建国圣教”的生产：神权政治与南诏国、大理国政权

阿吒力是梵文“规范师”或“导师”的音译，又译作阿阇梨。佛教流派众多，按修习的经典分类，阿吒力教属于梵文经典系佛教或称印度密教的序列。印度密教以高度组织化的咒术、仪礼、民俗信仰为特征，主要经典是《金刚顶经》《大日经》《苏悉地经》等。公元7世纪末至8世纪初，印度密教经缅甸传入云南，在传播过程中逐渐与云南各民族固有的原始宗教（如本主崇拜和土主崇拜）相融合，吸收他们传统的丧葬习俗、巫术、仪礼，不断充实、改变自己的教义、教理、仪轨和神佛体系，最终发展为一个以观音菩萨和大黑天神等为主神的、具有浓厚地方色彩的佛教派别，即云南阿吒力密教，简称阿吒力教。自南诏国中期以后，阿吒力教就盛行于南诏各地和社会各阶层，不但王室成员笃信阿吒力教，其统治阶层上至清平官、下至一般小吏，也多从阿吒力教僧人中选拔，又常被王室授予各种尊号，如“无量神功国师”“神功济世护国国师”“补天神验佑国圣师”“五密栋梁大神通”“神通妙化卫国真人”“法通显密镇魔大阿左（阿吒力）”等。大理国时期依然如此，段思平至段兴智的二十二位国王中，有七位禅位为僧，一位被废为僧。在相当长的时间里，阿吒力教在南诏国、大理国都拥有国教的崇高地位。根据《南诏野史》《僰古通纪浅述》等诸多文献的记载，南诏国、大理国长期以佛法为治，阿吒力教在其内政、外

① 王明珂：《英雄祖先与弟兄民族：根基历史的文本与情境》，中华书局，2012，第127～129页。

交乃至战争等领域都发挥关键作用，“称之为佛教国，亦未始不可。故其民咸知佛法，易于治理。而不尚军旅”。[①] 在绘制于898年的《南诏图传》中，阿吒力教被南诏王舜化贞称作南诏国的“建国圣源”和“大封民国圣教”，更是明白显示了阿吒力教作为被官方认定的政权合理性来源的重要意义和价值。

从南诏国、大理国兴衰存亡的历史来看，南诏国在唐朝的支持下才得以建立，它和后继的大理国都曾接受过来自中原王朝的册封。刻立于766年的《南诏德化碑》是迄今为止所发现的有关南诏历史记忆的最重要的一块唐代大碑。该碑现保存在大理市太和村“南诏德化碑遗址公园”内，碑文用汉字书写，全文约3800多字，记述了阁罗凤继皮罗阁为云南王、统一六诏、东和诸爨、与唐边吏发生矛盾以至武装冲突、天宝之战及一度叛唐而归附吐蕃等一系列历史事件。[②] 根据《新唐书》的记载，该碑刻成后即被立于“国门”以昭示世人。当时的南诏国王曾明言，树立此碑的目的是为了公开自己不得已而叛唐和甘愿为唐藩国的心意，“我上世世奉中国，累封赏，后嗣容归之。若唐使至，可指碑澡祓吾罪也”。在碑文中，也确实有“取乱攻昧，定京邑以息民；兼弱侮亡，册汉帝而继好”和为唐朝皇帝“解君父之忧，静边隅之祲”这样的词句。但观整个碑文，其中反映出的在与唐、吐蕃的合纵连横中争取分庭抗礼（平等）地位的色彩也十分强烈，如：唐天宝十一年（752年），南诏国王接受吐蕃册封为“赞普钟蒙国大诏”[③]，与吐蕃结为“兄弟之国”，改年号为赞普钟元年，但在介绍南诏国王的头衔时依旧没有漏掉唐王朝赐予的“大唐特进、云南王、越国公、开府仪同三司”。南诏国王自称“我自古及今，为汉不侵不叛之臣”，然而，结合天宝之战时其人所宣言的“彼若纳我，尤吾君也；今不我纳，即吾仇也”和“夫至忠不可以无主，至孝不可以无家”，显然，这里的称臣是有附加条件的——汉不侵，我亦不叛，汉如侵，则我必叛。碑文最后颂扬南诏国王的诗词中有“汉不务德，而以力争。兴师命将，置府层城。三军往讨，一举而平。面缚群吏，驰献天庭”，一般情况下，能以力争的

---

① 杨学政、韩军学、李荣昆：《云南境内的世界三大宗教》，云南人民出版社，1993，第5～23页。

② 张文勋主编《白族文学史》，云南人民出版社，1983，第160～161页。

③ 吐蕃语中，“赞普”为国王，“钟”为弟弟。

情形也似乎更应该发生在两个地位平等的主体之间。[①]

从地缘政治的角度看，南诏国处在胡、梵、蕃、汉交杂和与吐蕃、中原王朝战和不定的大环境下。国内民族众多，其王室虽为乌蛮，但贵族和高官阶层则主要由明显具有华夷融合特征的白蛮中的大姓家族组成。南诏国实行封建领主制，国内大首领、大将军、节度使等贵族和封建领主长期守牧一方，形同割据。[②] 种种复杂情势迫使统治集团为巩固、强化自身统治的合理性，不得不对王权加以神化，并通过对共同"根源"的强调来寻求本国国民一体化的本土认同，划定本国国民与胡、梵、蕃、汉的界限。此种努力在《南诏图传》《张胜温画卷》和剑川石窟的造像中表现得十分明显。

（一）南诏图传

《南诏图传》绘制于898年，由文字卷和画卷两幅长卷组成，是关于南诏本土历史记忆的重要文物。文字卷约有汉字3000字，既是绘制画卷的根据，也是画卷内容的说明。画卷纸本彩绘，长5.73米，宽0.3米。画卷用组画的形式连贯地描绘了下列内容：观音幻化为梵僧，三次向南诏奇王细奴罗、兴宗王罗晟家乞食，后授记使之立国的神话；观音在穷石村显圣，使邑主王乐及村民归心服罪的故事；开南普苴诺苴大首领张宁建、忙道大首领李忙灵崇奉观音、观音化为老人融铜鼓铸圣像的情景；兴宗王罗晟参与张乐进求祭铁柱的故事；骠信蒙隆昊（隆舜）、中兴皇帝祭奉观音的场景；文武皇帝圣真祭奉观音像的情状（此节似为902～910年补绘）；西洱河神金螺、金鱼的传说。画卷上的人物形象生动、逼真，在展示"圣教"（阿吒力教）起源的同时，也使南诏丰富多彩的社会生活得到了表现。[③] 制作此图卷的原因记载于文字卷，即"敕，大封民国圣教兴行，其来有上，或从胡、梵而至，或于蕃、汉而来。弈代相传，敬仰无异。因以兵马强盛，王业克昌。万姓无妖札之灾，五谷有丰盈之瑞。然而，朕以童幼，未博古今，虽典教而入邦，未知何圣为始。誓欲加以供养，图像流形，今世后身，除灾致福。因问儒、释、耆老之辈，通古辨今之流，莫隐

---

① 廖德广：《南诏德化碑探究》，云南民族出版社，2006，第1～49页。

② 木芹：《南诏野史会证》，云南人民出版社，1990，第6～9页。

③ 李慧铨：《〈南诏图传·文字卷〉初探》，李慧铨：《滇史求索录》，云南人民出版社，2011，第29页。

知闻，速宜进奏”[①]。

表面上，《南诏图传》的产生是南诏王舜化贞要辨析关于圣教（阿吒力教）由胡、梵、蕃、汉这些外地、外族传来的各种传说，探求阿嵯耶观音圣迹的真正源起，但揭开宗教因素的遮蔽，在更深的层次上，《南诏图传》的产生也可以被解读为南诏官方对圣教起源的本土化建构，并试图在排斥或者说弱化其他外来宗教、外来文化——尤其是来自中原内地的——影响的基础上以本土化“佛法”的传承作为王室统治合理性的依据。首先，观音幻化的梵僧在南诏各地留下圣迹，点化南诏先王，标示出南诏——即“大封民国”[②] ——乃观音亲自以佛法沐化的、非同一般的圣地和本地“封民”之国，南诏王室的合理性纯系来自观音所代表的无上佛法。其次，尽管《南诏图传》的文字卷和画卷题识用的仍都是汉字，《祭铁柱图》中共祭铁柱的九个首领穿的也尽是圆领窄袖的唐装，但圣教的起源必须和唐帝国无关。在上述南诏王的敕令之前，另有一段文字，借唐朝和尚和西域僧人之口清楚地说明阿嵯耶观音不应该是来自唐帝国。该段文字大意是：全义四年（819 年），南诏使臣在益州遇见一唐人和尚。该和尚声言，你们云南自有圣人去传授佛法，我们唐朝人说那是玄奘，其实并非如此。玄奘在唐贞观三年（629 年）到西域取经，26 年后回归京都。而奇王在贞观三年才出生，玄奘不可能授佛法于奇王父子，更何况玄奘也没有来过云南。保和二年（825 年），有西域僧人来到南诏国都，说西域莲花部尊部阿嵯耶观音曾经来过南诏，到此时，南诏国民才知道阿嵯耶观音曾亲来本国传授佛法。再次，根据《蛮书》的记载，唐贞观元年（627 年）间，南诏国王曾“献书于剑南节度使韦皋，自言本永昌沙壶（壹）之源也”，但沙壹、九隆、庄蹻等较早见于汉文史籍、与云南少数民族族源历史密切相关的人物形象在《南诏图传》中却均未出现。[③] 最后，订立于 794 年的《云南诏蒙异牟寻与中国誓文》显示，南诏王室在立国之初曾经信奉过传自中原内地的道教，但在《南诏图传》中，道教的征象

① 王明珂：《英雄祖先与弟兄民族：根基历史的文本与情境》，中华书局，2012，第 127 页。

② 根据《新唐书·南蛮传》的记载，舜化贞的父亲隆舜在位时，改过名为“大封人国”。尤中认为，此处之“大封人”应为“大封民”，因避唐太宗李世民之讳而改为“大封人”。参见尤中《僰古通纪浅述校注》，云南人民出版社，1988，第 26 页。

③ 王明珂：《英雄祖先与弟兄民族：根基历史的文本与情境》，中华书局，2012，第 124 ~ 129 页。

也是踪影全无。[①]

（二）张胜温画卷

在绘制于大理国时期的《张胜温画卷》中，南诏国以“圣教”建国、用佛法传承来确立王室合法性的做法得到了延续，同时也更加彰显了阿吒力教在发展过程中融汇多元文化的特征。《张胜温画卷》又名《大理国张胜温梵画长卷》，绘制于1180年。原件为纸本彩绘，画卷上题有“盛德五年庚子”，盛德即是大理国王段智兴的年号。画卷总长1635.5厘米，高30.47厘米。画卷的第一部分“利贞皇帝礼佛图”，描绘了大理国王段智兴威严的仪仗和随行人员，是研究大理国社会历史、典章制度的珍贵实物资料。该图与洛阳龙门的“皇帝礼佛图”和“皇后礼佛图”在题材选择和表现手法上十分相像。第二部分“法界源流图”，绘有释迦牟尼佛和佛、菩萨、罗汉、梵天、观音、大理国高僧等诸多佛教形象。第三部分“十六大国王众图”，展现了十六位异国君主到大理参加佛教盛会的场景。[②]

在技法上，画卷融合了多种不同源流的艺术风格。佛像有圆形背光，袒胸，一些菩萨、罗汉、天王、力士像夸张明显，交替以金刚杵和法铃作为边缘装饰，这些是保持了古印度佛教绘画的特点；采用兰叶描线画法刻画人物，线条劲利，工细生动，用水墨山水画法勾勒苍山十九峰作为背景，意境高远，又明显具有唐宋绘画的风味；有些佛像描金傅彩，用线纤细，则似乎受了藏式佛画的影响。在内容上，画卷虽以佛教题材为主，但也明显杂糅了儒、道、巫等成分，体现出多种文化的相互交汇。“利贞皇帝礼佛图”中的利贞皇帝头戴南诏、大理王室特有的头囊，着汉制的龙袍蟒服，上有属于中原王朝皇帝使用的日、月、星、龙、山、华虫、宗彝、藻、火等“十二章”纹样；白难陀龙王和莎竭海龙王二图中，龙王头冕分别为五头蛇和九头蛇形状，这是只有古印度神话中才有的形象，而“难陀龙王”“和修吉龙王”“德叉迦龙王”“阿那婆达龙王”则分别为汉式武士、帝王和将军形象；画卷涉及的佛像可以被分为古印度原始佛教——释迦牟尼与帝释天等、中土开宗之佛教——十六罗汉等、大理特有的阿吒力教——梵僧观世音（又涉及《南诏图传》中描绘的观音点化南诏先王的故

① 傅永寿：《南诏佛教的历史民族学研究》，云南民族出版社，2003，第29~30页。
② 杨郁生：《白族美术史》，云南民族出版社，2005，第226~269页。

事）等三个系统，高僧也是既有梵僧，还有来自中原的禅宗五祖、荷泽宗神会大师及其弟子；南诏十三代国王和两位王妃作为供养人出现在十一面观世音菩萨身边，大理国王段智兴出现在释迦牟尼的佛会中，世俗王者跻身于神佛之中，此现象并不见于中土佛教。“十六大国王众图”中所绘的国王有跣足者，有着鞋者，还有着长靴者；有的戴冕、有的戴裘皮帽、有的戴虎头帽、有的戴雉鸡尾羽；从面貌看，有深目高鼻者，有满脸胡须者，也有白净无须者。古代云南习惯上用十六国指代天竺（古印度），十六国君主从佛教发源的天竺来大理参加佛会的画面不但反映出十六国不同的国情和复杂的民族成分，也突出了大理国处于周边地区政治、文化（佛教）中心的地位。[①]

（三）剑川石窟

南诏国、大理国王室对阿吒力教的崇奉在《南诏图传》和《张胜温画卷》中都已有所反映，但在当时条件下，能够接触到这些画卷的人毕竟是少数。相对于纸本彩绘的《南诏图传》和《张胜温画卷》，遍布南诏、大理疆域内的寺庙在传播阿吒力教、塑造南诏、大理本土化认同方面发挥的作用无疑是要大得多，特别是类似石刻造像和神佛雕塑这样具有大众性和普适性的艺术形式，其意义更是不可低估。在现今的考古材料中，已经发现了大批阿吒力教造像遗迹，如剑川石钟山石窟、剑川金华山石刻、禄劝密达拉石刻、晋宁石将军石刻、四川西昌博什瓦黑石刻造像、大理海东石刻、大理崇圣寺千寻塔、弘圣寺塔、下关佛图塔、安宁法华寺石窟等。其中，又以位于今大理白族自治州沙溪乡境内的剑川石窟最为著名。该石窟分为石钟寺区、狮子关区和沙登箐区三部分。与《张胜温画卷》相类，剑川石窟涉及的佛像也可以被分为古印度原始佛教、中土开宗之佛教和云南特有的阿吒力教等系统，集中体现了阿吒力教“密本合一”、多源融汇的特点。如：明王雕像是密宗特有的，剑川石窟中即有保存完好的八大明王像；被步掷明王踩在脚下的“象首人身像”，梵文称毗那夜迦，原为古印度一位不受欢迎的恶鬼神，并不见于中原内地的密宗寺庙；在中土，弥勒的造型自唐以后皆为倚坐，石钟寺区的弥勒造像同样也是倚坐；梵僧观

---

① 杨郁生：《白族美术史》，云南民族出版社，2005，第 226～269 页；张文勋主编《滇文化与民族审美》，云南大学出版社，1991，第 157～159 页；方国瑜主编《云南史料丛刊》（第 2 卷），云南大学出版社，1998，第 457 页。

音、阿嵯耶观音以及“替佛僧”（即是一位替佛在现世说法传教的僧人）则都是阿吒力教所特有。[①]

与汉传佛教的石窟艺术相比，剑川石窟的造像还具有王者造像的鲜明特征。[②] 狮子关区第 1 号窟，共有七躯造像。正中雕出长条形供案，其上端坐头戴头囊的王者和高髻如冠的王妃。王者与王妃中间有一孩童。王者和王妃之后侧有男女像二躯，案的左、右两侧有男女像两躯，男像右手持笔，左手握卷侍立；女像则双手执扇。案上还有桂树及鲜花、瓜果之类的供品。根据造像题记，此窟是南诏第一代王细奴罗及其后妃、公主、王子等的造像——民间俗称“全家福”。石钟寺区第 1 号和第 2 号两窟也都是王者造像。第 1 号窟经李家瑞先生考证定名为“异牟寻坐朝图”。窟中共雕出 9 个人物。正中是头戴头囊的南诏王异牟寻，体积稍大，袖手盘坐于龙头靠椅，身后立一屏风。王座前有一童子，端坐彩云座，头顶供盘，盘中置香、花、果贡品。王者左侧有三人，一女子一手举团扇拂尘，一手提壶；一男子双手抱曲柄龙头剑；另一男子一手握剑鞘，一手抽剑。王者右侧有男女二人，男子一手执树枝状高杖，一手握巾；女子手捧方盒于肩。前方靠边处左右对坐两位清平官——（儒士）郑回和（道士）杜光庭。第 2 窟是石钟山石窟中造像最多的一窟。李家瑞先生将其定名为“阁罗凤议政图”。此窟雕成华丽的殿堂式，檐前高悬帷帐，正中所雕王者为南诏王阁罗凤，他头戴头囊，身着圆领长袍，两手纳入袖中，盘膝坐于龙椅之上。王者右后侧侍立七人，自左至右为持扇一人，佩剑一人，头饰羽毛持旌者二人，佩剑一人，身着袈裟端坐而手持念珠、背有曲柄伞者一人，耳着珠、手捧瓶之女子一人。其左后侧亦侍立六人，自右至左是持扇一人，持旌旗者三人，抱剑者一人，持曲柄剑者一人。王者左、右两侧，又有身穿朝服者各一个相向而坐。穿袈裟者为阁罗凤之弟阁陂和尚，身穿朝服者为清平官。[③]

大同云冈石窟内也有按照北魏的五位皇帝拓跋跬、拓跋嗣、拓跋焘、拓跋晃、拓跋濬的形象制作的佛像，[④] 但类似剑川石窟这样将王者造像与佛教造像并列一地、同享香火的现象不见于中土佛教石窟和寺庙。相较

---

① 杨郁生：《白族美术史》，云南民族出版社，2005，第 140 ~ 173 页。

② 也有研究者认为该石窟中的王者造像属于白族“本主”崇拜的反映。

③ 杨郁生：《白族美术史》，云南民族出版社，2005，第 140 ~ 173 页。

④ 常青：《石窟史话》，社会科学文献出版社，2012，第 51 页。

于比照国王、皇帝的面貌铸造佛像和在《张胜温画卷》中，南诏十三代国王和两位王妃出现在观世音菩萨身边，大理国王段智兴参加释迦牟尼的佛会，剑川石窟中王者与清平官、侍从、高僧等一起出现的场景无疑是更加凸显了与中土佛教的区别，在神化王权，传播神王合一（或者说佛王合一）的观念方面似乎也具有更强的实用性。然而，耐人寻味的是，南诏国内乌蛮王室与白蛮贵族之间的尖锐矛盾并未因为南诏王室在建国圣教（阿吒力教）中的“佛化”而消弭，至南诏中后期，白蛮贵族杀掉、废黜南诏国王的事屡次发生；大理国时期，权臣贵族轮流把持朝政，三十七蛮部不时作乱，王室的权威性则始终受到严重的威胁和挑战。

第二节　碑铭生产与本土化的民族认同

阐释人类学的研究认为，主导社会秩序的是文化控制机制。当然，仅凭文化模式——宗教的、哲学的、美学的、科学的、意识形态的——本身能否像遗传机制为组织生理过程提供模板那样为组织社会和心理过程提供一个完善的意义与象征体系是应该存疑的，但各民族中流传已久的神话、传说、仪式能够为人们理解世界、表达感情、做出判断提供某种先验性的指导框架或者说依据也是事实。[①] 对于民族关系的形成和演变来说，各种历史悠久的、关于某一或某些民族共同祖先的来历起源、血缘传承、迁徙战争的神话、传说从古至今都在社会中广为流传，它们不但在维护、延续民族这一与资源共享、分配有关的认同体系这一方面曾经发挥过上述指导框架式（或者说行为依据）的重要作用，也常被用于解释不同民族在资源和权力分配活动中的不同地位，指导人们遵从或反抗现实社会中与民族身份有关的、差序化的制度安排；而与此同时，其内容、情节、结构、叙事风格乃至相关民族的族属身份归属等也可能会随社会政治、经济、文化发展和民族关系的演进而发生相应的改变。

早在南诏国建立之前，中原王朝就已开始治理云南。秦在统一中国时，修建了连接云南与蜀地的“五尺道”。为打通前往大夏、天竺的道路，

① 〔美〕克利福德·格尔茨：《文化的解释》，韩莉译，译林出版社，1999，第17、57、56～57、101、176～177页。

汉武帝在公元前135～前130年派军队进入云南击败滇、夜郎等小国，并先后设置越巂、沈黎、汶山、武都、益州等郡。东汉永平十一年（69年）东汉王朝又将益州郡中的不韦、巂唐、比苏、叶榆、邪龙、云南6个县加上另设的哀牢、博南两县，设置为永昌郡。[①] 东汉末年，虽然中原内乱，但包括云南在内的南中地区却是三国中蜀汉政权的主要统治区域。在中原王朝统治和汉文化的影响下，对于处于文明中心地位的华夏民族的认同、攀附不可能不出现于云南当地的上层社会和统治集团中。而随着作为独立政治实体的南诏国、大理国的相继建立——尤其是自阿吒力教被列为"圣教"之后，为巩固、强化自身作为南诏国、大理国统治集团组成部分的"天然"合理性，他们的族属认同也发生了重大的改变，由长期坚持汉人身份转为强调自己是"阿吒力"（梵文"规范师"的音译，也称灌顶僧）或印度密教婆罗门僧的后裔。这方面最典型的例子乃是在不同时期的碑铭生产中被记录下的关于所谓"南中大姓"族属身份变更的神话传说。

（一）"两爨碑"中的华夏族认同

"南中大姓"是西汉末年以来云南地区一股重要的政治势力。在西汉政府"募豪民田南夷"的政策下，许多巴蜀等地的大姓家族开始向南中地区发展，魏晋南北朝时期的诸多南中大姓，至少有部分是由此而来，也有些可能是受汉文化影响的少数民族豪强。[②] 据《华阳国志》记载，牂牁郡有大姓龙、傅、尹、董、谢氏，永昌郡有大姓陈、赵、谢、杨氏，朱提郡有大姓朱、雷、鲁、兴、仇、递、高、李氏，建宁郡有四姓，鳖县的大姓为王氏，同乐县的大姓有爨氏等。[③] 大姓拥有私人武装——部曲，其子弟通过读书仕进的途径在南中地区各级政权中占据重要职位，同时又通过通婚、盟誓等方式与当地少数民族首领——夷帅——结盟。当中原王朝不能对南中地区进行全面、有效的统治时，大姓往往在中原王朝和少数民族之间发挥重要的中介和桥梁作用，一方面，他们是中原王朝在南中地区统治的基础，如曾担任蜀汉政权庲降都督的李恢和历任蜀汉、魏、晋三朝南中

① （南朝）范晔：《后汉书》，中华书局，1965，第3508～3516页。

② 王明珂：《英雄祖先与弟兄民族：根基历史的文本与情境》，中华书局，2012，第90、120页。

③ 刘琳校注《华阳国志校注》，巴蜀书社，1984，第378、388、402、405、414、435页。

军政长官的霍弋；另一方面，为了保护和扩张自身利益，他们也会联合夷帅抵制、反抗中原王朝的统治——为诸葛亮所败的雍闿、孟获便是当地的著名大姓。一旦中原王朝陷入内乱，实力减弱，大姓家族常常就会演变成大大小小的地方割据势力，其中最著名的就是曾称雄一方的爨氏。

起初，南中大姓在族源归属上都是认同华夏族的。在“南中大姓”家族的墓碑上，不仅体现了他们对华夏民族的归属感，也显现出当时（魏晋南北朝时期）华夏族与少数民族之间的等级差别和南中统治阶层对汉文化的强烈认同。如根据立于南朝刘宋时期（458 年）的《爨龙颜碑》的记载，爨氏即声称自己是黄帝和楚王之后裔，是中国史籍可靠的华夏族，“建宁同乐县人。其先世则少昊颛顼之玄胄，才子祝融之渺胤也。清源流而不滞，深根固而不倾。夏后之盛，敷陈五教，勋隆九土。纯化洽于千古，仁功播于万祀。故乃耀辉西岳，霸王郢楚，子文铭德于春秋，斑朗绍纵于季叶。阳九运否，蝉蜕河东，逍遥中原……爰暨汉末，采邑于爨，因氏族焉……乃祖肃，魏尚书仆射、河南尹，位均九列，舒翮中朝，迁运庸蜀，流薄南入，树安九世，千柯繁茂，万叶云兴”①。身为黄帝和楚王之后裔的确实证据当然是难以找到的，只能说是传说——在此之前（408 年）的《爨宝子碑》也不过是简单地提到“君讳宝子，名宝子，建宁同乐人也”②。

虽然南中大姓在族源归属上自认是华夏族，也曾长期执掌云南军政大权，但其作为黄帝后裔的身份却并未获得中原王朝的承认。在相关汉文典籍的记载中，隋唐时期，在爨氏统治的西爨地区出现了一个新的民族——白蛮。白蛮由汉族和土著的僰人等民族融合而成。从文化上说，这一族群体现了明显的华夷融合特征，他们的语言与汉语最接近；书写时大多数时候是直接用汉字，有时用汉字记音；但在穿着上却与南中的许多少数民族一样披毡，与汉族不同。《蛮书》卷四中记载：“西爨，白蛮也。东爨，乌蛮也。当天宝中，东北自曲靖州，西南自宣城，邑落相望，牛马被野。在石城、昆川、曲轭、喻献、安宁至龙和城，谓之西爨。在曲靖州、弥鹿川、升麻川、南至步头，谓之东爨，风俗名爨也。”《新唐书·南蛮传下》中也有“西爨自云本安邑人，七世祖晋南宁太守，中国乱，遂王蛮中”的

① 汪宁生：《云南考古》，云南人民出版社，1992，第 116 页。
② 张文勋主编《滇文化与民族审美》，云南大学出版社，1991，第 128 页。

文句。显然，在当时的唐朝政府看来，爨氏以及其辖下的诸多南中大姓都已经一起被划入了“蛮”的行列——变身成白蛮大姓。应该注意的是，尽管已被中原王朝称为白蛮，爨氏等大姓却可能仍坚持认同自己的汉人身份。如1999年在成都出土的《大唐故河东爨府君墓志铭》中即有：“王名子华，字守忠，其先河东汾阴人也……十二代祖遐，左迁是邦，世豪南夏，繁枝固本而一十四郡宗之。”而《蛮书》中在称西爨为白蛮的同时也有从乌蛮地区进入白蛮地区后“于是始有门阁庙宇供养之礼，皆汉地”的评价。[①] 此种情形直到南诏立国后才有改变。

（二）以“阿吒力”为祖先的本土化认同

南诏政权建立后，虽然其王室为乌蛮，但由于白蛮在文化、经济上的发达程度要远高于乌蛮，所以，从南诏建立之时起，其贵族和高官阶层就主要由白蛮中的大姓家族组成；至大理国时期，建立大理国的段氏更是直接出自白蛮大姓。延至元代，在大理段氏家族成员、土官段琏的墓志铭上依旧写有“威王使庄蹻伐滇，既克，又会秦灭楚，蹻遂留王滇池，以众分五将……段氏其一也”，但在总体上，南诏、大理政权建立之后，为适应独立建国的政治需要，作为统治阶层重要组成部分的大姓们的族属认同已经在逐步发生本土化的改变。[②] 大约成书于大理国时期，广集民间传说的《僰古通纪》中写道，“（汉武帝）册封哀牢夷第八族牟苴颂四世孙仁果为滇王，统辖叙州、乌蒙。……（诸葛亮）武侯册封仁果九代孙龙佑那为采地主，赐姓张氏。又赐各酋长杨、李、赵等姓始于此”。[③] 在《南诏野史》（约编撰于明万历年间）中，《后汉书》中已有记载的本用于解释哀牢夷族源的“九隆”传说也开始与大姓发生关联。《南诏野史》记载：“哀牢山下有妇，名奴波息，生十女，九隆兄弟各娶之，立为十姓，曰董、洪、段、施、何、王、张、杨、李、赵。……子孙繁衍，居九降山溪谷间，分九十九部，而南诏出焉。”并列举由九隆诸部建立的白崖国、昆弥国、白

---

① 王文光、龙晓燕、陈斌：《中国西南民族关系史》，中国社会科学出版社，2005，第183、188～189页。

② 《蛮书》中记载，在唐贞元年间，南诏之主曾“献书于剑南节度使韦皋，自言本永昌沙壶（沙壹）之源也”。参见王明珂《英雄祖先与弟兄民族：根基历史的文本与情境》，中华书局，2012，第129～137页。

③ 尤中：《僰古通纪浅述校注》，云南人民出版社，1988，第7页。

子国、建宁国、南诏及大理国等王国。这十姓都是很早就定居于洱海附近的白蛮大姓，在晋、唐时代的文献——两爨碑、《蛮书》、《南诏德化碑》、《旧唐书 · 南蛮传》、《新唐书 · 南蛮传》——中均可找到代表人物，南诏国的大军将、清平官等高官多出其中。[①]

南诏国、大理国时期，王室长期崇奉阿吒力教，以其为国教、圣教，用源自观音的佛法传承作为统治合法性的依据。在诸多关于王室起源的传说中，就有说南诏王室先祖是来自西方佛法世界的——“西天摩揭陀国的阿育王”。可能是受其影响，加上阿吒力教的僧人可以娶妻生子，阿吒力（梵文“规范师”的音译，也称灌顶僧）也渐渐出现在大姓家族的族源记忆中。如树立于大理喜洲李氏祖茔的《故正直恭谦和尚碑铭并序》（元代元统年间）称其先祖为南诏归义王皮罗阁之嫡男蒙阁皮，因为厌烦世俗生活而信奉阿吒力教，并成为高僧，“诏曰：‘乾竺婆罗门僧，求佛而在家者。’遂命以世禄，尚以贵属，号‘师僧上首李畔富和尚’”。至明代前期，洱海附近许多大姓家族的墓志铭中依旧在宣称其祖先为南诏时期之阿吒力。刻写于明正统三年（1438 年）的段功墓志铭说，“世居邓川源保之市坪。按《郡志》：唐贞观时，观音大士自西域来大理，以金仙氏之口化人为善。摩顶蒙氏以主斯土。摄受段隆超等七人为阿吒力灌顶僧……隆超即公始祖也”。《故宝瓶长老墓志铭》中则记载：“宝瓶讳德，字守仁，姓杨氏，世居喜睑。稽《郡志》，唐贞观时，观音自西域建此土，国号大理，化人为善，摄受杨法律等七人为吒力灌顶僧。开元初，法律运妙用，取佛舍利置于班山塔，即其始祖也。”[②] 石钟健于 1942 年和 1943 年在大理地区先后抄录了 90 块明代墓碑的铭文。据他统计，在 90 篇碑铭中，自称九隆后裔的约占一半，声称自己的祖先是来自天竺摩揭陀国的婆罗门僧的也有 12 篇，其中关于杨姓的有 9 篇，关于段姓的有 3 篇。这些碑铭记载：观音大士曾带领婆罗门僧“九师”到大理传播密教，杨姓始祖杨法律、杨珠、杨珠觉三人和段姓始祖段道超（或作段隆超）就在这些僧人中；在南诏第七王寻阁劝当政时，杨珠、杨珠觉二师之七世孙杨名寿曾任南诏“瑜伽选官”，并娶南诏王的女儿生坚公主；南诏王也曾把自己的外甥女嫁给段道

① 石钟健：《大理明代墓碑的历史价值》，《中南民族学院学报》1993 年第 2 期，第 101 ~ 102 页。

② 傅永寿：《南诏佛教的历史民族学研究》，云南民族出版社，2003，第 78 ~ 87 页。

超。[1] 阿吒力的身份或许是真实的，但受观音亲传佛法是无法考证的。

以口耳相传的说唱史诗、民间传说为载体的族源神话、传说都是集体创造的成果，既无法找到作者的名字，本质上也不应为某人所私有。相对于它们，碑铭、书籍等正式文本所记录的神话、传说无疑是会具有较为明显的时代和个体特征。如果说创世史诗是“已经通过人民的幻想用一种不自觉的艺术方式加工过的自然和社会形式本身”，那么“南中大姓”族属身份变更过程中所涉及的碑铭则更多地显现出对社会现实进行“自觉加工”的特点。对于主导这些碑铭制作过程的统治阶层（高官、国王等）来说，在纪念祖先之外，树立碑铭的目的不大可能是为了使其后代子孙和辖下的臣民得到文学、美术层面的艺术享受，并替子孙后代在艺术上创立“就某方面说还是一种规范和高不可及的范本”，更重要的功用还在于以族源历史记忆的重新塑造为适应、调整或重新建构当时社会的民族格局提供必不可少的框架和依据。[2] 无论是将十姓与九隆传说联系在一起，还是将阿吒力——尤其是作为观音亲传弟子的——列为值得在碑铭上着重强调的先祖，显然都是对南诏国、大理国在本土化“圣教”的基础上寻求一体性认同的适应。这样的族属变更从发生伊始就掺杂了复杂的政治动机，也可以因为政治需要的消失而宣告结束或再次变更。大理国灭亡后，阿吒力教丧失了圣教、国教的地位。在以禅宗为主的汉传佛教各教派在云南迅速传播和发展的同时，阿吒力教则逐渐式微。“一部分被禅宗融合，成为禅宗的附庸，另一部分则失去自己的庙宇和教徒，被迫从城市转入农村，娶妻生子，世代家传。”[3] 16 世纪中叶以后，本地大姓家族宣称祖先为灌顶僧、南诏国和大理国官员及九隆族的风气都逐渐消失，多数墓志铭中提及的先祖都是在元明时期取得功名、官职者。清朝时，祖籍为南京、江西的说法也开始在本地大姓中出现。乾隆年间师范所著《滇系》一书中将此现象解释为明军入滇，“在官之典籍，在野之简编，全付之一炬”，切断了本地家族的历史记忆；明、清两代都曾将外省富户迁移入滇。[4]

---

① 石钟健：《大理明代墓碑的历史价值〈大理访碑录〉代序》，《中南民族学院学报》1993年第2期，第102页。

② 马克思：《〈政治经济学批判〉导言》，马克思、恩格斯：《马克思恩格斯选集》第2卷，人民出版社，1995，第29页。

③ 杨学政、韩军学、李荣昆：《云南境内的世界三大宗教》，云南人民出版社，1993，第21页。

④ 王明珂：《英雄祖先与弟兄民族：根基历史的文本与情境》，中华书局，2012，第124、129～137页。

第三节 贝币文化的延续与南诏国、大理国的社会制度

人类学对于经济交换的研究表明，货币不只是经济交换的中性工具，还是重要的“社会整合的制度性存在”。不同货币之间的竞争存在于任何一种货币体系中，而这种竞争的深厚基础并不在于货币的物质性，“而在于不同货币与文化的制度性的关联”。本质上，货币是社会权力建构的经济形式或经济表达。某种商品在某一社会中被选中充当货币不仅显示了该商品的自然形态已与社会中经济交换的规则体系发生结合，同时也意味着一种关于经济支配的权力体系的建立。正是由于货币具有促进社会整合的制度文化意义，才使其“尺度职能在形式上表达出民族、政治等的限制”。不同民族集团融合成一个新民族，此过程的核心性质乃是“由多元民族共同构建一个多元一体的新经济——文化体系”的合力，这种合力不可能不体现在新的民族文化价值、符号象征与在特定地域内“对社会和经济实施统一性整合的权力支配体系”的结合中，而后者的最直观标志应该就是不同货币体系在特定区域的更替。[①]

在货币史的研究中，“云南贝币”一向是个引人注目的问题。《新唐书·南诏传》中说，南诏国“以缯帛及贝市易，贝之大若指，十六枚为一觅”。《元史·赛典赤赡思丁传》记载“云南以贝代钱，是时初行钞法，民不便之，赛典赤为闻于朝，许仍其俗”。[②] 明朝嘉靖、万历年间，政府曾多次发布政令，要以铜钱取代贝币，但均告失败，民间用贝币如故，“钱竟不行”[③]。明末清初，云南完成了“废贝行钱”的转变，但直至乾隆年间，在边远的泸西、广南、腾冲等地，贝币还能流通。[④] 一般来说，贝币作为货币的原初形态，当金属铸币兴起后就已经退出了流通领域。钱币学家多

---

① 陈庆德、潘春梅、郑宇：《经济人类学》（修订版），人民出版社，2012，第 253 ~ 257、261、348 ~ 361 页。

② 方国瑜：《云南用贝作货币的时代及贝的来源》，载杨寿川主编《贝币研究》，云南大学出版社，1997，第 32、45 页。

③ 杨寿川：《贝币研究：中原与云南用海贝做货币的历史考察》，载杨寿川主编《贝币研究》，云南大学出版社，1997，第 24 ~ 25 页。

④ 李家瑞：《古代云南用贝币的大概情形》，杨寿川主编《贝币研究》，云南大学出版社，1997，第 97 页。

认为：在中国，货贝从装饰品转化为货币，大约是在夏代中后期，春秋战国时逐渐被取代，秦统一中国后则完全被废止。[①] 云南有丰富的铜矿，古滇国创造了灿烂的青铜文化，又诞生过南诏国和大理国两个长期独立建国的政权，应该是会产生由国家垄断铸币权的金属铸币的，就是产生类似宋"交子"那样的纸币也不是没有可能。然而恰在云南，从南诏政权算起，"非国家发行"的贝币作为主要的交换媒介物至清代中期才彻底淡出历史舞台，时间跨度长达一千余年——如从春秋晚期算起，时间则更长达两千余年。在以往的研究中，许多学者对云南长期使用贝币——尤其是南诏国、大理国时期——的原因做出了多种假说。然而，或许是受到了所谓"经济理性"的影响，却少有人将贝币作为一种文化—经济现象，从社会整合、文化象征以及民族建构、政治秩序等角度，尤其是南诏国、大理国长期以阿吒力教作为凝聚国民本土化认同的基础及王室合法性来源的特殊历史背景，对贝币的行止进行更深层次的阐释。[②]

（一）以往的几种假说

梳理文献，对于云南独特的贝币系统的成因，主要有以下几种说法：第一，是政治经济环境说。江应樑在《云南用贝考》中将云南贝币的长期流通归因于在政治、经济上受中国内地王朝的影响较弱，自己既不会铸钱，又无法从中原内地获得足够的铜钱，海贝是因为没有铜钱而使用的。[③] 第二，是缺钱说。杨寿川认为，古代云南社会分工不发达，技术落后，无力开采铸造铸币所需的金属。明代中叶以后，对铜、锡、金、银等有色金属的大规模开采和冶炼才在云南出现。[④] 第三，是贝币共同体说。此说实际上就是将云南与东南亚、南亚视为一个通行贝币的准"经济共同体"，认为贝币在云南保持长期的强势地位是因为共同体内贸易往还的需要。彭信威认为："古代云南也许同孟加拉湾沿岸的印度和缅甸属于同一个货币体系，因而云南用贝也可能不是来自中国的古制，而是受印度等地的影

① 薛冰：《钱神意蕴》，书海出版社，2004，第 10 页。

② 陈庆德、潘春梅、郑宇：《经济人类学》（修订版），人民出版社，2012，第 252、260 页。

③ 江应樑：《云南用贝考》，杨寿川主编《贝币研究》，云南大学出版社，1997，第 92 页。

④ 杨寿川：《云南用海贝作货币的历史考察》，杨寿川主编《贝币研究》，云南大学出版社，1997，第 124 页。

响。”[①] 方国瑜也说过：原产于沿海地区的贝子作为货币在云南大量流通是因为云南商品经济发展，交换市场扩张到了沿海地带，“孟加拉湾和暹罗湾各国通行用贝作货币，南诏与这一些国家商品交换关系密切，也就有贝子流通到南诏，而且这种情况持续了很长时间”。[②] 上述三种假说影响较大，然细细考来亦均有不周之处。

第一种假说认为，贝币在云南长期流通的主要原因是在于中原王朝对云南影响弱，加之云南境内又缺铜钱。然而，汉朝在云南设郡县、置边关、屯田、派戍卒，这一时期云南与内地的政治、经济和文化交流已十分密切。1979 年以后，云南各地相继发现一批汉晋古钱币，有“五铢”，还有王莽新朝铜钱“大泉五十”“大布黄千”等，这些钱币，出土数量大，且多以窖藏形式出现，充分说明当时铜钱业已成为当地的流通货币，也表明铜钱数量较多，最起码不至于明显匮乏，否则窖藏钱币将难以解释。[③]

第二种假说实际是建立在云南铜矿开采盛于明清这一论断的基础上。地质学界元老丁文江先生曾说过：“铜业之中心，东汉为豫浙……在唐为晋鄂，在宋为闽赣，在明清为川滇，一地之兴殆无过三百年者。”[④] 从纵向看，比较历朝历代的开采量，云南铜矿开采盛于明清之说应该无误；但从横向看，特别是将云南铜冶的规模水平放到当时、当地的历史背景下，则未必尽然。云南青铜时代的青铜器不仅种类繁多，而且数量庞大，就连伞、枕和农具都用青铜制成，足以证明当时的铜矿采冶已有相当规模——同时代的商周时期，中原地区则很少有青铜农具。[⑤] 在南诏、大理时期，铜的开发利用也未见减少——劝丰佑时期，曾用四万多斤铜铸了一万多尊佛像；南诏军队的制式装备中就有铜盾。[⑥⑦] 另外，云南在东汉时即已有铸币活动，当时即已可能成为东汉王朝的铸币基地。昭通地区曾发现过一件“大泉五十”钱范，背书“日利千万”，与其他地区发现的王莽钱范完全相

---

① 彭信威：《中国货币史》，上海人民出版社，1965，第 28 页。

② 方国瑜：《滇史论丛》，上海人民出版社，1982，第 246、261 页。

③ 孙健：《从大理地区的出土文物看汉晋时期的货币及其他》，《南诏大理历史文化国际学术讨论会论文集》，民族出版社，2006，第 474 ~ 476 页。

④ 张光直：《中国青铜时代》，三联书店，1990，第 10 页。

⑤ 张增祺：《云南青铜文化研究》，云南省博物馆编《云南青铜文化论文集》，云南人民出版社，1991，第 21 页。

⑥ 李昆声、祁庆富：《南诏史话》，文物出版社，1985，第 97 页。

⑦ 汪宁生：《云南考古》，云南人民出版社，1980，第 154 页。

同；蜀汉政权发行的“直百五铢”中有一种背面铸有“为”字，可能就是犍为郡的产品；朱提地区不仅铸铜钱，还有银币，王莽发行的新币中有“朱提银”，朱提就是今天的昭通、鲁甸一带。① 云南既有铸币基地，当然不大可能缺钱。

第三种说法则十分耐人寻味，以“经济共同体”论，对外贸易中币制的统一对于减少交易成本、促进贸易发展当然具有十分重要的意义。问题是：在南诏国、大理国的这些贸易伙伴国中，金属铸币早已出现，并非只有贝币流通。如果贝币的流通是为了发展对外贸易，那为长途携带的方便计，也应该以币值较高、不易被破坏的金属铸币为首要选择，而非币值更低又容易破损的贝币。北印度在公元前 4 世纪中期就有戳印记号钱流通，稍后的孔雀帝国则发行了以象征物为图案的银、铜币，1 世纪后期的贵霜帝国则开始发行铸国王肖像的金币和铜币。据当时的印度铭文记载，贝币是充作零钱使用的。缅甸在 7 世纪后期即仿照印度铸行了正面有一头拱垂的牛或海贝图的银币，并用印度婆罗米文手写体铭刻上国王的名字。② 不仅如此，在东南亚诸国，中国的圆形方孔钱早已是大行其道。范成大《桂海虞衡志》载：“（安南）不能鼓铸钱货，纯用中国小铜钱，皆商旅泄而出者。”③《宋会要辑稿》上说：“入蕃者非铜钱不往，而蕃货非铜钱不售。”在宋对东南亚的海外贸易中，输入的是香料、犀角、象牙之类的奢侈品，输出的则主要是丝、绢、瓷器和铜钱。④ 当时，铜钱出口之多，甚至已影响到王朝内部的财政稳定，开宝元年（1968 年）九月，宋朝皇帝下诏对向海外走私铜钱者处以极刑，“自今五贯以下者，抵罪有差；五贯以上，其罪死”⑤。

（二）贝币与南诏国、大理国的经济、政治和文化

作为非国家发行的货币，贝币在南诏国、大理国长期存在的主要原因可能并不在上述三种假说内。要对云南贝币做出更深层次的阐释，就必须

---

① 汪宁生：《云南考古》，云南人民出版社，1980，第 101 ~ 107 页。

② 〔英〕Joe Cribb，Barrie Cook，Ian Czrradice：《世界各国铸币史》，刘森译，中华书局，2005，第 345 ~ 348、385 页。

③ 汪圣铎：《两宋货币史》，社会科学文献出版社，2003，第 193 页。

④ 萧清：《中国古代货币思想史》，人民出版社，1987，第 155、171 ~ 173 页。

⑤ 汪圣铎：《两宋货币史》，社会科学文献出版社，2003，第 177 页。

从社会观、整体观的角度，将货币现象放在包括经济、政治、文化等多方面因素在内的社会关系体系中进行考察。货币不仅是流通工具，更是重要的“社会整合的制度性存在”，“拥有一种社会身份的认定和稳定的、非经济的社会含义”。它之所以具有社会性的力量，“乃是社会的各种关系和各种要素的联结之力，而不仅仅来源于它的所谓‘商品性’规定；它从共同体生存的深层系统规定的象征中，获得了一个相对恒久性稳定的根据”。[①]

首先，在经济方面，研究者应该认识到，贝币在南诏国、大理国并非唯一的流通货币，并且贝币的使用可以促进云南地区与中国内地贸易的发展。贝币价值低廉，在交易中主要承担的是辅币的作用；在贝币之外，缯帛、金银、牛羊、盐在当时也都是广泛用于作为经济交换中介的商品。就此而言，南诏国、大理国的货币体系也可被视作一种包括贝币在内、多种通货并行、自由兑换的特殊的货币系统。根据哈耶克货币非国家化的理论，此种货币体系——各种通货均自由流通，它们之间的兑换比率完全由市场调节——较之政府垄断货币发行更容易实现物价水平的长期稳定。[②]同时，南诏国、大理国不仅与印度和海湾诸国贸易往还，同中国内地的商业往来也十分密切，贝币在中国内地不流通，内地商人在云南贸易所得必须换成云南本地货物才能外运，无形中自然促进了云南货物的外销，十分有助于扩大市场，而外运货物需要交税，又增加了财政收入。五代十国时期马殷的楚国也曾如此行事，他在其境内铸造铁铅钱，境外根本不流通，为保收益，来楚国经商的商人贸易后不得不另购楚国货物，如此一来，反而打开了楚国货物的销路。[③]

其次，在政治方面，要注意南诏国、大理国长期推行的封建制度的影响。以“等级集团的土地占有和人身依附”为特征的封建依附关系在南诏社会中占据着主导地位。南诏实施社会统治的基层组织形式是村社共同体，拥有独立个体经济的农民依附于村社，“村社共同体以获取南诏统治者对其土地使用权的认可和保护为代价，而在土地依附的基础上，对后者形成一种附庸关系并承担其封建义务”。大理国时期，分封制则得到了充分的发展。在中央集权的皇权制度下，最高统治者对社会生产阶级实行的

---

① 陈庆德：《经济人类学》，人民出版社，2002，第 332 ~ 334 页。

② 〔英〕弗里德里希·冯·哈耶克：《货币的非国家化》，姚中秋译，新星出版社，2007，第 56、69、70 页。

③ 汪圣铎：《中国钱币史话》，中华书局，1998，第 124 页。

是全面和直接的控制，以个体家庭为基本单位的社会组织结构、土地和人力都直接受控于国家。而在南诏国、大理国，统治者通过层层分权的封建等级结构实行的更可能是一种间接或宏观控制的模式，其控制过程需要各层封建领主的中介转换。[①] 政府垄断下的金属铸币是权力的象征，铸币的形制和图案隐含着最高统治者对社会的全面而直接的控制。但在实行封建制度、政治权威被依等级分割的南诏国、大理国，却并不需要——实际也不可能——通过铸造统一形制的金属铸币来实现对社会的全面控制。欧洲封建时代的历史表明，政治上的分权导致铸币权的分散，没有一个强有力的中央政府，“即使在同一地区，几乎每次发行的货币，其重量和成色都有变化”，最终的结果就是货币流通过于缓慢、太不正常，进而引起或至少加剧了通货缺乏，通货缺乏又影响了整体社会经济的健康发展。[②] 在中国的夏、商、周三代，贝币曾经广泛流通，也是直到春秋战国期间才开始逐渐被各种样式的金属铸币取代，并最终在皇权制度确立后被固定为圆形方孔的形制。

最后，也是最重要的一点，就是应该充分考虑南诏国、大理国统治阶层试图以本土化的阿吒力教建构一个与胡、梵、蕃、汉有明显区别的认同群体，缔造一个以佛法为政治合理性来源的“佛国”所带来的影响。“货币对象物的具体形式，究竟体现为金、银、铜，还是海贝、豚牙，甚或现代的纸币等的物质形式上，首先在历史上表现为一种偶然。而这种偶然性，又强烈地透出不同文化实存的决定关系。”[③] 大体上，古代社会的金属铸币可以被分为中国的圆形方孔钱和西方带有各种图像印记的铸币两大类型，它们的差异不仅同经济交换的需要有关，而且与不同文化背景下对社会秩序的不同理解密切相连。特殊的地理位置使云南恰处于中、西两种铸币文化接触、碰撞的中心点。一方面，中原王朝铸造的圆形方孔钱曾长期流通于东亚和东南亚地区，其形制也曾被日本、朝鲜和越南仿造。另一方面，与云南长期保持经济和文化联系的古印度曾被马其顿王亚历山大征服，又长期与罗马帝国保持密切的经贸往来，其货币体系受到了希腊、罗

① 陈庆德：《资源配置与制度变迁——人类学视野中的多民族经济共生形态》，云南大学出版社，2007，第177～219页。

② 〔法〕马克·布洛赫：《封建社会》上卷，张绪山译，商务印书馆，2005，第132～134页。

③ 陈庆德：《经济人类学》，人民出版社，2002，第332页。

马的很大影响，不仅是货币形制与西方趋同，印有雅典娜头像的钱币和罗马的“第纳”银币也都曾在古印度长期自由流通。[①]

中国的货币起源于共同体内部交换的需要，货币体系与政治关系密切。秦汉以降中国的政治就是以大一统为特色的，中国古代钱币以圆形方孔钱为特征即象征着对统一、稳定秩序的追求。圆形方孔钱的意义就在于其形制及质料象征了天圆地方之“天道”和礼法合一之“王道”的融合。古代中国人很早就有了天圆地方、大地有四极八方、四方有神祇作为象征的空间观念。由此出发的运思与想象是古代中国人推理和联想中不证自明的基础和依据，它通过一系列的隐喻，使人们产生“在空间关系上中央统辖四方、时间顺序上中央早于四方、价值等级上中央优于四方的想法”，“而当这种观念与神话相遇，就会在人间的意识与仪式中形成中央之帝王与四方之神祇的整齐神谱；当这种观念延伸到社会领域，就会成为中央帝王领属四方藩臣的政治结构的神圣性与合理性依据”。[②] 就质料而言，圆形方孔钱以铜为质料，蕴含有权力象征和“礼法合一”的意味。作为制作祭（礼）器的重要原料，铜在中国古代的社会生活中被赋予了某种神性，占有特殊重要的地位。同时，铜也与刑罚有关，铜斧、铜钺、铜刀不仅是兵器，还是刑具；三代早期时可能已有赎刑——即按规定允许缴纳一定钱财折抵原定刑罚。《尚书·舜典》有虞舜时代“金作赎刑”的说法，此处金即指“铜”。礼、刑皆用铜，在铜的身上自然也就有了“寓刑于礼”“出礼入刑”的象征意义，并使“铜”成为中国古代法制与宗法等级制度紧密结合的又一具体体现。[③]

与中国货币不同，西方货币则是源于海外贸易发展的需要，更多体现的是财富的象征和信用的担保。交换当然可以用实物或金银，然而实物有品质好坏、金银也有成色优劣，媒介物的品质如果没有取得一种信用的保证，外贸要繁荣是不可能实现的事情。以雅典为例，最初雅典流行的银币上曾铸着各种印记，主要有马的前半身、马的两条后腿、公牛头、骑兵等，这些都是当时显赫的贵族家庭的标志，自然也就是该家族所用媒介物信用的彰显。随着对外交换规模的扩大以及城邦政治的稳步发展，贵族族

---

① 〔印〕塔帕尔：《印度古代文明》，林太译，浙江人民出版社，1990，第 110、113 ~ 114 页。

② 葛兆光：《中国思想史》第 1 卷，复旦大学出版社，2001，第 16 ~ 19 页。

③ 张晋藩主编《中国法制史》，高等教育出版社，2003，第 32 ~ 33、36、96 页。

徽型铸币已不能满足信用扩大的需要。在没有强大统一的政权作为外在强制情况下，神权无疑就成了承担信用保证的最好选择，唯有神——特别是城邦的守护神才能使人对自己内心的牟取暴利的动机加以限制。庇士特拉妥当政时期就已出现了足以代表全城邦的"正面是城邦守护神——雅典娜，背面是猫头鹰"的银币，该银币同时也是城邦这个扩大的共同体信用的象征。因为雅典是希腊世界中商业最发达的城邦，也由于雅典娜银币的成色十足，此银币发行后很快就通行于地中海地区，直到罗马时代。① 王权政治发达以后，担保钱币成色与重量的职责就落到了统治者身上，相应地，铸币上的神像也被统治者的头像取而代之。

作为一种社会整合的工具，货币"不仅同社会文化模式的传承相关，而且与社会中现实的权力支配关系紧密相连"②。就凝聚本土化认同、彰显统治的合法性而言，金属铸币无疑具有很大的优势。普通大众可能一生不会因诉讼而与国家发生联系，身为奴仆、依附农者也不需向国家缴纳赋税，但是，为了生存的需要，与社会其他成员的经济交换总是会发生。这时，只要看到、用到由国家或某统治者发行的铸币就会使人联想起是处于某国境内或某位统治者的治下。然而，对南诏国和大理国来说，选择何种形制的铸币可能是非常令人困惑的问题。一方面，汉文化对云南的影响十分深远，圆形方孔钱所象征的千秋万代、稳定统一的秩序观同样也是南诏国和大理国统治者追求的目标。如南诏国、大理国的国王们仿效中原王朝，在纪年时也选用保和、建极、大同、中兴、政严等年号来为自己的统治祈福，标示"正统"——或者说统治合法性、正当性——的延续不断。《张胜温画卷》中，南诏十三代国王和两位王妃出现在观世音菩萨身边，大理国王段智兴出现在释迦牟尼的佛会中，这一现象也明白显示了统治者期望以不可变易的阿吒力教"佛法"传承取代"血缘"传承作为统治合法性的依据。另一方面，以观音菩萨、大黑天神等佛像作为铸币印记因为不符合佛教仪轨的要求而难以实行；南诏国和大理国的往来公文、录事书札、国号、帝王年号皆用汉字，如铸圆形方孔钱，其上文字也必是汉字，很容易使人联想起与华夏中国相对应的中原王朝，这对张扬自己不依附于中原王朝的特殊地位——和来源于阿吒力教的统治合法性很是不利。

---

① 任礼：《古希腊——青铜时代的乐与忧》，世界知识出版社，2003，第6～10、33、36～37页。

② 陈庆德、潘春梅、郑宇：《经济人类学》（修订版），人民出版社，2012，第261页。

或许正是由于上述三个方面的原因，再加上海贝曾作为财富、权力象征的历史背景以及贝壳象征系统中包含的诞生、复活与再生的特殊意义[①]——也就是生生不息、循环往复，或者说千秋万代的稳定统一，才共同构成了贝币长期流通的社会基础。它的维续可能并非是出于国家的预先设计，而是由于在现实经济运行中的良好效果以及适应统治者将政权与中原王朝相区别的政治需要。换句话说，南诏国、大理国时期以贝币而非铸币为主要通货可能是国家政权对于现实社会中同商品流通、交换相关的一系列自发形成的惯例加以认可的结果。南诏国、大理国时期，贝币的比值长期保持稳定，其卓著的信誉使元朝在云南设行省之后不得不在该地“许仍其俗”“以贝代钱”。[②] 随着中原王朝对云南地区控制力度的加强，贝币作为云南地方性通货的地位虽然被暂时保留，但其承载的制度文化意义已然消失，经济价值也在国家开始强行干涉贝币从境外的输入和规定贝币与官方法定货币——金银和钞——的兑换比率后开始逐渐减弱。至17世纪中叶，贝币的流通在云南基本停止，这标志着云南多民族社会的经济体系已经被整合、融入了大一统国家之中。

第四节　处在中华文化体系内的阿吒力教与南诏国、大理国

虽然就包括云南、贵州及广西、四川一部分的整个西南地区来说，因为其“人类生态、族群及社会阶序区分”和与之相应的社会历史记忆都极为多元、复杂，而我们所能见到的只是“其中的核心社会（如南诏与大理之王室、贵族），借由汉文字及相关图像所流传的记忆与认同而已”。[③] 但是，回顾南诏国、大理国的历史，即便是这些有限的资料也揭示：由于阿吒力教在传播中受到文字、民族格局观念与政治权力和经济活动的关系等因素的制约，以阿吒力教凝聚国民一体性认同、建构一个与胡、梵、蕃、汉有明显区别——特别是要与汉族有区别——的认同群体的努力难以取得成功。

当下，民族学界的主流观点认为，明代以前，云南的民族格局是以当

① 陈庆德：《经济人类学》，人民出版社，2002，第322页。

② 方国瑜：《云南用贝作货币的时代及贝的来源》，杨寿川主编《贝币研究》，云南大学出版社，1997，第32、45页。

③ 王明珂：《英雄祖先与弟兄民族：根基历史的文本与情境》，中华书局，2012，第129页。

地少数民族为主导，民族融合的主要趋势是汉族融入少数民族的单向融合；明以后，随着大批汉族移民进入云南，云南的民族构成开始从“夷多汉少”向“汉多夷少”转变，汉族逐渐成为社会的主流，民族融合则表现出汉民族与少数民族、少数民族之间的多元多向融合的特点。汉民族人口的激增和分布区的不断扩大使少数民族分布区相对缩小，向山地退缩，最终形成了云南各族群大杂居、小聚居、汉夷杂处的分布态势。[①] 无疑，人口构成中不同民族此消彼长的变化对云南多族群社会的发展十分重要，但却不能因此就将云南民族格局变迁的原因完全归结为政治和人口压力下的“用夷变夏”和“用夏变夷”，也不应把南诏国、大理国地方政权的历史简单视作中华民族多元一体格局形成中必不可少的曲折与反复。元朝建立的云南行省之所以“其规模与内地各省不殊”，没有延续政教合一体制，也未因为阿吒力教国教地位的取消而发生严重的社会动乱，一个很重要的原因恰恰就是阿吒力教和南诏国、大理国的历史发展始终未能脱离中国文化体系。[②]

（一）汉字的使用

南诏国、大理国并未形成自己独特的文字，从文书、国号、年号到阿吒力教经卷都是用汉字书写，可能是源自南诏国时期的“白文”同样需要用汉字记音。[③] 在南诏立国之前的两爨碑——《爨宝子碑》和《爨龙颜碑》——不仅均为汉文书写，而且与内地碑刻一样多用别体字、假借字；上面记载的人物姓名其形式也都与汉地相同。爨龙颜的头衔之一是“护镇蛮校尉”，其统治地位的最终确立就是在为中央政府镇压南中地区少数民族的过程中才完成的，“岁在壬申，百六遘衅，州土扰乱，东西二境，凶竖狼暴，缅戎寇场。君收合精锐五千之众，身伉矢石，扑碎千计，肃清边隅”。而两碑对墓主的评价也深受儒、道文化的影响，《爨宝子碑》称爨宝子“君少禀瑰伟之质，长挺高邈之操，通旷清属，发自天然，冰洁简静，道兼行筆，淳粹之德，戎晋归仁”。《爨龙颜碑》赞颂爨龙颜“容貌玮丁时

① 王文光、翟国强：《西南民族的历史发展与中华民族多元一体格局关系述论》，《思想战线》2005 年第 2 期，第 29 ~ 35 页。

② 方国瑜主编《云南史料丛刊》第 2 卷，云南大学出版社，1998，第 480 ~ 481 页。

③ 现存《护国寺南钞》是极为珍贵的一件南诏国晚期的写经，用汉字书写、白文注疏，该经卷全长 26 米，高 30.8 厘米，在正文中有“内供奉僧崇圣寺主密宗教主赐紫沙门玄鉴集”的题识，落的时间是“安国圣治六年”，相当于唐昭宗乾宁元年（894 年）。参见龚友德《儒学与云南少数民族文化》，云南人民出版社，1993，第 106 页。

伦，贞操超于门友，温良冲挹……仁笃显于朝野，清名扇于遐迩”。这里所用的质、操、道、行、德、仁等都是融合了儒、道的魏晋玄学品评人物时常用的概念。两碑虽长短不一，却都同样词彩富丽、文笔凝练、流利畅达，体现了极高的汉语言文化修养，其碑刻书法也颇具神韵。《爨宝子碑》的碑文字体是从隶书向楷书过渡的书体，古拙浑厚，康有为称之为“正书古石第一”；《爨龙颜碑》则“下画如昆刀刻玉，但见浑美；布势如精工画人，各有意度，当为隶楷极则”。[①②] 南诏国建立之后至大理国时期刻立的《南诏德化碑》、《护法明公德运碑》以及《南诏图传》的文字卷、《张胜温画卷》中的题字也都是用汉字书写。南诏王寻阁劝和清平官赵叔达、杨奇肱等人还有律诗传世，被收入《全唐诗》等书。[③] 虽然印度密教与本主崇拜相融合的“密本合一”是阿吒力教的主要特征，但汉字的使用和流行决定了阿吒力教在南诏国、大理国的传播和盛行，同时也必然是在为实现云南与汉文化的策源地——中原王朝治下的中国内地——之间的一体化进行准备。

（二）汉文化民族关系建构模式的影响

从中华民族形成和发展的历史过程来看，汉族在中华民族多元一体格局形成的过程中起了凝聚核心的重要作用，它的前身华夏民族的形成就与神话人物“黄帝”成为华夏民族共同的英雄祖先密切相关。春秋战国时期，一方面是“中国”与“夷狄”的尊卑贵贱观念强烈，“夏夷之防”限域较严；另一方面，各诸侯国和东夷、南蛮、西戎、北狄等部族又在斗争与交往中逐渐发展共同性，不同地区之间的政治和文化交流、不同民族之间的相互融合十分活跃。种种复杂因素交相作用，不仅产生了华夷一统、“五方”配合、共为“天下”的整体观念，也促成了作为文化共同体的华夏民族意识的出现。[④] 为寻求凝聚华夏民族认同所必需的“共同起源信念”，战国末至汉初，许多居于华夏政治社会上层的历史书写者开始尝试在对族源神话的“历史性”记述或者在编撰中整合各部族的祖先帝王，企

---

① 张文勋主编《滇文化与民族审美》，云南大学出版社，1992，第126～138页。

② 王文光等：《中国西南民族关系史》，中国社会科学出版社，2005，第188页。

③ 张文勋主编《白族文学史》，云南人民出版社，1983，第162～166页。

④ 费孝通主编《中华民族多元一体格局》（修订本），中央民族大学出版社，2003，第102、218～226页。

图将华夏区域内——从黄河中、下游到长江中、下游——的各区域、各部族的祖先结合为一个整体。

在以“过去”来论释当时华夏这个“想象群体”的过程中，“图腾”说、世代演化说、五行说、“炎、黄为弟兄”说、古帝王征伐相代说、黄帝为四代帝王之共祖说等都曾作为可行的方案被提出，而随着秦统一六国和华夏政治一统的第一次实现，黄帝作为“唯一征服者、开创者与英雄祖先”则最终成为夏、商、周各代统治家族的共同血缘起点。西汉史官司马迁开创了中国正史的书写传统，在他所著的《史记》中，通过对既往有关黄帝叙述的选择、裁剪、编排，将“血缘”上的共祖、“政治”上的统治者、“空间”的征服者、“文化”的发明者等多种社会角色集中于黄帝一身，成功建构了一个关于华夏民族起源的共同性历史记忆。经过司马迁的重新整理，不但夏、商、周三代王室之祖源为黄帝被确定无疑，春秋战国时华夏诸国公室、王室都成为黄帝的后裔，就连春秋战国时期处于华夏政治地理边缘、其民多为“蛮夷戎狄”的吴、越、秦、楚诸国，其国君和统治家族也自称或被认为与黄帝有血缘联系。由于此“黄帝”历史记忆强化了华夏认同，合理化了华夏与戎狄蛮夷之间、华夏区域内统治者与被统治者之间的区分，符合并支持当时主流社会所界定的社会认同区分体系，能够适应在大一统的华夏帝国内建立统一社会秩序的现实需求，因此它被此后历代王朝的历史编修制度确立为模仿的典范，并在“被后世华夏不断地回忆、重述与再制（再组合与再诠释）”的过程中成为华夏民族关于自身族源的主流记忆。秦汉以降，借助华夏文字书写体系的强势中介，伴随华夏帝国的政治文化力量向帝国边缘的开拓和渗透，黄帝神话及其内蕴的华夏民族占据文明核心、其他蛮夷民族处于文明边缘（需要接受华夏民族“教化”）的民族关系建构模式也在华夏边缘地区逐渐开始传播，其文本和情节至少在它们的统治阶层与贵族社会中成为“广布而具相当权威性的社会记忆”①。

受上述“文明中心—边缘式”民族关系模式的影响，云南地区的统治阶层在族属来源上曾经长期认同华夏族。在本章第二节所述的碑铭之外，根据唐人所著《西洱河风土记》，大姓中自称是楚国庄蹻后裔的也不在少

---

① 王明珂：《英雄祖先与弟兄民族：根基历史的文本与情境》，中华书局，2012，第38~58、95页。

数，“其地有数十百部落，大者五六百户，小者二三百户。无大君长，有数十姓，以杨、李、赵、董为名家。各据山川，不相役属。自云其先本汉人。有城郭、村邑，弓矢矛铤。言语虽小讹舛，大略与中夏同。有文字，颇解阴阳历数。自夜郎、滇池以西，皆云庄蹻之余种也”。此处提到的杨、李、赵、董等“名家”都是在当地居于社会上层统治地位的大姓，他们在《新唐书》中被称为贵族。对这些大姓和名家来说，《史记》中楚庄王后裔庄蹻在滇地“变服从其俗以长之”的历史记忆为他们定居于蛮夷之地提供了合理化的解释，也鼓励他们宣称自己是庄蹻、楚王或其他华夏英雄祖先之后，以便使其统治者的身份显得正当、合法。[①] 而在南诏国、大理国以阿吒力教神化王权、宣扬王权神授，建构一个本土化的认同群体的过程中，“文明中心—边缘式”的民族建构关系模式则被直接套用。在《南诏图传》中，观音留下圣迹的地方都位于洱海周边地区，这里既是“佛国”中传承、弘扬佛法的中心、圣地，也是南诏国、大理国统治的核心区域。

尤其不应忽视的还有“中国”“四夷”等词语在大理国的运用。以刻立于12世纪中叶的《护法明公德运碑》为例，该碑是为赞颂大理国国相高量成而作的功德碑。高氏家族世代为大理权臣。高量成的曾祖高升泰曾夺段氏王位建立“大中国”，他的祖父高泰明又还政于段氏，其子孙又受封为“中国公”。碑文中有如下字句：“四夷八蛮，叛逆中国。……公于时领义兵……扫除熢燧，开拓乾坤，安州府于乱离之后，收遗民于虎口之残。……公在位九年，乃让位于其侄中国公。”据考证，此间所说的夷蛮叛乱应为大理国东部乌蛮三十七部所发动，而“中国”亦应指的是洱海附近的大理国中心腹地。[②] 南诏国由六诏整合而成，内部一直有地方割据势力的存在。大理国时期，分封制得到充分发展，王室直接统辖的区域可能也不会很大。南诏王室是乌蛮，大理王室是白蛮，而不管是在南诏国时期还是在大理国时期，它们的贵族和高官阶层则都主要由白蛮大姓组成。白蛮是汉族和土著的僰人等民族融合而成的民族，其文化具有明显的华夷融合特征。显然，《护法明公德运碑》中“中国”和夷、蛮的区分是受到汉文化中内中国而外夷狄之族群格局的影响，同时也彰显了大

① 王明珂：《英雄祖先与弟兄民族：根基历史的文本与情境》，中华书局，2012，第120～121页。

② 汪宁生：《云南考古》，云南人民出版社，1980，第168～169页。

理国统治阶层对自身文化积淀以及作为周边区域政治、经济、文化中心地位的强烈自信。

（三）特殊的“政教合一”体制

现代政治学的研究认为，作为宗教组织与国家政权之间关系的一种模式，以两者深度合作，存在实质性的官方宗教，依靠官方宗教进行意识形态控制等为特征的“政教合一”体制在实践中可以被分为“政教一体”和“以教代政”两种类型。前者指国家政权与宗教组织浑然一体，后者则包括官方宗教组织控制国家政权和官方宗教受国家政权控制且其组织是国家政权一部分等不同形式。南诏国、大理国时期，阿吒力教长期被统治集团奉为建国圣教，从国王、贵族到各级文武官员都是虔诚的教徒或本身就是僧侣，王室将自己统治的合法性来源系于观音对王室先祖的点化和国王本人对佛法的大力弘扬。以上述对“政教合一”的界定为依据，阿吒力教与南诏国、大理国政权的关系无疑是应该属于“政教合一”。虽然凭借现有的有限的文献资料，还不能准确地认定是属于政教一体型还是以教代政型。

在后世的许多学者看来，阿吒力教成为南诏国、大理国的国教、圣教都似乎是自然而然的事情。统治阶层利用民间流传的宗教信仰神化自己的统治，将其作为安邦定国的工具和手段，这样的事情在古代或者说前现代的各种文明类型、各个国家中多有出现。阿吒力教兴盛时，其庙宇遍布云南境内，人人诵佛经，户户养观音。在此基础上，南诏国、大理国政权将阿吒力教奉为维持、巩固自身统治所必需的国教、圣教并不会让人感到任何意外。印度密教传入南诏后，就与当地各民族的原始宗教相互融合、协调发展，从而逐渐根植于当地民族的社会生活和精神生活中，获得世俗群众的广泛信仰；[①] 阿吒力教自南诏以降及于元、明、清三代都是白族——其先民是南诏国、大理国主体族群之一的白蛮——全民信仰的宗教，以大理崇圣寺三塔为代表，包括大理弘圣寺塔、下关佛图寺塔、祥云水目寺塔、大理海东罗荃塔、洱源火焰山塔、丽江九禾白王塔、大姚白塔、昆明东寺塔和西寺塔、宜良法明寺塔等都是阿吒力教的重要遗

---

① 杨学政、韩军学、李荣昆：《云南境内的世界三大宗教》，云南人民出版社，1993，第11～12页。

存。[①] 诸如此类的说法广为流传，也为上述观点提供了可以相互印证的依据。

然而，如果细究南诏国、大理国遗留下来的绘画、碑铭、石刻和相关历史文献、考古发掘报告，就会发现，在南诏国、大理国的漫长历史中，阿吒力教应该并非在民间流行的唯一宗教信仰。汉传佛教与印度密教大约是在同一时期传入云南。大理崇圣寺三塔、昆明东寺塔和西寺塔等所谓阿吒力教的重要遗存在最初可能都属于汉传佛教禅宗的寺院，它们的造型结构与西安小雁塔大同小异，同为典型的唐代砖塔，明显是由来自中原内地的工匠设计建造；而崇圣寺三塔主塔出土的《无垢净光大陀罗尼经》亦说明汉传佛教密宗在南诏时期也有传播。[②] 至少是在南诏立国之初，其王室还信奉过天师道（道教的一个流派）。唐贞元十年（794 年），南诏国王异牟寻与唐西川节度使韦皋的巡官崔佐时到点苍山神祠前发誓、结盟，订立《云南诏蒙异牟寻与中国誓文》，"请天、地、水、三官、五岳、四渎及管川、谷诸神灵，同请降临。永为证据。……归附汉朝。……如令盟之后，发起二心，及与吐蕃私相会合或辄窥侵汉界内田地，即愿天地神共降灾罚，宗祠殄灭，部落不安，灾疾臻凑，人户流散……"该誓文中提到的三官和将一本誓文藏于神室、一本投入西洱河，一本由异牟寻留诏城内府库以贻诫子孙的处理手段就明显是来自天师道。[③] 实际上，正如《南诏图传》《张胜温画卷》和剑川石窟佛教造像等官方制造的意识形态"文本"中所显现的，阿吒力教在南诏国、大理国的发展始终受到印度文化、西域文化、吐蕃文化和汉文化等外来文化的影响——汉文化包括儒家学说、汉文经典系佛教（又称汉传佛教、汉地佛教）、道教等，它之所以能成为建国圣教，很重要的原因当然是神化王权的需要，另外，也是南诏国、大理国地处多种强势文化、多个强大政治势力的边缘和交汇地带，迫使统治阶层不得不为建构一个既融汇胡、梵、蕃、汉文化但又与胡、梵、蕃、汉有明显区别的认同群体而进行主动选择的结果。

还应该注意的是，阿吒力教虽然被南诏国、大理国尊为国教、圣教，但其与其他佛教派别、宗教和信仰体系的关系却不像一般所谓"政教合

---

① 李东红：《阿吒力教派与白族本主崇拜》，《思想战线》1999 年第 4 期，第 45～51 页。

② 杨学政、韩军学、李荣昆：《云南境内的世界三大宗教》，云南人民出版社，1993，第 24～29 页。

③ 傅永寿：《南诏佛教的历史民族学研究》，云南民族出版社，2003，第 29～30 页。

一”体制下表现出来的那样紧张——如欧洲中世纪宗教裁判所对“异端”的迫害，伊斯兰教在新疆传播时对佛教徒发动的从10世纪延续至16世纪长约600年的“圣战”。[①] 典型的如与南诏国、大理国政权相始终，儒家学说在云南上层社会的影响也持续存在，不仅高官、贵族要学习儒书，阿吒力教僧人——阿吒力教传播的主体——读儒家典籍者也不在少数，尽管在本质上，儒家学说和佛教对于社会秩序的主张是存在极大差别的。而从南诏国、大理国政治发展的实际状况来看，从南诏中期开始至大理国灭亡，权臣贵族把持朝政和国王被杀、被废黜的事情屡有发生，统治集团内部争夺的目标也是最高的政治权力而非谁或哪个派别有资格能对佛教教义做出权威性的解释。就此两点而言，南诏国、大理国的“政教合一”与中原王朝长期坚持的“政主教从”的传统可以说是有共通之处。在后者，宗教对社会生活所具有的意义和价值是由政治权力来加以修正、确认和保障的，它对国家政权具有强烈的依附性，要受到政治权力的利用和控制；只要不背离现实政治秩序，不与国家争夺对政治、经济资源的控制，国家政权对各种宗教的传播大都会持宽容态度。但也可能正是由于这个原因，才更加剧了王室权力的衰落。

将王室神佛化、以佛法传承作为社会秩序合法性的依据，这样的做法虽然容易被一般民众接受，却与儒家关注现世、对神佛存而不论的基本主张存在深刻的矛盾和冲突，也必然会削弱王室在上层社会的权威性，使其难以应对来自权臣、贵族等上层社会成员的质疑和挑战。中国唐、宋以降的“三教合一”思潮和“三教合一”发展的历史已然证明，就全面整合社会、赋予中央政府合法性而言，“只有儒教（儒家）可以完成这一历史任务，改变极端分散的状况”。适宜的文化格局应该是以儒家为主体的，佛教和道教则同处在依附和被支配的地位。[②] 在释、儒并存的情况下，“盖祷祝佛法庇荫摇摇欲坠之统治政权”的努力虽然可能取得成功，但其政权对社会的控制、协调能力一定不会太强，也难以消除四分五裂的割据局面和形成一体化的本土性认同。

---

① 厉声：《中国新疆历史与现状》，新疆人民出版社，2003，第104～105页。

② 任继愈：《从佛教到儒教：唐宋思潮的变迁》，任继愈：《任继愈自选集》，重庆出版社，2000，第240～247页。

（四）非国家化的货币

虽然货币的产生在根本上应该说是商品交换发展的必然结果，但选择何种物品充当实物货币以及在制造铸币、纸币的过程中使用哪一种金属材料或纸张，采用何种图案或文字却必定是由政治和文化因素所决定的。近代以来，作为社会整合的重要工具之一，凭借其承载的多种社会职能和符号象征价值——经济职能（面值）、政治职能（“国父”或者说民族始祖的肖像）、文化职能（标准化的、法定的一种或几种民族文字），货币对于实现民族国家内部经济、政治、文化一体化的意义逐渐被国内外民族学研究者和大众所熟知。但就中国传统社会而言，货币在社会整合过程中的作用机制和价值则还未受到充分的关注。

为了证明中国货币制度的紊乱和低效，产生不了理性化的财政，韦伯在其所著的《中国的宗教：儒教与道教》中曾谈及中国的货币制度，并提到直至1578年，云南作为一个产（铜）矿的省份却还在流通贝币；佛教和道教在中国受到迫害的原因之一是因为寺院艺术——造佛像、礼器等——会消耗大量的铜，因而将加重通货紧缺的危机。[①] 韦伯的观点不一定正确，但他在研究传统社会的宗教问题时注重通过货币这一关键节点来考察经济制度、政治制度、文化制度之间的关联的思路很值得借鉴。与南诏国、大理国同时期的辽、西夏、金等少数民族政权都发行过自己的标示有帝王年号的圆形方孔铸币，所用文字或是汉文，或是契丹文、西夏文。[②] 唯独南诏国、大理国虽然在文明程度上并不亚于辽、西夏和金，而且也使用年号，但从未发行过自己的铸币。之所以会产生这样的差异，其原因绝不会只在于经济上，还应该涉及南诏国、大理国是以佛法为政治合理性来源的“佛国”，其统治阶层一直试图以本土化的阿吒力教建构一个与胡、梵、蕃、汉有明显区别的认同群体（或者说民族、族裔、族群）。南诏国、大理国没有形成自己独特的文字，阿吒力教的神佛形象又不适合出现在铸币上，如用汉字发行圆形方孔年号钱，对于显示、巩固王室的合理性，彰显南诏国、大理国与中原王朝的区别并没有很大的积极意义。作为一种非

---

① 〔德〕韦伯：《中国的宗教：儒教与道教》，康乐、简惠美译，广西师范大学出版社，2004，第30～31、37页。

② （明）胡我琨：《钱通》，余全有译注，重庆出版社，2009，第351～362、383～390、400～409页。

国家化的货币，从适合经济流通的角度来讲，贝币较之政府垄断发行的铸币和纸币更容易实现物价水平的长期稳定，也更有信誉。云南贝币在元、明、清三代的长期流通已证实了这一点。然而，从有效整合凝聚共同体认同的需求与货币符号象征的制度文化意义这两者来说，贝币因为缺少与社会秩序的文化和制度关联，难以直接体现阿吒力教作为合法性依据的地位，可能导致社会权力支配体系与经济交换这一日常生活重要组成部分之间存在相当程度的分离，在实现社会内部整合中所发挥的作用也远不如圆形方孔年号钱那样明显。

第三章　儒家文化生产与汉族“凝聚核心”地位的合理化

在大型的复杂社会中，社会成员之间一定是会有等级的，这既是复杂社会的特质，也是社会分工发展和管理职能日趋独立及专业化的客观需要。但应该注意的是，在最直观的层面，“鄙俗的贪欲是文明时代从它存在的第一日起直至今日的起推动作用的灵魂；财富，财富，第三还是财富——不是社会的财富，而是这个微不足道的单个的个人的财富，这就是文明时代唯一的、具有决定意义的目的”①。全部的经济、政治资源（利益/权力）永远掌握在特定的少数家族、某些组织和团体手中，而别的人、其他组织和团体总是处于被压迫、被剥削、被奴役的悲惨境地，那样的社会是不可能实现持续繁荣和长治久安的。② 尽管等级的区分不可避免，但组成等级的人不是永远固定、不可改变的，即便是为了维持社会等级序列本身的存在，个人的社会地位也依然会发生上升或下降的变化，这个过程就是社会学中常说的社会流动。

当代社会学对社会流动性的研究表明：尽管组成社会的人千差万别，社会内部的分层和社会交往、社会关系也是真正的变化多端，但保持社会功能正常、社会结构稳定的最重要基础应该是不间断的、有序的社会流动。安德森曾以宗教共同体和王朝为例阐述了历史研究在探讨民族问题中的重要性。他认为，应该将民族主义和一些大的文化体系——而不是被有意识信奉的各种政治意识形态——联系在一起来加以理解，“这些先于民族主义出现的文化体系，在日后既孕育了民族

---

① 《家庭、私有制和国家的起源》，《马克思恩格斯选集》第4卷，人民出版社，1995，第177页。

② 中国古代有所谓“千年田有八百主”和“富不过三代”的说法，虽不无夸张，但也部分反映出社会流动存在的客观性和必要性。

主义，同时也变成民族主义形成的背景。只有将民族主义和这些文化体系联系在一起，才能真正理解民族主义”[①]。就中华民族多元一体格局的孕育而言，与改善个人的政治、经济地位（或者说政治权力和经济特权的再分配），促进社会有序流动，提高社会流动性有关的儒学教育和科举制度应该就是所谓“大的文化体系”的重要组成部分。元、明、清三代，除了元朝曾在短时间里强制推行过具有强烈民族歧视、民族压迫色彩的“四等人制度”以外，[②] 云南民族关系发展的总趋势乃是汉族成为云南的主体民族以及作为各民族多元一体格局的凝聚核心地位的确立与巩固。这一重大转变的发生并不只是官方倡导、推动其他少数民族融入汉族或者说“汉化”的结果，儒学教育的持续推广和以儒家学说为主要内容的科举制度的长期施行[③]在其合理化的过程中也都发挥了不可或缺的作用。[④]

第一节　主要生产方式和生产主体：云南儒学教育的发展

儒学是以儒家学说为主要教学内容的各级、各类官学和私学的统称。对儒家文化的传播来说——包括“大一统”和以文化区分华、夷的族群观念等在内，它无疑是最有效的中介和载体。在中国的帝制时代，儒家学说对于社会秩序建构起着至关重要的合理性来源的作用，它所扮演的角色可以用“治国之要，教化为先，教化之道，学校为本”来概括。[⑤] 南诏国、

① 〔美〕安德森：《想象的共同体——民族主义的起源与散布》，吴叡人译，上海人民出版社，2005，第 11 页。

② 第一等是蒙古人；第二等是色目人，即最早降服蒙古的西域诸国人；第三等是汉人，指黄河以北原金国统治地区的汉人、契丹人、女真人、高丽人等；第四等是南人，指黄河以南原南宋统治地区的汉族人及其他少数民族。这四种不同等级的人，在法律上的地位是不平等的，反映在刑事案件的处理中，便是对发生在各民族之间的犯罪行为进行同罪异罚。参见张晋藩主编《中国法制史》，高等教育出版社，2006，第 221 页。

③ 从公元 1253 年元灭大理国至清末废除科举制度，历时约 650 年。

④ 宋真宗《劝学诗》有云：“富家不用买良田，书中自有千钟粟。安房不用架高梁，书中自有黄金屋。娶妻莫恨无良媒，书中自有颜如玉。出门莫恨无人随，书中车马多如簇。男儿欲遂平生志，六经勤向窗前读。”参见刘海峰、李兵《中国科举史》，东方出版中心，2006，第 163 页。

⑤ 语出《明太祖实录》。参见展龙《元明之际士大夫政治生态研究》，人民出版社，2013，第 385 页。

大理国时期，虽然有兼读佛经和儒家典籍的所谓“释儒”阶层的存在，但阿吒力教作为建国圣教、统治阶层的合理性来源和本土化认同对象的特殊社会地位决定了当时云南文化生产的主要方式应该是宗教文化生产或者说阿吒力教信仰的传播，主体结构也只能是阿吒力僧为主。这一情况直到大理国灭亡，云南重新被纳入中原王朝的治下后才被根本改变，儒学教育逐渐成为文化生产的主要方式，其培养出的士人阶层则构成了文化生产的最重要主体。

回溯中国教育史，在西周到春秋中叶之前，由政府主办，为贵族阶层垄断的官学是最主要的教育组织形式，包括设在王都的国学（小学、大学）和设在地方行政区的地方学校（乡校、州序、党庠、家塾等）的各级官学以“学在官府”“学术官守”、官师合一为特征，其教育内容是“六艺”，教育对象主要是各级贵族子弟，也包括部分平民。春秋中叶之后，官学衰落，以教师为中心，向平民全面开放的各类私学开始兴起，原来被贵族垄断的文化学术向社会下层扩散，形成了文化下移的趋势，而各家学说通过私学教育的传播也为“百家争鸣”的出现奠定了广泛的社会基础。西汉元朔五年（前 124 年），作为“独尊儒术”政策的重要体现，汉武帝采纳董仲舒的建议在都城设立中央官学——太学，以专门向从各地招收来的优秀人才教授儒家典籍——“太学生”的选拔标准是“好文学，敬长上，肃政教，顺乡里，出入不悖”，并不区分贵族和平民子弟。[①] 从此开始，直至清末，儒学教育及其教授的儒家学说始终占据着中国社会中教育和意识形态的主流和正统。唐高祖武德二年（619 年）诏令“国学各立周公庙、孔子庙一所，四时致祭”，在制度上开创了“庙学合一”（庙中有学，学中有庙）的先河。贞观四年（1630 年），又“诏州县学皆作孔子庙”。从那时开始，各州县多于学宫旁建立孔庙，旨在传播孔孟之道的“庙学合一”遂成定制，历代相袭。[②]“独尊儒术”式儒学教育的实质是文化专制，势必会压抑多元文化的发展，但是，就教育对象由贵族、官僚子弟扩大到平民子弟和由政府主办、倡导、支持，在州、郡、府、县乃至乡间兴办学校而言，它也必然会促进文化在各地区、各阶层的流动、传播和扩散。

---

① 孙培青：《中国教育史》，华东师范大学出版社，2000，第 17～29、103～109 页。

② 《历史上孔庙的称谓和类型》，《南方文物》2002 年第 4 期，第 5～9 页。

（一）儒家文化在汉、唐和南诏国、大理国时期的传播

两汉时期在云南设置有郡县，在汉族移民集中的益州郡和朱提郡应该也有作为地方官学的儒学，但相关资料不足，较为准确的只有《后汉书·南夷西南夷列传》中的记载，“肃宗元和（84～86年）中，蜀郡王阜为益州郡太守，政化优异……始兴起学校，渐迁其俗”。南诏国、大理国时期，儒家文化在云南传播的情形则有较多记载。①

《南诏德化碑》中有“阐三教，宾四门”，有学者考证，“三教”应为儒家的施教内容，汉徐干《中论·治学》中有“先王立教官，掌教国子。被以六德，曰智、仁、圣、义、中、和。教以六行，曰孝、友、睦、姻、任、恤。教以六艺，曰礼、乐、射、御、书、数。三教备而人道毕矣”；“四门”为南诏设立的儒学，隋唐时中央国子监设立有国子学、太学、四门学，用“四门”是为了与“三教”对仗。②《旧唐书·南诏传》记载：“郑回者，本相州人。天宝中，举明经，授嶲州西泸县令。嶲州陷，为所虏。阁罗凤以回有儒学，更名曰蛮利，甚爱重之。命教凤迦异。及异牟寻立，又令教其子寻梦凑。回久为蛮师，凡授学，虽牟寻、梦凑，回得箠挞，故牟寻以下皆严惮之。”南诏王异牟寻在《与韦皋书》中也说：“人知礼乐，本唐风化。”与唐和好后，唐将韦皋在成都办了一所学校，专供南诏大臣子弟留学，前后五十年，培养了上千人。③范摅《云溪友议》卷三记载：“西州韦相公皋……镇蜀近二纪，云南诸蕃部落，悉遣儒生教其礼乐。”《孙樵集》卷三《书田将军旁事》中有：“自南康公凿青溪谷以和群蛮，俾由蜀而贡，又择群蛮子弟聚于锦城，使习书算，业就辄去，复以他继。”高骈《回云南牒》也记载：“且云南顷者求合六诏，并为一蕃，与开道涂，得接邛、蜀。许赐书而习读，遽降使而交欢，礼待情深，招延意厚；传周公之礼乐，习孔子之诗书。片善既知，大恩合报。”④

元代初年，郭松年所著《大理行记》中有“师僧有妻子，然往往读儒书，段氏而上有国家者，设科选士，皆出此辈”的描述，其中的“师僧”

---

① 刘小兵：《滇文化史》，云南人民出版社，1991，第115～116页。

② 刘小兵：《滇文化史》，云南人民出版社，1991，第157～158页。

③ 张文勋主编《白族文学史》，云南人民出版社，1983，第71、159、162页。

④ 李晓斌：《历史上云南文化交流现象研究》，博士学位论文，云南大学，2002，第59页。

又称“儒释”或“释儒”，即是指兼读儒家典籍的阿吒力教僧侣。有学者认为“师僧”和科举的出现说明儒家文化在大理国后期已经超出贵族阶层的范围普及到民间——虽然缺少具体史料的佐证。[1] 综合南诏、大理的内政长期由拥有世袭领地的封建领主或者说血缘贵族，如郑、赵、杨、段、高等白蛮大姓把持的史实，以及作为建国圣教的阿吒力教的高僧也多出自白蛮贵族阶层，不是白蛮大姓就很难得到其他阿吒力僧人的认同。据立于元代元统二年（1334 年）的《故正直恭谦和尚墓碑铭并叙》记载，南诏王皮罗阁之子蒙阁皮剃度为阿吒力教僧人时，即改为李姓，被赐号为“师僧上首李畔富和尚”，还有阿吒力教特殊的父子传承或以家族血缘关系为基础的传承方式——如北汤天董氏家族的族谱即记载了四十多代阿吒力僧的世系[2]，可以得出结论：总体上，儒家文化在南诏、大理时期的主要传播范围似乎并不应该能突破大姓、贵族的界限，而是会类似于魏晋南北朝时期的世家大族、门阀对文学和知识的垄断，囿于上层统治集团的狭小圈子。

（二）儒学始兴的元代

根据元代初期文献的记载，大理国人虽然通汉文、读儒书，但其最为推重的文人不是主张“有教无类”式平民教育的孔子、孟子，而是出身于东晋顶级门阀的王羲之。如李京《云南志略》中有“云南尊王羲之，不知尊孔孟。我朝收附后，分置省府，诏所在立文庙，蛮目为汉佛”；《元史·张立道传》中也记载，“先是，云南未知尊孔子，祀王逸少为先师。立道首建孔子庙，置学舍，劝士人子弟以学，择蜀士之贤者，迎以为弟子师，岁时诸生行释菜礼，人习礼让，风俗稍变矣”。[3] 元代，云南始设行省。为有效管理少数民族地区，妥善处理民族关系，元朝还在云南创设了特殊的军政合一机构——宣慰司，如曲靖等路宣慰司、罗罗蒙庆等处宣慰司、临安广西元江等处宣慰司、乌撒乌蒙宣慰司、大理金齿等处宣慰司等。宣慰司介于行省与郡县之间，遇“有边陲军旅之事，则兼都元帅府”。宣慰司主要由流官主管，也“参用其土人为之”，以后在西南其他地区也有设置。行省、宣慰司的设置和土司制度的实行把前代不能有效统治的少数民族纳

---

① 刘小兵：《滇文化史》，云南人民出版社，1991，第 195 页。
② 傅永寿：《南诏佛教的历史民族学研究》，云南民族出版社，2003，第 87、110～112 页。
③ 刘小兵：《滇文化史》，云南人民出版社，1991，第 229～230 页。

入了统一的多民族国家，使中央对西南边疆各民族的统治大大加强。① 而从元代开始，在中原内地早已广泛实行的儒学教育也开始在云南被逐渐推广开来。

赛典赤是云南行省初建时的云南平章政事。根据《赛平章德政碑》记载：赛典赤认为，“国家政事、典则纪纲、法度、军旅、行措之事，未尝不自文学而始”。设立学校之后，“礼乐纲常、夷伦风教、君臣、父子、夫妇、长幼、朋友之目”便皆“可举而行”。在赛典赤主政云南期间，云南中庆、大理两路设置了（儒学）提举，“令王荣午、赵子元充其职，中庆首建文庙，岁祀于春秋二丁，仍收置儒籍，使南方之人，举知风化”。至正十九年（1359 年），元朝廷又下令在云南行省辖下的各路都建设儒学。此后，在大理、临安、安宁、仁德、永昌、丽江、鹤庆、姚安、威楚、曲靖等地，都相继建起了儒学，并都备有学田以供养师生。云南各儒学的建筑宏大严整，管理也十分规范。以中庆路儒学为例，共有房屋53 间，包括供奉孔子和孟子等人塑像的大成殿、盛放皇帝书翰的宸章阁、讲堂、斋舍等，可容纳生员 150 人就学；生员入学，要于二月的丁亥日，会集宾客及官员，于大成殿行释菜礼；平时，师生集于讲堂讲授儒家经典；每月朔望初八日和二十三日，师生集于大成殿祭祀孔孟。延祐年间，李源道来到云南，对云南儒学给予高度评价，“冠服礼乐，井井有章，不竟殊方见此缛典”。在官方的大力倡导下，土司自办的私学也开始出现，如姚州路总管高明就声言：“吾以远方之俗，求自列于中国之懿果道乎？亦惟曰：渐被声教而已。”于是，他“近聘荆、益、关、陕之士，以为民师；远购洙、泗、濂、洛之书，以为民学”。②

（三）明代儒学教育的推广与士人阶层的形成

元代，云南建立的儒学主要是路学、州学，设学地域集中在中庆、临安、楚雄、大理等较发达地区，能够接受儒学教育并学有所成的人在社会上仍不算多，据明代天启年间编撰的《滇志·学校志》记载，“今考旧志，终元之世，所载科甲之选，仅仅五人焉”。明朝建立，尤其是“改土归

① 王文光、翟国强：《西南民族的历史发展与中华民族多元一体格局关系述论》，《思想战线》2005 年第 2 期，第 29 ~ 35 页。

② 刘小兵：《滇文化史》，云南人民出版社，1991，第 229 ~ 234 页。

流”[①]之后，儒学才逐渐在云南城乡被广泛设立。明军平定云南后，明太祖首先恢复了因元末战乱而荒废的云南府学。周叙在《进士题名记》中说：“洪武十有五年，始建置学校，选学官以教之。”次年，恢复临安府儒学；十九年（1386年）重建楚雄府儒学。到洪武末年，元代所建的11所儒学大部分得到恢复。以后，明朝在云南各府、州、县相继建立了儒学。作为地方正规官学，府、州、县、卫学都是明朝在云南所设流官体制的配套机构，凡流官统治的府、州、县一般都必须配设官学；部分不设流官的土府、土州，因卫军进驻较多，中央王朝配设卫学。府、州、县学和卫学作为官方儒学机构，实行规范化的建制和管理制度，由朝廷批准设置，统一委派学官和教师，朝廷颁赐学田，以其地租作为教师薪俸和补助学生的费用。[②]

至景泰年间（1450～1456年），已有云南（府治、县治同在今昆明）、澄江、曲靖、临安、金齿军民指挥使司、楚雄、姚安、大理、蒙化、鹤庆等府一级儒学10个；建水、宁州、镇南、南安、北胜、赵州、剑川、楚雄、太和、云南、浪穹等州县儒学11个及景东卫学。此时，云南流官统治地区基本设学，而土司辖下的土府、土州一经改流，也都会立即设立儒学，如弘治初年，广西府（今泸西）改流，“学与俱开”。未改流的土府，有的儒学已先期设立，如寻甸府改流在嘉靖年间（1522～1566年），儒学则在正德时率先设置。永乐十六年（1418年），应丽江军民府检校庞文都的奏请，在明代始终不曾改流的丽江地区也设立了儒学，“本府宝山、巨津、通安、兰州四州，归化日久，请建学校，从之”。到天启年间（1621～1627年），明朝官府所设正规府、州、县、卫官学几乎遍布全省各设府地区。云南20个府，除了广南、永宁、丽江无府学外，其他17府均设府学，还有直属布政司的北胜州也设学；各府之下，有州、县学45所；此外，陆凉卫、平彝卫分置卫学。正如天启《滇志·学校志》序所说：“本朝列圣，喜意文教，庙学之盛，六十有余，士出其门者斌斌焉。”[③]

---

① 改土归流又称土司改流、废土改流，是指废黜统治少数民族的世袭土司，改为由中央政府派任流官。

② 陆韧：《变迁与交融——明代云南汉族移民研究》，博士学位论文，云南大学，1999，第289～291页。

③ 陆韧：《变迁与交融——明代云南汉族移民研究》，博士学位论文，云南大学，1999，第289～291页。

正规官学在云南广泛建立，吸纳了大量的云南子弟就学读书。根据天启元年（1621 年）的统计，云南“试稽游泮，至一万二千余人，则家舷户诵可想已”。云南子弟向学蔚然成风，府州县儒学远远不能满足需要——府、州、县、卫官学每年新招生员额数均有严格限制，府学 40 员，州、县学依次递减 10 员，卫学在 40 员至 80 员不等。地方官员不得不上疏请求增加科第录取名额，也使一些早在中原内地兴起的民办教育机构开始在云南出现和普及开来。书院是兴起于唐宋之际的具有私家自由讲学特点的教育组织和学术研究机构。明初，书院受官府控制甚严，几乎等于官学教育机构，但不像地方官学那样有严格的地域和生员额数限制。明代中期，云南书院在由各地方官府主创，并拨给学田支持的情况下逐渐兴盛起来。弘治十一年（1498 年），浪穹知县蔡肖杰在县北建立龙华书院，这是明代云南最早建立的书院。自此以后，大理、云南、澄江、楚雄、临安、曲靖等各府州县陆续建起了大批书院，到天启年间（1621 ~1627 年），书院在云南全省已经发展到 56 所。而随着科举制度的推行，书院针对科举应试开展应试教育的功能渐被凸显，其声誉和社会地位甚至超出了官办的府、州、县学，如云南府五华书院本是“先年中丞御史台、藩皋大夫、郡伯庶尹，相率博士弟子以时讲业之所”，后来“每遇都试之岁，并取阖省诸生上等者，选委府佐教官，督课评骘”。[①] 社学是古代设在县以下乡镇进行启蒙教育的基层学校。社学兴起于明代，据《续文献通考》记载：“洪武八年正月，诏天下立社学，而乡社之民未睹教化，有司其更置社学，延师儒以教民间子弟，导民善俗。”云南社学自成化年间（1465 ~1487 年）开始建立，以后在各府州县普遍推广，尤其于社会经济文化比较发达的云南府、大理府、临安府、姚安府、鹤庆府建立最多。云南府昆明县设社学 31 所，遍布全县各坊、各里；姚安府社学 28 所，分布于城南关、牟定邑等处；鹤庆府建社学 36 所，分别置于甸头、甸尾、中路、东路、西路等坝区和交通要道上。据天启《滇志・学校志》的不完全统计，明代云南全省设社学 165 所，且大理府“社学，城内外皆有”，并未被计算在内。[②]

明代儒学教育的兴起，奠定了云南士人（知识分子）阶层发展的基础。

---

① 陆韧：《变迁与交融——明代云南汉族移民研究》，博士学位论文，云南大学，1999，第 291 ~293 页。

② 陆韧：《变迁与交融——明代云南汉族移民研究》，博士学位论文，云南大学，1999，第 293 页。

在孔子“有教无类”的思想指导下，儒学教育逐渐成为云南各族普通民众也有权利接受的大众教育。明初儒学本是为了“用夏变夷”、化导边民而设，故主要招收当时土官、土民子弟；景泰元年（1450 年）后，扩大到所有定居云南的居民，从而使大量移民子弟入也能入学接受教育。修习儒学的学生中，虽然绝大多数人都会与科举入仕无缘，但他们通过儒学教育获得知识、“渐染华风”后，或归隐山林，以诗文学术自立；或于乡里开塾授学，化导民俗；或入衙门，为执笔文吏，对于促进云南各民族的融合，推动地方文化的发展和社会进步也都发挥了令人瞩目的积极作用。景泰《云南图经志书》中明确提到“士”的府仅有云南府、大理府、姚安府、金齿军民指挥使司，它们都是元代曾经设学和历史上文化发达的地区，其他各府则无“士”之类特殊阶层的专门记载。而在万历《云南通志》和天启《滇志》中，士风在论及各府州县风俗时已经是不能回避的重要科目：云南府“士大夫多才能，尚节义”；大理府“俗本于汉，多士类……科第显盛，士尚气节”；临安府“士秀而文，崇尚气节”；永昌府“士知向学，科第相仍”；楚雄府“土壤肥饶，士人务学”；曲靖府“士风渐盛，科第人才，后先相望”；澄江府“士知向学，科目不乏”；蒙化府“士人冠婚皆用家礼，民间相尚以朴质”；鹤庆府“文化工兴，科第不乏”；姚安府“建学以来，气习渐迁，士人务文，科第日起”；广西府“士知向学，民勤耕织，风化渐行，殊异夙昔”；寻甸府“置流建学以来，其俗渐改，人文可睹”；武定府“近建学校之后，旧习渐迁。俗尚朴鲁，士民勤业”；景东府“今渐习书史”；北胜州“置卫建学后，境土不惊，人文渐盛”。这足以证明明代中后期，士绅阶层在云南置府建学的广大地区已初具规模，并开始在社会秩序建构方面——或者说以儒家学说规训、指导日常社会生活——发挥越来越重要的作用。[①]

洪武十五年（1382 年）二月，明太祖对普定军民府（治所在今贵州省安顺市，当时归云南行中书省管辖）知府者额说：“今尔既还，当谕诸酋长，凡有子弟皆令入国学授业，使知君臣父子之道，礼乐教化之事，他日学成而归，可以变其土俗同于中国，岂不美哉！”[②] 在儒学教育的推动下，至明末，云南各地土司家族中博读诗书、忠君爱国、讲求“士大夫”

---

① 陆韧：《变迁与交融——明代云南汉族移民研究》，博士学位论文，云南大学，1999，第 291～299 页。

② 语出《明太祖实录》。参见展龙《元明之际士大夫政治生态研究》，人民出版社，2013，第 389 页。

气节者也已不乏其人。姚州土司高乃裕著有《焚馀集》四卷，所作多首七绝和五言律诗被收入《姚安县志》，其孙辈曾追随明永历帝辗转于云南、缅甸。宁州土司禄洪于明末曾应朝廷诏令进京勤王，在密云一带驻守三年，一生所作诗篇收入《北征集》中，表达了其一心报国、为国分忧的壮烈情怀，如《入卫》：“虎符承世泽，羽檄翊勤王。独有寸心在，恨无双翼张。乡随关塞远，愁逐道途长。誓斩单于颈，归来庆画堂。”①

（四）清代的义学和土民学塾

清朝中期大规模改土归流之后，在派流官、加强军事布防的同时，中央政府对边疆民族地区的教育政策也做出了调整，除了继续兴办地方官学和书院以外，还开始在少数民族聚居区广泛兴办夷番义学。义学是和书院、私塾同时存在的教育组织机构。义学一般设在乡村，规模较小、分布较广，其任务重在“识字明理”“开化夷人”，教学内容以“训以官音，教以礼仪，学为文字”为主，“非必令农民子弟人人考取科第也”。由于性质上是属于启蒙教育，故义学对办学的条件、教师的素质要求相对较低，待遇也比较低，这也就使许多少数民族的平民子弟能够负担起学习的费用。②

雍正三年（1725 年），清政府议准在威远等地建立义学，“先令熟番子弟来学，日与汉童相处，宣讲圣谕广训，俟熟习后，再令诵习诗书”。为鼓励合格塾师到义学任教和教授少数民族子弟儒学，还规定了科举考试方面的如下优惠措施：“以六年为期，如果教导有成，塾师准作贡生。三年无成，该生发还，别择文行兼优之士。应需经书日用，该督抚照例办给。俟熟番学业有成，令往教诲生番子弟，再俟熟习通晓之后，准其报名应试。”曾任云南布政使的陈宏谋在《查建义学檄》中着重指出：“滇南越在遐荒，夷多汉少，土田硗瘠，居民穷苦，多有俊秀子弟，苦于无力延师。又夷俗不事诗书，罔知礼法，急当诱掖奖励，俾其向学亲师，熏陶渐染，以化其鄙野强悍之习。是义学所设，文化风俗所系，在滇省尤为重要也……但查各属从前义学，或止为成才而设，而蒙童小子未能广行教读；或止设在城市，便附近汉人子弟，而乡村夷倮，未能多设义学。夫蒙养为圣功之始，则教小子尤急于教成人；兴学为变俗之方，则教夷人尤切于教

---

① 李力：《彝族文学史》，四川民族出版社，1994，第 459 ~ 467 页。

② 余文兵：《帝国深入西南边地——清中期中央政府对滇缅边区的治理》，博士学位论文，中央民族大学，2011，第 110 页。

汉户。今欲成人、小子、汉人、夷人，不以家贫而废学，不以地僻而无师，非多设义学不可。……”乾隆三年（1738年），陈宏谋向云南全省发出《查建义学第二檄》，同时还拟定了《义学条规》上奏朝廷批准颁行。该条规在教师选调、教材选用、学生奖励、经费保障等方面做了具体规定。在积极督促、实施义学条规之外，陈宏谋还从布政使养廉费中为包括傣族地区的各地义学自捐白银1252两。在他的积极倡导和努力之下，云南各地遍设义学。在滇缅边区，景东直隶厅设义学17馆，腾越厅设义学21馆，威远厅设义学14馆；从未设过义学的顺宁（凤庆县）、云州（云县）、缅宁厅（临沧县）也开始设立义学，先后设立过20多馆。义学的设立，突破了数百年来围绕科举办学的窠臼，明确了国家在民族地区举办的义学不以培养登科入仕的后备官员为唯一目标，而是要让各民族子弟识字明理，提高各民族的汉文化水平和整个社会的文明程度。作为教育普及化和平民化的重要表现，义学对于在少数民族地区推广汉文化，提高边疆地区人口素质、增强边民对中央王朝的向心力等方面都发挥了积极的作用。[①]

直到清末因学制改革淡出历史舞台，义学始终在中央政府的边疆治理中扮演着关键的角色，成为清朝政府进行边疆控制、边疆民族教化和加强边疆与内地一体化进程的重要举措。清末，废除科举之后，在云南开始兴办以招收少数民族学生为主的、新式的“土民学塾”，其教学内容已不限于儒家学说，但其办学宗旨仍是与义学一脉相承。正如时任总理永（昌）顺（宁）普（洱）镇（边厅）沿边学务中书科中书的李日垓所说，在边境傣族等少数民族地区办学校不能同内地一样以“养成国民、造就人才”为目的，而是要在边疆少数民族中培育国家意识、树立国家观念，“教化渐濡，既隐清其犷悍不训之风，又长养其营生之智识，而竖其归依爱戴之心”。在李日垓看来，土民学塾的最直接作用是巩固国防——其经费实际也的确来自国防开支，“以一月之兵饷，养学生两名，己欣欣然有喜色，以一营之常款，办学堂一所，更绰绰有余裕。将来办理有效，学堂即有纪律之防营，学生即有节制之精兵，不唯使土民同化，又足以巩固国防”，但也不能对其成效要求过高，而应“持之以久，运之以诚，得尺则尺，得寸则寸，忽亡羊歧路，勿揠苗助长”[②]。

① 余文兵：《帝国深入西南边地——清中期中央政府对滇缅边区的治理》，博士学位论文，中央民族大学，2011，第109~112页。

② 程印学：《清朝经营傣族研究》，博士学位论文，中央民族大学，2005，第98~100页。

第二节 制度文化的再生产：科举制度在云南的推行

作为中国传统政治制度的重要组成部分和社会流动的主要动力来源，科举制度在中国漫长的皇权社会中不但承担了扩大儒家文化传播、增强儒家文化影响——或者说儒家文化的扩大再生产——的重要职能，同时也是实现文化资本、经济资本、社会资本之间相互转化、循环不息的关键性场域。而就科举考试周期性、规律性的举行来说，其本身也可以说是一种制度文化的不断再生产。

在从唐至清的中国传统社会中，通过科举考试获得的“科名”① 不仅代表了被朝廷授官的资格，也与免役的经济特权密切相关。《新唐书·食货志》明确记载：除宗室贵族和官僚以外，“国子、太学、四门学生、俊士……皆免课役”。② 此举标志着科名开始正式进入免役权资格的评价体系，确立了免役权主体中贵族、官僚以及有科名的儒生“三分天下”的基本格局，至清朝覆灭，这一基本格局未再有根本的变动。免役不仅是经济上的优惠，更是社会地位和身份的象征，同时也从制度上确保了士大夫哪怕现在是无官无品，他们的生活也要比普通人优裕许多。③ 通过科举制度，文化的生产、再生产与经济系统、政治系统的有序运行、循环流动实现了捆绑或联合，这对于延续皇权体制、保持社会秩序稳定——避免频繁发生改朝换代式的革命——的好处是显而易见的。④

历史上，朝鲜、日本、越南等国都曾模仿中国的科举制度在本国开科

---

① 科名既是科举考试的类别，又是通过科举考试者所获不同级别“学位”的统称。科名在唐、宋时期主要指进士或明经，明清则包括通过会试的进士、通过乡试的举人和通过院试的秀才。

② 郑学檬主编《中国赋役制度史》，上海人民出版社，2000，第 257 ~259 页。

③ 生活在明末清初的顾炎武甚至认为，获得免役的经济特权已经成为当时士人“读书、科考”最主要的目的之一，“故今之愿为生员者，非必慕其功名也，保身家而已。以十分之七计，而保身家之生员，殆有三十五万人。此与设科之初意悖，而非国家之益也”。参见刘海峰《科举学导论》，华中师范大学出版社，2005，第 140 页。

④ 正如毛泽东在《中国社会各阶级的分析》中所说：革命者最接近的朋友之一是小资产阶级，它的左派和中派的特征是“虽不妄想发大财，却总想爬上中产阶级地位（主要是指不同于大地主阶级和大买办阶级的民族资产阶级）”或者“他们也想发财，但赵公元帅总不让他们发财”，而无产阶级之所以最具革命性的主要原因则是经济地位低下，“他们失了生产手段，剩下两手，绝了发财的望”。参见毛泽东《中国社会各阶级的分析》，载《毛泽东选集》第 1 卷，人民出版社，1991，第 5、8 页。

取士。可以这样说，在近代以前的东亚世界，所谓“科举文化圈”在相当长的时间里都是实体性的存在。各国虽然语言不同、风俗各异，但通过学习儒家典籍、诗赋唱和、共同应试，对以儒家文化为主体的汉文化的认同自然在这些国家得以传播，并由此促进了“东亚儒家文化共同体”的形成以及中国作为东亚世界文明中心地位的确立。中原王朝很早就注意到科举制度对于在周边国家培养对汉文化的认同或者说文化追随者、仰慕者的重要意义。唐、宋时，许多国家派遣留学生到中国学习，学成后可与中国士子一起参加科举考试。为照顾这些异邦人士，朝廷在进士录取时会特别为他们留出少量名额，称“宾贡进士”。唐朝进士张蠙《送友人及第东归新罗》诗中有“作贡诸蕃别，登科几国同”的句子，即是对当时各国士人共同参加中国科举考试盛况的生动描绘。[①] 元、明、清三朝，中央政府则十分重视科举制度在弥合帝国内部的民族差异、强化对既有统治的合理性认同、巩固“大一统”政治格局方面的作用。

（一）科举肇端的元代

元仁宗皇庆二年（1313 年），元朝皇帝正式下诏恢复科举。根据《元史·选举志》的记载，元代参加乡试的有 11 个省，云南是其中之一。元代实行“四等人制”，每次会试录取 100 人，蒙古、色目、汉人、南人各占 25 名，云南可分配到蒙古人 1 名，色目、汉人各 2 名，无南人名额——因元朝征服云南是在灭南宋之前，所以云南的土著居民在参加会试时与黄河以北原金国统治地区的汉人、契丹人、女真人、高丽人等一样都被列入汉人。不过，元仁宗在位期间，云南并无人参加会试。仁宗延祐六年（1319 年），李源道在《创建文昌祠记》中说：“国家设科取士，滇之名额二人，版籍无秀民，无一人出应者。”元仁宗以后，云南才开始有人参加会试，但终元之世，也只有五人被取中。[②]

（二）明代云南科举的繁盛

云南很少有人参加科举考试的情形到明代才有了根本的改变。明洪武二十二年（1389 年），朝廷首次命云南选贡赴应天府乡试。然而此时，云

① 刘海峰：《科举学导论》，华中师范大学出版社，2005，第 364～379 页。

② 刘小兵：《滇文化史》，云南人民出版社，1991，第 233 页。

南战乱初定，设学不久，竟无人应试。洪武二十六年（1393 年），云南再选贡赴应天府乡试，当年中举者有昆明人李忠、杨崇，李忠又进士及第，首开了明代云南子弟在全国性的科举考试中进士及第的先河。此后，云南士子到应天府应试、参加科举人数与日俱增，中举者逐渐增多。永乐九年（1411 年），云南布政使司开始举行乡试，当年就有洪诚等二十八人中举，洪诚、杨春又进士及第。[①]

随着云南儒学教育的发展和士子数量的迅速增加，朝廷也不得不逐渐增加给云南的乡试举额：永乐十年（1412 年），朝廷在云南独立初设乡试时有 10 个名额；宣德四年（1429 年），令云南乡试增 5 名；景泰四年（1453 年），令云南举额增 10 名；成化十年（1473 年）令云南举额复增 5 名；嘉靖十四年（1535 年），定云南举额 40 名，与内地省份的举额大体持平；万历元年（1573 年），再增云南举额 5 名，随后又加 2 名，成为定制。云南乡试举额从 10 名，增加到 47 名，仍然不能满足士子参见科举的需要。天启年间（1621 ~ 1627 年），云南府中举者已有 697 人，大理府 475 人，临安府 477 人，楚雄府 88 人，曲靖府 86 人，鹤庆府 234 人，澄江府 91 人，蒙化府 71 人，姚安府 26 人，改流和设学较晚的武定府、寻甸府有 6 人和 4 人，未改流的元江府也有 17 人中举。整个明代，云南全省共中举人 2206 人，进士及第 216 人。“士子中举，投身仕宦，在云南士人阶层中又造就了一个通过儒学教育获得知识，依靠科举考试登进入仕的知识分子仕宦阶层”，他们已经跻身于统治阶级行列，是具有更高政治地位、经济地位的社会群体。[②]

明朝在科举制度上对边疆少数民族有特殊政策。府、州、县学均有规定的学生员额，通过院试者方可列入，正式名称为生员，又称秀才，是科举考试的初级“学位”。为避免内地考生到边疆地区冒籍应考，挤占少数民族应得的指标，《明会典》记载：万历四年（1576 年），题准广西、云南、四川等处，凡改土为流的州县及土官地方建有学校者，“令提学官严加查试，果系土著之人，方准免考附学，不许各处士民，冒籍滥入”。国子监为设在京城的中央官学，入监读书的监生即使没有进入府、州、县学

① 陆韧：《变迁与交融——明代云南汉族移民研究》，博士学位论文，云南大学，1999，第 295 ~ 296 页。

② 陆韧：《变迁与交融——明代云南汉族移民研究》，博士学位论文，云南大学，1999，第 296 ~ 297 页。

也可参加乡试。根据《续文献通考》的记载，国子监也特别招收云南少数民族子弟入学：洪武二十一年（1388 年），“云南啰啰土官遣二子入监读书”；洪武二十二年（1389 年），“西南诸夷乌蒙、芒部（都是彝族）各土官，皆遣子入监”；洪武二十三年（1390 年）五月，“西南夷土官遣子入学”；洪武二十五年（1392 年），云南等处土官，“时遣子弟民生入监者甚众”；永乐二年（1404 年），“云南土官生张文礼等入监者二十八人”[①]。

（三）清代对少数民族参加科举的优待和照顾

进入清代，由满族建立的朝廷对通过科举制度选拔、任用各少数民族中的优秀人才则进一步制定了许多操作性更强的政策措施。在南方少数民族地区广泛建立各类教育机构的同时，清政府明令土司和土民子弟与汉民一视同仁，都可参加科举应试，并规定了少数民族生童的学额、考额——特定少数民族考生录取的名额，称为学额；在地区的乡试中，特定少数民族中举的名额，称为考额。[②]

为吸引少数民族学子参加科举考试，清政府制定了许多优待、变通的政策，如除了提供差旅费用外，还对西南地区考生中的“土著”“寄籍”者各规定一定的名额，其中“土著”即当地的少数民族，对他们可以放宽条件，以保证一定数额的人员入选；少数民族生童的学额、考额，汉族考生不得占用；对边远地区省份入京会试的举子适当降低录取标准等。雍正六年（1728 年），皇帝曾下诏：为使云南等省土民向化，“新增土司入学额数，为学臣者尤宜加意禁饬，毋使不肖子弟冒其籍贯，阻土民读书上进之路”。雍正十一年（1672 年）春，皇帝晓谕内阁，“欲于云南、贵州、广东、广西、四川、福建六省举人落卷中择其文尚可观而人材可用者，添取数人，候旨录用。……六省下第举子内，除愿与下科会试者不必报名外，若有情愿小就，以图即行录用者，著在礼部报名，一并交与派出之大臣、主考官拣选”。[③] 乾隆帝也曾下诏：“滇、黔、粤西地处边陲，其人文原不及内地。学政按试各学，只须严切训谕，仰各生恪守卧碑，只遵功令，遇有唆讼滋事者，随时究治。至考试生童，惟当秉公甄拔，并严查抢

---

① 龚友德：《儒学与云南少数民族文化》，云南人民出版社，1993，第 63 ~ 64 页。

② 余文兵：《帝国深入西南边地——清中期中央政府对滇缅边区的治理》，博士学位论文，中央民族大学，2011，第 113 页。

③ 《清世宗实录》卷 66、卷 129，中华书局，1985。

冒撞骗之人，勿使滋弊，自足以昭惩而伤士习。其文风高下，只宜因地取材，量为培养。若必求全责备，去取从严，且欲经解、诗赋，事事淹通，此于江、浙等大省则然，边方士子，见闻浅陋，未必尽能领会。绳之太过，大率欲从末由，转不能使其心皆诚服。”[①]

为在部分少数民族聚居的地区——如“夷多汉少，人文寥落，难以敷额”的云南省广南、丽江、普洱三府及昭通府之思安、永善二县，镇沅府属之恩乐县，东川府属之会泽县——培育参加科举考试的风气，树立科举成功者的榜样，乾隆元年（1736 年），朝廷还特准可以向这些地方进行科举移民，即“如有异省及本省异府之人，愿移家入籍者，照广西太平府之例，同土著之人一同考试”，至乾隆二十五年（1760 年）才停止。[②] 此外，出于有效控制西南边地各土司的需要，清政府还规定土司子弟都必须入学接受教育，他们也都可以参加科举考试。根据《云南通志 · 学政》的记载，“顺治十八年，题准云南省土司应袭子弟，令各学立课教训，俾知礼义，俟父兄谢事之日回籍袭职。其余子弟并令课读，该地方官择文理稍通者并送提学，考取入学应试”。《清史稿》卷九中则记载，雍正十三年（1735 年）六月，“准土司由生员出身者，一体应试”。[③] 在政府的鼓励和扶持下，白族、纳西族、彝族中科考成功者逐渐增多。清代甚至还出现了出自彝族的“解元”。清乾隆五十九年（1794 年）进行乡试，彝族人那文凤考中甲寅科解元。昆明碧鸡关下车家壁村的彝家老幼，知悉那文凤考取全省的第一名，大伙高兴已极，敲锣打鼓，奔走相告：“彝家出‘解元’了。”至今，车家壁的彝族人民，一直称那文凤的后代为“那解元”家。[④]

应该注意的还有，改土归流对促进少数民族参加科举考试也起到了十分积极的作用。在最先改土归流的大理地区，从明代中期开始，读经书、考科举、取功名就已成为各族精英人物的追求目标。根据有关研究者的统计，明代大理白族地区（大理、蒙化、鹤庆三府为主）的书院共有 18 所，其中大理府就有 14 所；大理府和鹤庆府还各有民办私学（社学）36 所。

---

① 余文兵：《帝国深入西南边地——清中期中央政府对滇缅边区的治理》，博士学位论文，中央民族大学，2011，第 114 页。

② 方国瑜主编《云南史料丛刊》第 8 卷，云南大学出版社，1998，第 254 页。

③ 余文兵：《帝国深入西南边地——清中期中央政府对滇缅边区的治理》，博士学位论文，中央民族大学，2011，第 115 页。

④ 李力：《彝族文学史》，四川民族出版社，1994，第 477 页。

与儒学教育的普及推广相辉映，明代仅洱海地区（大理、蒙化、鹤庆）三府便有金榜题名中进士者五十一名。在丽江，改设流官后，流官孔兴询、管学宣等人相继为丽江修建了丽江府学、雪山书院、玉河书院，还在丽江各地新修义学20所。雍正二年（1724年），清政府在中甸厅“建立学宫以崇文教，礼乐法度，衣冠文物咸遵圣朝阏制。百余年间，属守奉行，未尝变易”。为了保证入学率，知府管学宣严令：“有子弟不赴学，严惩父兄者，又有百姓不赴学，究责乡保者。”而且“每夜深行察勤读者，识其门，资以薪米”。由是“士风日上”，渐渐在丽江民间营造了读书求仕的社会风气。从改流后开科直至清末停止科举，仅丽江府属的丽江县便有举人六十余人，进士及第七人，翰林苑庶吉士二人，副榜十余人，优贡二十余人，拔贡二十余人，其他贡生则难以计数。[①]

第三节　汉族“凝聚核心”地位的确立

元、明、清三代，中原王朝对云南的统治得到全面巩固，云南在经历了南诏国和大理国的漫长历史后，最终又回归到“大一统”的中国，作为行政区域融入了以汉族为主体的多民族的统一国家。在此过程中，云南的民族关系发展也由南诏国、大理国时期的本土化认同建构开始逐渐向以汉族作为各民族之间互动、交往的中心转变。明王朝建立后，大批汉族移民进入云南，使云南的民族构成发生了从“夷多汉少”到“汉多夷少”的结构性变化，而随着云南与内地在政治、经济、文化等方面一体化程度的提高，汉族作为中华民族形成过程中“凝聚核心”的地位也就在云南的多民族社会中确立并日益巩固起来。这一重大转变主要表现在以下四方面。

（一）法律地位和政治地位上的民族差异

对于构成复杂社会的素不相识的人们来说，法律是在他们中间建立起具有道德律令性质的相互尊重关系的唯一可靠媒介。[②] 明太祖在总结元朝失去江山的教训时曾指出：“元朝出于沙漠，惟任一己之私，不明先王之

---

① 周智生：《商人与近代中国西南边疆社会》，博士学位论文，云南大学，2002，第22~24页。

② 〔德〕哈贝马斯：《在事实与规范之间：关于法律和民主法治国的商谈理论》，童世骏译，三联书店，2003，第698页。

道，所在官司，辄以蒙古、色目人为之长，但欲私其族类，羁縻其民而矣，非公天下爱民图治之心也。”他一反元朝“四等人”制度的民族歧视政策，多次公开宣称应该平等对待愿意归化的各民族百姓，“如蒙古、色目，虽非华夏族，然同生天地间，有能识礼义，愿为臣民者，与中国之民抚养无异”。[①] 在《大明律》和《大清律》中，自唐朝以来一直沿袭的“化外人相犯”条款被修改为“化外人有犯”，由兼采属人主义、属地主义原则变更为统一采用属地主义原则，规定只要在朝廷治下发生的案件，都应依照朝廷律令处理，“凡化外人犯罪者，并依律拟断”。[②] 然而，汉族与少数民族的法律地位还是有区别的。《明会典》中关于买卖人口的部分明文规定了内地的汉族人不能被强卖给少数民族作奴仆，少数民族是否可以给汉人作奴仆则不属于法律调整的范围或者说是合法的行为，“将腹里人口，用强略卖于境外土官土人峒寨去处图利，除杀伤人律该处死外，若未曾杀伤人，比依将人口出境律绞，为从者，文官问革，武官调烟瘴地面卫分，带俸差操，军民人等，发边卫永远充军，原系边卫者，收发极边卫分”[③]。在婚姻制度方面，还规定，蒙古人和色目人不准自相婚配，禁止胡语、胡姓等。[④]

改土归流前的土司辖地实行夷汉分治，中央政府承认民族习惯法的效力和土司的司法审判权。改土归流后，虽然中央政府仍旧规定了针对各地区各少数民族风俗特点的不同，在处理各少数民族内部、不同的少数民族之间、汉族与少数民族之间发生的案件时要采取不同的司法审判制度。如乾隆二年（1737 年）规定，苗疆“一切（苗族）自相诉讼之事，俱照苗例完结，不治以官法”，但对重大刑事犯罪的司法审判权却必须掌握在流官而非土司手中，并实行基本与汉族地区相同的自下而上的逐级审转制，如乾隆六年（1741 年）规定，“凡谋财害命及苗人与军民交涉案件，仍按律究拟，不得援苗例轻纵”[⑤]。西南少数民族地区在清代被称为“苗疆”，苗例之类的习惯法的解释权多掌握在土司手中，在司法的专横性和刑罚的酷烈性上往往会甚于官方律例。如刘彬在《永昌土司论》中描述的云南永

① 展龙：《元明之际士大夫政治生态研究》，人民出版社，2013，第 353 页。

② 李鸣：《中国民族法制史论》，中央民族大学出版社，2008，第 112、477 页。

③ 方国瑜主编《云南史料丛刊》第 3 卷，云南大学出版社，1998，第 747 页。

④ 曾宪义主编《中国法制史》，中国人民大学出版社，2009，第 174 页。

⑤ 张晋藩主编《中国司法制度史》，人民法院出版社，2004，第 445～446 页。

昌土司，“田产子女，唯其所欲，苦乐安危，唯其所主。草菅人命若儿戏，然莫敢有咨嗟叹息于其侧者”。蓝鼎元在《边省苗疆事宜论》中写道：“土民一人犯罪，土司缚而杀之。其被杀者之族。尚当敛银以奉土司，六十两四十两不等，最下亦二十四两，名曰玷刀银。”顾彩在《容美纪游》中记录了湖广容美土司治下的肉刑，“其刑法，重者径斩，……次宫刑，次断一指，次割耳。盖奸者宫；盗者斩；慢客及失期会者，割耳；窃物者，断指。皆亲决。余罪则发管事人棍责，亦有死杖下者”。[①] 为凸显“化内”之民与“化外”之民的区别，促进少数民族归化于皇权的直接控制下，《大清律例》明文规定：“云南贵州苗人，犯该徒流军遣，仍照旧例枷责完结……至苗人中有剃发衣冠与民人无别者，犯罪到官，悉照民例治罪。”[②] 云南“夷猓”地“改苗为民者，犯罪军流徒遣，照黔省例与民人一体办理”，“其实系苗民，未改苗言、苗服，犯军流徒遣者，仍照例折枷完结，其情罪较重或再犯不悛，亦照例将本犯折枷后，仍将家口就土流管辖，一并迁徙安插，不使混入腹地”。[③] 由此可见，在处理与苗人有关的案件和选择准据法时，应按照是否通汉语、改穿汉族服饰、为政府供赋当差等要件区分“生苗”和“熟苗”，前者的处理按照苗例，后者则可享受与汉族同样的待遇。

在科举考试方面，中央政府虽然规定了对少数民族的优惠政策，但同时也制定了若干限制措施，使其难以参加乡试以上的高级别科举考试。根据《钦定学政全书》卷六十九《土苗事例》中的记述，“康熙二十二年题准：贵州、云南各土官族属子弟及土人应试，贵州附于贵阳等府，云南附于云南等府。各三年一次，定额取进。俱另行开列，附于各府学册后。照例解部察核。其土司无用流官之例，考取土生不准科举及补廪生、出贡。如不愿考试，亦不必勒令应试”[④]。另外，政府倡导契合儒家伦理标准的移风易俗，无形之中也使汉族成为其他少数民族倾慕、学习的对象。如在康熙年间，蔡毓荣任云南总督时，“发诸土司，令郡邑教官，月朔率生孺曹老齐赴土官衙门，传集土人讲解开导，务令豁然以悟，翻然以改，将见移

① 龚荫：《中国土司制度》，云南民族出版社，1992，第144～145页。
② 李鸣：《中国民族法制史论》，中央民族大学出版社，2008，第112、477页。
③ 张晋藩主编《中国司法制度史》，人民法院出版社，2004，第445～446页。
④ 王凤杰、王力：《清代贵州少数民族科举探析》，《贵州民族研究》2012年第3期，第104页。

风易俗即为久安长治之机”。其后的高其倬针对云南少数民族“同族为婚者甚众，纶纪未明”的情形，也提出要“整饬各员，勤讲圣谕，加意化导，以变倮俗”。[①] 在汉文化的影响和政府旌表的激励下，以往不容于少数民族传统文化的行为，如守节、殉节的烈女在少数民族中也时有出现，并被载入《新纂云南通志·列女传》。[②]

（二）汉文化影响力的日渐增强

云南各民族中虽早有同源传说，但不管是在南诏国还是大理国时期，实行的都是世袭的等级制。不同民族等级不同，肤色、习俗各异，要“平起平坐”也并不十分容易，在民族内部有贵族、奴隶和贱民之分，社会流动也殊为有限。[③] 随着儒家文化的传播和科举制度的实行，使弱势民族通过“教化”向强势民族的转化（或者说“用夏变夷”）和底层民众通过科举向社会上层的流动成为可能，对少数民族自然会产生巨大的吸引力。而与此过程同步，汉文化在云南少数民族中的影响力也日渐增强，突出地表现在说汉语、习汉俗和以汉人为祖先等许多方面。

汉文化影响力增强的最典型例证出现在白族中。[④] 在明前期的所有记录中，白族都被写作僰人，但在白族人李元阳于万历初年编成的《云南通志》中，“僰人”（白族）已被改作族群色彩模糊的“郡人”，而用“僰夷”去记录当时被称为“百夷”的傣族。明中期，白族中还出现了“民家”的称呼，“白族自称民家，是为了甩掉被歧视的夷户的帽子，同时，表示与同区域内汉族中的民户在经济文化生活上都相一致，没有差别”[⑤]。在傣族地区，则流传土司的祖先是来自内地省份的汉人，土司本人及其家族也持相同说法。如南甸土司宣称自己的祖先是姓龚的汉人，原籍南京应天府上元县人。但是，根据江应樑对各土司世系的考证，此种传说多系伪

---

① 佘文兵：《帝国深入西南边地——清中期中央政府对滇缅边区的治理》，博士学位论文，中央民族大学，2011，第109～117页。

② 沈海梅：《明清云南妇女生活研究》，博士学位论文，云南大学，1999，第117～126页。

③ 如黑彝为贵族，白彝是奴隶，白彝和黑彝之间就是绝对不能通婚甚至不能发生性关系的，违者男女双方都要被处死。近代，在保存彝族传统较多的凉山彝族中还流传有谚语：“黑彝变不了白彝，白彝变不了黑彝，正如山羊变不了绵羊，绵羊变不了山羊。”参见江应樑《凉山彝族社会的历史发展》，《江应樑民族研究文集》，民族出版社，1992，第213～214页。

④ 其先民是隋唐时期的“白蛮”，由汉族和僰人等融合而成。

⑤ 李晓斌：《历史上云南文化交流现象研究》，博士学位论文，云南大学，2002，第98页。

造。追根溯源，滇西各傣族土司的祖先都是受朝廷册封的“土酋”。历代土司的命名不仅用字与汉人不同，命名习惯也与汉人避讳礼法相去甚远。如《南甸世系宗支》载：“一世祖刀贡勐，二世祖刀贡蛮，三世祖刀乐硬，四世祖刀乐盖，以至五世以下，皆父子祖孙同用一‘乐’字排行。十六世祖以前，命名用‘勐’‘蛮’‘硬’等民族语；而十六代以后，便有‘呈祥’‘启元’‘维翰’‘守忠’‘定国’这样具有明显汉文化特征的名字出现。可知其先世原是当地少数民族，后代子孙才逐渐接受汉文化的。”①

（三）汉族在少数民族传说、故事中的形象发生改变

以往，尽管南诏国、大理国的统治阶层倾慕汉族文化，但汉族人在少数民族传说、故事中多是以外来（敌对国家）征服者、侵略者、压迫者的面目出现。如在云南广为流传的诸葛亮与孟获的传说，虽有七擒七纵、孟获心悦诚服、甘拜下风的情节，但也有对汉族阴险、卑鄙、耍诈、取巧的描绘，如“孟获与蜀军大战，每战必胜。因为孟获每次被蜀军杀死后，只要还留有一块肉，到晚上星星出齐的时候，便又复活，再与蜀军厮杀。蜀军统帅从孟获的一个爱妾口中探知了他死而复生的秘密，便于又一次杀死孟获之后，把他的心放在火上烤干，使他不能复生，彝军无主，因而大败”②。虽然唐时带兵征南诏的大将李宓及其家属甚至随征阵亡的将士后来也成为白族人奉祀的本主，但汉兵依旧不受欢迎。在大理地区流传很广的“负石阻兵”的传说，说的就是汉兵侵境，观音菩萨为使汉兵不敢加害大理人民，化作一妇人背负大石而行，汉兵见了，大为震惊，相互转告：妇人尚且有此臂力，如果是男子，力量岂不是更大。还有“星回节”的传说，阿南夫人忠于爱情，面对淫威“引刀自断，身仆火中”，被白族人尊为节义女神“阿利帝母”，而逼迫她的就是汉将郭世宗。③

随着中原王朝对云南控制的加强、民族杂居的增多以及儒学教育的推行，汉族人在少数民族传说、故事中的形象也开始变得多元起来，成为朋友、统治者及纠纷的最后仲裁者。如《皇帝女儿饭》赞扬了汉族人民对彝

---

① 江应樑：《近代傣族土司及其政治制度》，《江应樑民族研究文集》，民族出版社，1992，第538～539页。

② 李力：《彝族文学史》，四川民族出版社，1994，第101页。

③ 张文勋主编《白族文学史》，云南人民出版社，1983，第39～40、118、140页。

族朋友的无私援助。故事说：彝族人阿达常到一个汉族朋友家里做客，朋友用苞谷烤馍招待他。他觉得很好吃，就讨了一大捆玉米穗子回去种，但没有发芽。后来，汉族朋友给了他许多玉米种子，并教会他播种、管理的方法，果然玉米大丰收。在剥玉米时，看见它有无数层外衣，认为这就是好吃的原因。因为彝族人民认为披毡披得最多的人最富有、最高贵，所以又把玉米叫“皇帝女儿饭”。《杀不死的普应春》《烧不死的赫白朱大王》等关于彝族农民起义的传说则表现了彝族农民对汉人朝廷的反抗。普应春和赫白朱都是明朝万历十九年（1591 年）新平一带的农民起义领袖，尽管他们都被邓子龙的“擒斩万计”镇压下去而被害致死，但彝族人民赋予他们神奇的色彩，认为他们是砍不伤、杀不死的神人。《杀不死的普应春》里有这样一个片断，官兵把普应春砍成碎片，这些碎片仍然说“我普应春没有死”。故事《石桩》反映了彝族群众借助汉人流官力量反对土司的斗争。土司要下十三村民交十只三斤六两重的大阉鸡，供他吃喝，张沙则要土司开个收条，土司笑娃子笨，随即挥笔写下“收到三十六斤大阉鸡”的收条。张沙则以此收条为证据，到武定府告土司侵吞人民献给官府的大阉鸡。府官发怒，要土司赔出三十六斤重的大阉鸡给下十三村人民，土司无法赔出，只好答应把下十三村划出，不再归自己，并立下石桩作为划界的标志。①

流传于云南石林县大可、宜良县竹山一带的《白车勒的故事》则是难得的反映彝、汉人民和睦相处、共同创业的口头文学作品。故事讲述了住在白车勒山寨的彝家老爹阿奋收留了从澄江府逃到山里的汉族石匠施家阿公。两家人共同生活在白车勒。当路南彝族土司和官家道台老爷挑唆彝家子孙与施家子孙发生纠纷，争夺山场时，“为了不伤彝、汉两家的和气，不上官府和土司的当，彝家阿鲁大爹说服施家子孙留居老竹山白车勒，他自己带领着彝家子孙渡过巴江，在与老竹山相部的左列山安下了寨子”②。在这个故事中，汉族移民在少数民族地区的屯垦和彝族从原有居住地的迁移都被成功地进行了合理化。一方面，彝家老爹对汉族阿公的主动收留使汉族移民进入少数民族地区具有了能被彝族民众理解、接受的正当理由；另一方面，彝族将白车勒山寨让给汉族的主要原因是为“不伤彝、汉两家

① 李力：《彝族文学史》，四川民族出版社，1994，第 124～125、293、332 页。

② 左玉堂主编《彝族文学史》（下），云南民族出版社，2006，第 596～597 页。

的和气，不上官府和土司的当”，既是在表达迁移活动具有必要性，同时也反映出彝族人在彝、汉关系的建构中更具有主动性和道德伦理优势。

（四）少数民族知识分子对华夏空间、历史书写模式的接受

少数民族知识分子用汉文记载本地的历史、神话、风俗、传说，较早的有大理白族杨鼐的《南诏通纪》十六卷，约成书于嘉庆初，先传抄，后刊行，今佚。据万历《云南通志》诸书所引，当是将原先流传的史实与神话、传说杂糅之地方史料加以整理，并吸收内地史学成果而成，记有汉、唐至元末传说多种。南诏国、大理国时期，白族并没有创造出自己独特的文字，但出现过借用汉字（或笔画略有增损）记录白语语音的现象，称为“白文”（又作“僰文”）。元朝、明朝是“白文”的鼎盛时期，出现过用“白文”写的史籍《白古通记》《玄峰年运志》以及碑功德碑、墓志铭等。《白古通记》《玄峰年运志》经过删正与译述，原本今已不传；流传至今的白文碑刻则还有杨黻的《山花碑》和杨安道的《故善士杨宗墓志》《故善士赵公墓志》；白族民间曲艺“大本曲”曲本，至今仍是用这种“白文”来写的。[①]

史料价值不大，而多记载神话、传说的还有《纪古滇说原集》《僰古通纪浅述》《白国因由》等书。分析这些明清时期本地作者编撰的著作，其中虽然流露出强烈的本土“白人（族）”或“滇民”认同，但将本地纳入华夏空间与历史中的特征也得到了显现。它们虽都声称引用《白古通记》，但这很可能是一个托词，目的只在表示其说有本地“典范”可循。“他们早先似曾以《白古通记》中的阿育王、沙壹、九隆、摩利羌等英雄祖先记忆来抗拒华夏典范历史。”但由于此时的云南已在“皇舆”之内，由华夏典范历史记忆或者说“正史”所承载的“‘知识’与‘权力’现实本相，也是本地士人无法逃避的”。如《僰古通纪浅述》在叙述了六诏部族系源自“九隆族”后，接着就说，“周显王”时周王派遣他的弟弟庄蹻远征西南，后来庄蹻就留在此建立滇国，与僰人国和好相通。将文献记忆中的“楚国将军”或“楚庄王苗裔”，书写为“周王的弟兄”，表露了作者提高“庄蹻”历史地位的

---

① 为世人所重视的《滇载记》，据杨慎自跋及李元阳万历《云南通志》所言，系杨慎译自《白古通记》及《玄峰年运志》，并且“穷搜博采”加以“删正”而成。但据方国瑜考证，实为杨慎因姜龙从大理张云汉处得到译成汉文的《白古通记》后，于嘉靖四年点窜而成的。参见张文勋主编《白族文学史》，云南人民出版社，1983，第 356 ~ 366、459 ~ 460 页。

意图。清朝浪穹（云南洱源）人王崧，曾受征召入云南省志局，负责纂修《云南通志》，于1829年在大理以《道光云南志钞》之名刊刻出版。在描述云南省时，王崧称，“云南府为省会，东北至京师八千二百里。其地当唐虞为南交、昧谷之交，夏、商为梁州徼外……战国时，楚庄蹻略地西至滇池，归报道绝，自王其地”。他举蚕丛、杜宇、竹王、高辛氏等故事为例说明“楚、蜀、滇、黔，于古为西南外徼，荒诞之事尤多”，认为“蛮夷之王侯君长，其兴也大率类此”，但同时，将沙壹、九隆、阿育王之子等故事写入了该书的《夜郎世家》《白蛮世家》《九隆世家》中。[①]

第四节　文化生产、社会流动与民族关系的合理化

“凡是历史上一件重要事情之发生，必有它内在之原因。我们首先必须从技术的角度考究其因果关系，不能用道德的名义笼统带过。因为通常在类似大转变的情形之下，道德标准本身已被重新估计。”[②] 尽管儒学教育和科举制度同时往往也是统治阶层施行文化专制的形式和手段，对中国在近代的积贫积弱亦须承担相当大的责任，但中国的前现代社会之所以能形成广为国内外学术界瞩目的“超稳定结构”，其重要的基础就是较强的社会流动性——特别是科举制度下“统治阶层的成员源源不断地来自平民，同时又不断使一些原来统治层成员的后代重新变成平民，如此吐故纳新”地有序循环流动。[③]

至清末，在“排满兴汉”的革命浪潮中，云南作为鸦片战争前中国的十八行省之一和传统的汉族聚居地已被革命者视为华夏中国的核心组成部分。回顾云南由蛮荒之域到华夏中国不可缺少之一元这一历史性转变发生的过程，改土归流将原有的土司辖地纳入了中原王朝的直接管辖之下，消除了各地分散割据的局面，使中央政府对云南的控制能力大大增强，促进了各族人民之间的经济和文化交往；在司法和行政管理中赋予汉族较高的法律地位和社会地位；派驻屯军便于威慑、镇压地方分裂、割据势力，巩固国防；从内地向云南的大规模移民改变了云南的民族构成；鼓励农耕使

---

① 王明珂：《英雄祖先与弟兄民族：根基历史的文本与情境》，中华书局，2012，第136～141页。

② 黄仁宇：《大历史不会萎缩》，广西师范大学出版社，2004，第104页。

③ 何怀宏：《选举社会——秦汉至晚清社会形态研究》，北京大学出版社，2011，第333页。

少数民族容易接受汉族的生产和生活方式；废贝行钱使云南多民族社会的经济体系被整合、融入大一统帝国之中[①]等政治、经济方面的政策、措施无疑都起到了非常重要的作用。同时，推广儒学教育、施行科举制度等与文化生产有关的因素也不容忽视。南诏国、大理国时期，国内长期分裂割据，王室权威不张，尽管有兼习佛经与儒书的“释儒”“儒释”人士的存在，但统治阶层以佛法传承作为合理性来源的做法决定了其文化生产应该是以阿吒力教的信仰和传播为中心，而非像中原内地那样“独尊儒术”，把佛教放在被支配和依附的位置。从以阿吒力教为中心到以儒学为中心，意味着文化生产的主体、内容、组织形式都发生了重大的改变，从阿吒力教的僧人转变为读儒书的士人；从密宗经典转变为儒家学说；从寺庙转变为各类儒学，等等。同时，还显示出社会流动的合理性基础——对社会流动、流动模式、流动水平的文化解释或者说理想价值、动机、意义等——也与以往存在明显的不同，而后者可能正是汉族作为各民族多元一体格局的凝聚核心能在社会现实中获得有效性合理性的最重要原因。[②]

（一）儒家文化中的社会流动观念

虽然不同时代、不同国家、不同社会阶层的人们对安居乐业、自由、平等的具体要求也不会完全相同，但理想和现实之间的差距却总是会普遍地存在，而这种矛盾或者说落差就是推动社会流动同时也是社会发展的最终动力。古代中国人很早就认识到了不同社会等级之间的流动对于社会秩序建构的必要性。受日月经行、变化无常的影响[③]，古代中国人常持因果

---

① 在南诏国、大理国时期，贝币的币值相当坚挺，其卓著的信誉使元朝在云南设行省之后不得不在该地“许仍其俗”，“以贝代钱”。而贝币的快速贬值——元初，银一钱值贝币两索半；到明初，贝币已贬值四倍，银一钱可值贝十索，明末则是三十五索——恰恰是在中央政权加强了对云南全面控制、开始强行干涉贝币从境外的流入以及贝币与钞和金银的兑换比率之后。元朝至元十九年（1282 年）规定“云南赋税，以金为则，以贝子折纳，每金一钱，直贝子三十索”，明朝沿袭了元的做法。参见方国瑜《云南用贝作货币的时代及贝的来源》，杨寿川主编《贝币研究》，云南大学出版社，1997，第 31～32、45～49 页。

② 参见前文中李佃来关于合法性具有“事实性”和“有效性”两个向度的论述。

③ 《易经》有云：“古者包牺氏之王天下也，仰则观象于天，俯则观法于地，观鸟兽之文与地之宜，近取诸身，远取诸物，于是始作八卦，以通神明之德，以类万物之情。”“神农氏没，黄帝、尧、舜氏作，通其变。使民不倦，神而化之，使民宜之。易，穷则变，变则通，通则久。是以自天佑之，吉无不利。”“日往则月来，月往则日来，日月相推而明生焉。寒往则暑来，暑往则寒来，寒暑相推而岁成焉。往者屈也，来者信也，屈信相感而利生焉。”参见高亨《周易大传今注》，齐鲁书社，1998，第 419、421、427 页。

报应、富贵无常的社会循环历史观，对“在上行的渠道上，人为的社会权力的障碍减少到了一个相当低的程度；而在下行的渠道上，也并无保证某些家族不下降的制度保障；甚至可以说，向下流动的速度应当比向上流动的速度还要快捷（一个农业社会的下行流动总体上要超过上行流动）”并不反感，甚至是有着强烈的认同。[①] 相较于欧洲中世纪的长子继承制、封建领主制、世袭的贵族政治和教会、贵族对知识的垄断，中国诸子均分的继承制度、开放的科举制度、官僚政治和较为普及的儒学教育显然都是上述社会流动观念的体现，在保持、增强社会内部的流动性方面无疑具有十分显著的优势。

而就民族关系来说，儒家文化虽然很重视“夷夏之辨”“华夷之分”，认为华夏族对于其他少数民族应该具有文明的优越感，但各类蛮夷与华夏族之间的区别和界限并非固定，而是流动的。传统上，以服饰、语言、礼仪、习俗、姓名等为标志的“文化”而非血统、肤色是中国人界分族群或者说“夷夏之辨”的主要标准或依据。汉唐以降，儒家文化始终是中国传统社会文化的主流。在“大一统”[②] 的前提下，儒家主张“有教无类”的族群观，在这种观念中，凡是接受中原“教化”的人就被认同是“文明礼仪之邦”的“天朝臣民”；“化外之民”则是需要教育开化的“生番”；而中原王朝的使命正是通过教化而不是武力使“生番”成为“熟番”，成为“天朝臣民”，并最终实现理想中的“世界大同”。早在《论语・颜渊》中，“四海之内皆兄弟也”的族群平等理念即已出现，淡化了各族群之间在种族、语言、宗教、习俗等各方面的差异，强调不同的人类群体在基本的伦理和互动规则方面存在着重要的共性并能够和睦共处。《孟子・滕文公上》有言：“吾闻用夏变夷者，未闻变于夷者也。”而“变”的手段或凭借就是文化。正如费正清所言，在儒家文化主导下的中国社会，孔孟之

---

① 何怀宏：《选举社会——秦汉至晚清社会形态研究》，北京大学出版社，2011，第333页。

② 以君权为核心、从上而下、由内至外的“大一统”是儒家的重要政治主张之一。董仲舒对汉武帝建言：“臣谨案《春秋》谓一元之意，一者万物之所以从始也，元者辞之所谓大也。谓一为元者，视大始而欲正本也。《春秋》深探其本，而反自贵者始。故为人君者，正心以正朝廷，正朝廷以正百官，正百官以正万民，正万民以正四方。四方正，远近莫敢不壹于正，而亡有邪气奸其间者。”“《春秋》大一统者，天地之常经，古今之通谊也。今师异道，人异论，百家殊方，指意不同，是以上亡以持一统；法治数变，下不知所守。臣愚以为诸不在六艺之科孔子之术者，皆绝其道，勿使并进。邪辟之说灭息，然后统纪可一而法度可明，民知所从矣。”参见（东汉）班固《汉书》，中州古籍出版社，2003，第778～779、784页。

道被认为是放诸四海而皆准的思想，“意味着中国的文化（生活方式）是比民族主义更为基本的东西。……一个人只要他熟习经书并能照此办理，他的肤色和语言是无关紧要的”[①]。

（二）儒家文化中的社会流动模式

在前现代的中国，虽然也有压迫、剥削和贫富差距，但多数处于社会底层的人（少数贱民除外）在大多数历史时期还是有地位上升的可能和改善的希望——所谓“一命二运三风水，四积阴德五读书”即是对上升和改善路径的集中概括。中国的皇权体制之所以能延续两千余年，与这种“流动”的实际存在关系甚大，毕竟如果不到对社会完全绝望的地步，任谁也不会愿意冒杀头的危险去揭竿而起。尽管中国社会有专制存在，但其结构并非僵化固定，至少自明清以来即是贫富贵贱上下流转相通、自由和平散漫。[②]

在各种社会流动模式中，读儒书、通过科举考试是最具有现实意义的。由于获得科名者可以享受出仕做官、免除徭役、免除笞刑和享受俸禄的特权，他们也就成为社会中最有机会累积财富和具有卡里斯玛神性（证明自己显然有“神”的庇佑）及社会威望的群体。[③] 宋真宗《劝学诗》中为科举考试的成功者描绘了美好的前景：“富家不用买良田，书中自有千钟粟。安房不用架高梁，书中自有黄金屋。娶妻莫恨无良媒，书中自有颜如玉。出门莫恨无人随，书中车马多如簇。男儿欲遂平生志，六经勤向窗前读。”[④] 尽管科举制度提供给平民的上升道路并不一定宽广，但只要事实上证明是可能的，就可以促成无数有读书条件的人向这条路上去求上进。[⑤]

南诏国、大理国内从王室到平民崇佛成风，但修来世、忍受现实的苦难一定不会是其境内属民唯一的人生追求。“宗教是还没有获得自身或已经再度丧失自身的人的自我意识和自我感觉。……废除作为人民的虚幻幸

---

① 马戎：《理解民族关系的新思路：少数民族问题的“去政治化”》，《北京大学学报》2004年第6期，第122~133页。

② 梁漱溟：《这个世界会好吗?》，东方出版中心，2006，第81~82，298~299页。

③ 〔德〕韦伯：《中国的宗教：儒教和道教》，康乐、简惠美译，广西师范大学出版社，2004，第190~199页。

④ 刘海峰、李兵：《中国科举史》，东方出版中心，2006，第163页。

⑤ 费孝通：《科举与社会流动》，《费孝通文集》第5卷，群言出版社，1999，第450页。

福的宗教，就是要求人民的现实幸福。要求抛弃关于人民处境的幻觉，就是要求抛弃那需要幻觉的处境。因此，对宗教的批判就是对苦难尘世——宗教是它的神圣光环——的批判的萌芽。”① 根本上，颠倒的、不完美的现实世界所造成的人的相互异化和自我异化才是宗教产生、存在的最深层次原因，只要真实的世界还存在“现实的苦难”。只要还需要做出“对这种现实的苦难的抗议”,② 就不可避免地依旧会发生对宗教的执迷和皈依。之所以要修来世是因为今生已不可能改变，如果有现实的、可以改变自身低微地位和悲惨生活处境的机会摆在面前，即便是最为虔诚的阿吒力教信徒也应该不会放弃。也正因为如此，上述科举考试的美好前景会激励、诱导少数民族成员为改善自身经济和政治地位而投身读书、科举、仕进之路。如流传于红河彝族社区近三百年的说唱叙事长诗《齐小荣》所表现的长工齐小荣和富翁小姐谢如玉的爱情故事。长诗使用了古彝文常用的表现形式，即五字一句的五言体，而且几乎都是句句押韵，只押尾韵。长诗中所反映的习俗风情，娶亲的隆重热闹场面等，完全是彝家的礼仪特色。故事发生的地点，却远在山东济南府若山冲（庄）、刘家庄，与绿春县的牛孔彝乡相隔千里，一南一北。在情节设置上，如女扮男装进学、齐小荣作书童陪读、进京赶考中状元等也无疑是来自汉地早已流传的故事《梁山伯与祝英台》。显然，该长诗最早应是根据山东民间创作的素材，或是山东民间说唱故事移植过来的，但也生动地反映了彝族民众对以科举破解“山羊和鸡不能在一起”的等级差别的认同与接受。③

（三）稳固的精英文化传统

霍布斯鲍姆曾言，构成民族的必要条件有三：第一，它的历史必须与当前的某个国家息息相关，或拥有足够长久的建国史；第二，拥有悠久的精英文化传统，并有其独特的民族文学与官方语言；第三，面临优势民族挟其强权进行兼并的威胁。④ 纵观元、明、清三代的历史，对中华民族的

① 《〈黑格尔法哲学批判〉导言》，《马克思恩格斯选集》第1卷，人民出版社，1995，第1~2页。

② 《〈黑格尔法哲学批判〉导言》，《马克思恩格斯选集》第1卷，人民出版社，1995，第2页。

③ 李力：《彝族文学史》，四川民族出版社，1994，第451~457页。

④ 〔英〕埃里克·霍布斯鲍姆：《民族与民族主义》，李金梅译，上海人民出版社，2000，第39~40页。

形成来说，以儒学教育和科举制度为主要形式的儒家文化的生产与再生产无疑就是这种精英文化传统的重要组成部分——如果不是最重要组成部分的话。特别应该注意的是，该传统不仅是稳固的，其精英的来源和组成也具有相当的流动性。

尽管对南诏国、大理国社会性质的判断还缺乏详细的资料，但其治下的社会流动性要远小于中华帝国应是不争的事实。根据有关学者的考证，南诏国中存在封建制的依附关系和种族奴隶制的剥削方式，役使被征服和掳掠来的外族人口作为国家奴隶——即“佃人”——在国家或者说王室所有的国有土地上耕种的情形十分普遍。《蛮书》卷七记载：“（佃人）悉被城镇蛮将差蛮官遍令监守催促。如监守蛮乞酒饭者，察之，杖下捶死。每一佃人，佃疆畛连延或三十里，浇田皆用源泉，水旱无损。收刈已毕，蛮官据佃人家口数目，支给禾稻，其余悉输官。”王室对于原南诏部落成员和各级官吏惯例授予份额不等的份地，并将部落成员按军事编制组织起来，遇有战事则自备粮饷、马匹、兵器出征。到了南诏后期，王室权威下降，官吏集团中产生了一些拥有武装、世袭领地和属民的白蛮新兴贵族，封建领主经济渐渐成为主流。至大理国时期，封建制已经成熟，而王室权威更加削弱。段思平建立大理国后，首先就封高方为岳侯，将滇东及滇西北两处地方划为高氏的世袭领地，还免除了原来南诏国的集体奴隶——乌蛮三十七部的徭役。大体上，段氏虽然在大理称王，但其真正的势力范围只能限于洱海周边区域。到了大理国后期，各白蛮封建主之间的争权夺利愈演愈烈，大理国实际已是处在长期的分裂割据之中。[①] 总体上，南诏国、大理国时期，儒家文化在云南虽有传播，但主要局限于世袭的贵族官僚和阿吒力僧等社会上层；加之南诏和大理的统治集团以阿吒力教作为凝聚本国国民一体化的本土认同的“象征符号”的努力从未停止，对中国、中华文明的认同在社会上虽然有存在，但不是社会的主流。

相较于奴隶制下大多数社会成员不会拥有起码的人身自由和封建制下严格的世袭等级，皇权制度下的编户齐民、儒学教育的“有教无类”和科举制度的开放流动则无疑会极大地提高社会的流动性。元代之后，随着儒学教育的开展和周期性的科举考试的举行，修习儒学的知识分子阶层和士大夫阶层、仕宦阶层逐渐在云南开始出现，也使以儒家“大一统”学说为

① 刘小兵：《滇文化史》，云南人民出版社，1991，第188~193页。

主的汉文化在云南社会中长期积淀下来。尽管能够接受儒学教育、考取功名的人在社会上还是居于少数，但他们对于向大多数人阐释汉文化地位和“大一统”的意义不容忽视。近代，各殖民帝国往往对殖民地采取教育层级体系和行政层级体系相分离的政策，而在无意中推动了殖民地的独立进程，“殖民政府的扩张可说是把‘本地人’请进了学校和办公室里，而殖民资本主义的扩张则把他们从董事会给排除出去”。由于帝国内部核心民族的反对，殖民地人民在中央集权的行政体系以及标准化的学校体系中进行的“朝圣之旅”只能以各个殖民地的首府为其“罗马”，“特定的教育和行政朝圣之旅的相互结合，为本地人会逐渐把他们自己看成‘本国人’的那种新的‘想象的共同体’提供了领土基础。”① 大体上，云南文人士子在儒学教育和科举考试中却未受到与之类似程度的刻意歧视。皇权制度建立的政治基础——开放流动的精英政治结构——为他们参与在整个帝国范围内的大范围社会流动提供了重要的途径。在中华帝国，不仅边疆少数族群中的精英通过儒学教育和科举制度进入王朝统治阶层的例子历朝皆有，尤其是经过改土归流之后，而且在中央政府的优待体恤下，他们的录取比例也可能会高于内地。通过科举考试到内地做官的云南人逐渐增加，正是这种开放、流动的具体体现。他们的任职经历和讲学、写作等活动不仅增强了云南社会对历代朝廷的向心力，也应该会以典型示范或者说现身说法的模式促进普通大众建立对中国、中华之类文化共同体的认同感和归属感。

在历史的演进中，“发生作用的种种力量，并不是来自一个国家，而是来自更宽广的所在。这些力量对于每一个部分都发生影响，但是除非从它们对于整个社会的作用做全面的了解，否则便无法了解它们的局部作用。一个同样的总的过程，对不同的部分发生不同的影响，因为不同的局部又以不同的方式反映和促进这个总的过程发生运动的动力”②。对中华民族多元一体格局的形成来说，汉族之所以能成为凝聚核心，是与儒学教育的推广和科举制度的实行分不开的，而更深层次的文化根源则可以说是因为相较于其他各种建筑在虚幻的“天堂”和“来世”上的宗教，关注现世生活的儒家文化更适宜于为社会流动性的提高提供合法性。通过儒学教育

① 〔美〕安德森：《想象的共同体——民族主义的起源与散布》，吴叡人译，上海人民出版社，2005，第131页。

② 〔英〕汤因比：《历史研究（上）》，曹未风等译，上海人民出版社，1986，第4页。

的推广和科举制度的实行，儒家学说中关于以文化区分不同民族的观念广为流传，并使弱势民族通过“教化”——学习汉民族的语言、文字、风俗、服饰等——实现向强势民族的转化（或者说“用夏变夷”）和底层民众通过科举向社会上层的流动成为可能，对少数民族自然会产生巨大的吸引力和凝聚力。在西藏和新疆，元、明、清三代朝廷都没有大力推广过儒学教育和科举制度，在西藏始终是利用、扶持藏传佛教以安定地方。在新疆则是从乾隆三十四年（1769 年）才开始在内地汉、回移民集中的乌鲁木齐、巴里坤等地设立府学、州学、县学和义学；对地方官员在信奉藏传佛教和伊斯兰教的蒙古族、维吾尔族等少数民族聚居的伊犁、塔城和南疆各地设立儒学的申请，清廷一概以边疆重地应修习武备，“若令其诵读汉文，势必荒疏艺勇，风气日趋于弱，于边防大有关碍”之类的理由加以驳斥。[①] 耐人寻味的是，这两大地区也正是当下搞好民族团结、培养中华民族共同体意识任务最为繁重的地区。

① 刘仲华：《清代新疆的封建教育和科举》，《西北史地》1997 年第 2 期，第 76～78 页。

第四章　近现代文化格局形成与“中华民族”的合理化

前所未有的、崭新的、以经济联系为基础的现代世界体系——或者说资本主义世界经济体，出现于15世纪末16世纪初，它与帝国、城邦和民族国家的最大差异就在于它不是一个政治实体，而是一个经济实体。在规模扩张上，现代世界体系比以往的任何世界经济体——例如中国、波斯、罗马等帝国——都具有更强的动量。帝国不过是一种征集贡品的机制，而在现代世界体系中，“政治力量被用来保证垄断权力（或尽可能如此）。国家减弱了作为中央的经济机构的作用，而更多地变成在其他经济交易中保证一定的进出口交换比率的手段”。[①] 通过保护市场机制、满足整个经济的生产前提（公共教育、交通运输）、使民法体系适应资本积累的需要（税法、银行法和商法），欧美资本主义国家的经济系统从政治系统中获得了相对的独立。“这种新的组织原则为生产力的解放和规范结构的发展打开了一个广阔的天地”，不仅引发了社会生产力的爆炸式增长，也使整个人类社会交往的形式、范围及世界体系的基本格局发生了巨大的改变。[②]

在现代世界体系形成、发展和巩固的同时，以儒家文化为核心的中国传统文化的发展却渐趋停滞，社会活力日益枯竭。鸦片战争以后，现代世界体系终于凭借坚船利炮将中国强行卷进了列国竞争的国际社会。正如马克思和恩格斯在《共产党宣言》中评价的，资产阶级凭借它创造的生产力把“一切民族甚至最野蛮的民族”都卷入到了以西方资本主义国家为主导，西方文化在全球范围内强势传播的世界体系中，“正像它使农村从属于城市一样，它使未开化和半开化的国家从属于文明的国家，使农民的民

① 〔美〕沃勒斯坦：《现代世界体系》第1卷，罗荣渠等译，高等教育出版社，1997，第12～13页。

② 〔德〕哈贝马斯：《合法化危机》，刘北成、曹卫东译，上海人民出版社，2000，第28～29页。

族从属于资产阶级的民族，使东方从属于西方”①。在新的世界体系中，中国不但遭遇了“亡国灭种”式的严重的政治、经济和文化危机，中国社会原有的天下国家（天下中心）观念也陷入崩溃，儒家文化在社会整合——主要通过儒学教育和科举制度——机制中的合理性与有效性逐渐丧失。与儒家文化在生产方式、组织形式、内容、观念等方面都存在巨大差异的西方文化开始大规模地进入中国和迅速传播，促进了近现代中国文化格局②的形成。1905 年，清廷废除了科举，儒家文化作为现实社会秩序合理性依据的制度基础被正式宣告取消，“从此中国青年不再在儒学上用力，而全身心地拥抱新知识、新文化，拥抱西方的教育机构和教育思想”③。而在团结国人共同御侮，抵御帝国主义列强侵略和欺压的旗帜下，借助报纸、期刊、电报、广播、新式学堂、教会等由西方传来的新的文化生产方式和组织形式，在有别于传统士大夫的新型知识分子的推动下，民主、共和等来自于西方的思想观念开始传播，中华民族认同逐渐萌芽、形成和广泛流行，并最终成为中国民族关系发展的主流趋势。

第一节　中国传统文化的危机与西方文化在云南的传播

从汉武帝“罢黜百家、独尊儒术”算起，两千余年间，儒家学说作为中国传统文化的核心始终在意识形态领域中占据统治地位。尽管随着时间的推移和社会的变迁，儒家文化也在发生变化，例如魏晋时，它吸收老、庄思想形成玄学；宋明时，又吸收佛学形成理学，但其“天人合一”（自然秩序与人间秩序相统一）、“以人为本”（天人之间人为主导和目的）、“刚健有为”（知识分子要有道义担当和独立人格，自尊自重）、“贵和尚

① 《共产党宣言》，《马克思恩格斯选集》第 1 卷，人民出版社，1995，第 277 页。

② 文化格局是指在一定的历史时期和空间范围——通常为国家、跨国家的大文化区或全世界——内，由若干主要的、影响力较大的文化体系、文化类型之间的互相联系、相互作用、冲突融合所反映出的整个文化领域的力量对比和结构状态。因为划分文化体系、文化类型的依据不同，在学者们的相关论述中，文化格局的内涵和指涉常常会存在较大差异，如官方文化、精英文化和大众文化，社会主义文化和资本主义文化等。此处提到的中国文化格局是由中国传统文化与近代开始传入的西方文化共同构成。

③ 叶赋桂：《新制度与大革命：以近代知识分子和教育为中心》，教育科学出版社，2010，第 239 页。

中”（在文化上主张在主导思想的规范下求同存异、兼容并包）等基本精神并未改变，也没有发生过危机。儒家文化的这种稳定性源于中国传统社会经济结构（以农耕为主的多元经济）和政治结构（君主专制的中央集权制度）的长期延续。在鸦片战争以前，这种经济结构和政治制度没有受到过有力的冲击，更没有从内部发生动摇，鸦片战争之后则因为帝国主义的侵略而被迫开始经历剧变。同时，重视技术生产力发展、以资本的形成和增值为主要取向、倾向于纵容、鼓励市场参与者采取功利主义行为方式的西方文化（资本主义文化）也随之涌入，“它在中国人面前表现出既野蛮又先进的双重性格。当这种文化和中国传统文化碰撞时，就显出中国传统文化的种种弱点和弊端，这就迫使传统文化不能不向西方文化学习”，也开启了中国文化摆脱以往与世界的相对隔绝状态，走向融汇中西、变革求新道路的艰难历程。[①]

从 18 世纪末开始，与云南毗邻并长期保持密切的贸易关系的越南、缅甸等东南亚、南亚国家先后沦为英国、法国的殖民地[②][③]。云南由华夏边缘转变为中国与西方经济、政治、文化交流的前沿，不但意味着新世界经济体系、新文化交流方式、新国际政治形势对云南的影响和冲击较内地省份更为直接，也使包括汉族在内的云南各民族深切感受到殖民统治导致本地民众政治地位下降、民族矛盾加深、传统文化衰落、经济畸形发展的恶果，进而大大推动了中华民族认同的合理化，并使云南成为中国民族国家建构过程中若干重大历史事件——辛亥革命、护国运动等——的重要策源地。

---

① 张岱年、方克力主编《中国文化概论》，北京师范大学出版社，2004，第 377～394、431～435 页。

② 1787 年，法、越签订了《凡尔赛条约》，规定越南把会安港、昆仑岛割让给法国并允许法国在全越南享有贸易垄断权，当法国在东方和另一个国家交战时，必须供给法国兵员和粮食，后该条约并未全部履行；1862 年，法国强迫越南阮氏王朝签订了第一次《西贡条约》，条约中规定了割地、赔款、开辟商埠、自由传教等多项条款；1884 年 6 月 6 日，法、越第二次《顺化条约》签订，全面确立了法国对越南的殖民占领。参见郭振铎、张笑梅主编《越南通史》，中国人民大学出版社，2001，第 613～615、623～624 页。

③ 1824 年，第一次英缅战争爆发。1826 年 2 月 24 日，英、缅签订《扬达波条约》，规定了缅甸政府把阿拉干和丹那沙林割让给英国、向英国赔款 1000 万卢比等条款。此后，历经第二和第三次英缅战争，至 1886 年 1 月 1 日，英印政府根据伦敦英国政府的指示，公布了吞并缅甸的决定，缅甸正式成为英属印度的一个省。参见贺胜达《缅甸史》，人民出版社，1992，第 226～230、276 页。

（一）新式学校

西方文化对云南社会的冲击首先体现在官方的教育和文化管理上。虽然早在明末清初，西方文化借助传教士的中介在中国的士大夫阶层已经有所传播，但此种中西文化交流汇通或者说“西学东渐”之发轫由于统治集团上层的怀疑与拒斥而未能延续。1757 年，乾隆皇帝下令封闭江苏、浙江、福建三个海关，只留下广州一口对外通商，开始对外实行严格的闭关政策。在以后的近一个世纪内，清政府又先后颁布了《防范外夷规条》《民夷交易章程》《防范夷人章程》等，对外国人的商务活动、居留期限和场地、活动范围、华夷交往等都做了苛细繁杂的规定，严格限制在华外国人的行动和中心文化交流。鸦片战争之后，为了培养富国强兵所急需的新型人才，清廷才开始有保留地承认“西学”的先进性并力图进行选择性的吸纳——“中学为体、西学为用”。1862 年 6 月 11 日，主要培养外语人才的京师同文馆在北京总理各国事务衙门内正式开课。以此为开端，创办新式学堂、翻译西学书籍、向欧美国家（以后还有日本）派遣留学生在中国渐成风气。新式学堂与官学、书院、私塾等中国传统学校存在显著的差异：在培养目标上，它们不再以科举入仕为唯一指向，而是要造就外交、律例、水陆军事、机械制造、电报、矿务、铁路、冶炼、企业管理、科技出版和教育等诸多领域中的专门人才；在教学内容上，则强调学以致用，在修习经史义理和八股文章的同时也要开设外语、数学、格致、化学和科学技术等“西学”课程；在教学方法上，比较能按照知识的接受规律由浅入深、循序渐进地安排教学内容，一定程度上改变了偏重死记硬背的传统学风，很多学校还安排有实践性课程，建立了实习制度，不似传统学校完全把学生禁锢在书斋之中；在教学组织形式上，普遍制定有分年课程计划，确定了学制年限，采用班级授课制，突破了传统的进度不一的个别教学形式。①

云南新式学堂的出现在时间上要远远落后于北京和沿海地区。1902 年，云南省开始筹建新式学堂；次年，云南高等学堂宣告成立；其后，初等小学堂、高等小学堂、中学堂、初级师范学堂、优级师范学堂、法政学堂、高等工业学堂等也纷纷建立起来。到辛亥革命前夕，全省共保有各类

① 孙培青主编《中国教育史》，华东师范大学出版社，2000，第 282～283、301、307 页。

新式学堂949所，学生57808人。虽然由于师资、教材、校舍、经费的缺乏，各类新式学堂往往名不副实，但毕竟意味着近代教育在偏僻的云南已经开始出现。1902年至1911年，云南当局为补充新式学堂师资先后向日本及欧美各国选派了数百名留学生，这些学生的学成归国更是为云南社会的变迁带来了新的气象。[①] 1909年，云南陆军讲武堂开办。作为中国近代史上最著名的军事院校之一，云南陆军讲武堂的课程设置和教材模仿日本陆军士官学校，在办学理念上则强调贯彻精忠尚武的军国民精神，不仅吸引了大批云南青年知识分子（秀才、贡生、普通中学生、师范学堂学生等）投身军旅，也成为同盟会等革命团体在云南传播爱国主义、民族主义和共和革命思想的重要平台。每天早晨，讲武堂师生出操后都会集体唱校歌，歌词其一为：“风云滚滚，感觉他黄狮一梦醒。同胞四万万，互相奋起作长城。神州大陆奇男子，携手去从军。但凭那团结力，旋转新乾坤。哪怕它欧风美雨，来势颇凶狠。练成铁臂担重担，壮哉中国民！壮哉中国民!”其二为：“堪叹那世人，不上高山安知陆地平？二十世纪风潮紧，欧美人要瓜分。枕戈待旦，奔赴疆场，保家卫国，壮烈牺牲。要知从军去，是男儿本分。鼓起勇气向前进，壮哉中国民！壮哉中国民!”[②] 1922年12月，云南历史上第一所综合性大学东陆大学（后改名为云南大学）宣告成立。该校以“自尊、致知、正义、力行”为校训，以“发扬东亚文化，研究西欧学术，造就专才”为宗旨，后来逐渐发展成为学科门类齐全（包括文、法、理、工、农、医等学科在内），在国际上具有较大影响力的中国著名大学之一。

清朝末年，云南由于同越南、缅甸接壤，一直受到英、法帝国主义军事、经济、文化侵略的直接威胁。1905年废除科举后，少数民族中下层子弟通过学习汉文化、参加科举考试取得功名向社会上层流动的途径被切断。为消弭外国侵略者的文化渗透、培养和巩固边疆民众对中国的国家认同，使用国防经费在少数民族地区兴办新式教育也受到云南地方当局的高度重视。宣统元年（1909年），护理云贵总督沈秉堃就云南边境地区的教育问题，专呈上奏朝廷，奏疏中阐明了发展边境地区教育的重要意义，提出了具体意见和保证措施。清廷批准了沈秉堃的奏疏，并谕旨“认真筹办”。宣统元年十一月（1909年11月），沈秉堃又上奏朝廷，请准设立了

① 刘光智：《云南教育简史》，贵州人民出版社，1993，第61～87页。

② 许敏、木霁弘：《蓂庚气象——唐继尧传》，云南人民出版社，1993，第62～69页。

管理少数民族地区学校教育的专门机构——沿边学务局，“滇边土民学塾，创办伊始，事务綦繁，地方官庶政丛集，断难一意兴学。酌仿四川关外学务局成案，暂设永顺、普镇沿边学务局”。该学务局下辖永昌（今保山地区、德宏州、镇康县、永德县、耿马县）、普洱（今西双版纳及普洱、景谷、思茅、墨江）和镇边（今澜沧县）等地。毕业于云南高等学堂和京师大学堂的李日垓被任命为此机构的“总理”，在他的主持下，在上述地区先后设立了128所土民学塾，其中分布于永昌府的有77所，顺宁府属13所，普洱府属17所，镇边厅属21所，共招学生3974人，主要是傣、缅、阿昌、回、水傣、阿佤以及流寓汉人的子女。[①]

进入民国，由于战乱频仍、时局不稳，云南民族地区的教育发展一度陷入停滞。1914年，云南地方当局将原定拨给边疆民族教育的经费全部裁去，“一任其行政委员会及土司自行办理”。1928年，龙云执掌云南军政大权后，云南地方当局才重新开始对民族地区的教育的管理机构、专项经费、师资培养、学生奖助、编订教材等事宜进行统筹规划，先后颁布了《云南省政府实施边地教育办法纲要》和《云南省政府教育厅实施苗民教育计划》、《云南省苗民学生待遇细则》、《云南省边疆学生升学奖励办法》等文件，在民族地区大力推行以国文（汉语文）和国民党党义为主要内容的义务教育。其间，虽然出现了普遍以小学教育为主、汉族学生比例偏高、强迫入学现象突出、大汉族主义色彩明显等诸多问题，但也确实为现代教育在民族地区的发展提供了基础。1948年，云南省政府视察室视察了德宏地区各设治局的工作情况，它们的学校和学生数量都远远达不到规定的标准，但较以往还是有所发展，其中，盈江设治局有2所中心学校、4所国民学校，共有学生303人；潞西设治局有8所中心小学、37所国民学校，共有学生1913人；陇川设治局有4所中心小学、16所国民学校，共有学生666人；梁河设治局有10所中心学校，还有其他类型的小学，共有学生2200人；莲山设治局有2所中心学校、10所国民学校，有学生600人；瑞丽设治局有4所中心学校、1所国民学校，共有学生432人。[②]

---

① 程印学：《清朝经营傣族研究》，博士学位论文，中央民族大学，2005，第98～99页。

② 马廷中：《云南民国时期民族教育研究》，博士学位论文，中央民族大学，2004，第20～74页。

（二）基督教会与教会学校

西方文化在云南传播的重要载体还有基督教（包括天主教、东正教、新教三大教派和其他一些小教派）教会和其创办的众多教会学校。16 世纪初，欧洲发现了通往亚洲的新航路，欧亚之间即开始商务往来，并有传教士随船队来华进行传教活动。清初，基督教的传教活动尚能受到朝廷的宽容，后来因为是否允许华人教徒祭孔祭祖的“礼仪之争”而被全面禁止，直到鸦片战争之后才解禁。凭借西方列强迫使清政府签订的一系列不平等条约的保护，西方传教士逐渐获得了自由进入中国内地传教、通商、租买土地建造教堂、兴办学校和医院等特权，而随着教堂和教会学校数量的增加，基督教在中国的影响也在迅速扩大。

1877 年 5 月，在华基督教传教士在上海举行第一次传教士大会。在这次大会上，决定成立“学校与教科书委员会”以编写初、高级两套中文教材。美国传教士狄考文根据他在山东办学的经验，还做了题为“基督教会与教育”的讲演，强调教会学校对中国基督教事业发展的重要作用，指出：“教育在培养把西方文明的科学、艺术引进中国的人才方面，十分重要”，“教育在中国是晋升到上等阶层的最佳途径”等，呼吁“基督教教会应把教育列为工作的一个重要组成部分”。狄考文这次演讲虽然在大会上并没有得到普遍赞同，但在以后的年代里，传教士们渐渐地在这一点上达成共识。1890 年 5 月，第二次“在华基督教传教士大会”在上海召开，将“学校与教科书委员会”改组为“中华教育会”，议定每三年召开一次大会。“中华教育会”标榜“以提高对中国教育之兴趣，促进教学人员友好合作为宗旨”，对整个在华基督教教育进行指导，后来实际上成为中国基督教教会教育的最高领导机构，并对当时中国教育的发展产生过较大影响。早期的传教士视儒家文化和基督教文化为势不两立，但他们的传教活动受到儒家思想的强烈抵制，迫使传教士不得不有所妥协。19 世纪 70 年代后，教会学校在宗教、外语和“西学”外一般都会开设相当数量的儒学课程，但强调对于儒家经典中的“异端学说和伪科学”，要通过基督教和自然科学的教学予以抵消。①

① 孙培青主编《中国教育史》，华东师范大学出版社，2000，第 282 ~ 283、294、318 ~ 322 页。

1881年，内地会英国传教士克拉克夫妇从上海绕道缅甸，进入滇西大理，开办了基督教在云南的第一个教会。两年后，英国传教士索里仁等人由川入滇，在滇东北昭通、东川开办教会。1887年，循道公会牧师柏格里和邰慕廉也由川入滇，在昭通开办教会。但是，在整个19世纪末期的十多年里，云南基督教的传教事业并不景气，入教者不过数十人，工作遇到极大困难。1900年以后，传教士们调整了传教方向，从以城镇为依托、面向较为开化的城乡士农工商阶层和上层统治阶层，转向了边远农村，进入文化发展比较滞后的少数民族地区建立教堂，开办学校和诊疗所。至20世纪40年代末，云南民族地区的教会教育已经形成了较为完备的体系，教会兴办的学校有幼儿园、初级小学、高级小学、中学、职业学校、特殊学校及经院学校、修道院等不同层级和类别，从纵向上看，只缺高等学校；从分布范围来看则是遍布全省各地。教会学校的办学形式十分灵活，学校规模小者仅三四人，大者则近六七百人。其中著名的有鲁都克的教会学校。鲁都克位于文山、砚山、蒙自、开远4县交界处，海拔2200米，属于高寒山区，为彝族村寨。1910年，法国传教士来到此地，建立天主教堂，创办了学校，对该地区的少数民族子女实行免费教育，成绩优异者送到昆明等地深造，有的还出国留学。建校初期，上级教会指派李开来1人任教师，学生1个班20余人。1938年，教师增加为8人，学生400多人，达到鼎盛。还有泸水县教徒自费创办的"麻傈坪学校"于1934年正式招生。该校采用公立小学教材，学校开设了国文、算术、体育课，不设宗教课。学校只限招收教徒子女入学，学校师生只需星期天到教堂参加礼拜及祈祷活动。"麻傈坪学校"后来发展成为一所高级小学。学校在1934年到1952年的19年时间里共办了30个班，为怒江培养了200多名小学生。这些学生中，有的在抗日战争中积极地参加了抗日救亡的宣传活动，有的当时就被送往大理、丽江、保山等地的师范学校继续深造，批力（又名胡汝英）还被送到南京蒙藏学校边疆大学深造，成了怒族的第一个大学生。[①]

与基督教的广泛传播相伴随的教会学校的建立对云南少数民族地区的社会文化发展产生了重要和深远的影响。一方面，它传播了来自西方的科学技术、文化知识和思想观念，开阔了人们的视野，提高了少数民族地区

① 马廷中：《云南民国时期民族教育研究》，博士学位论文，中央民族大学，2004，第117、124~125页。

民众的文化水平和文明程度；另一方面，它固有的传教目的、强烈的殖民化倾向也给学生、信徒对统一的中国的认同和处理与汉族的关系带来许多消极的影响。前者如：传教士们以拉丁字母拼写方法为基础，以少数民族语音为依据，将拉丁字母作颠倒变形，先后创制了景颇文、载瓦文（景颇族载瓦支系文字）、苗文、东傈僳文、西傈僳文、拉祜文、佤文、哈尼文（支系语）、彝文（支系语）和独龙文十余种少数民族传教文字。这些文字结构简单，容易掌握，一般只需要3~5个月就能写读俱通。这些文字在教会学校和传教过程中被加以使用，逐步得到普及，有效降低了这些民族的文盲率，培养出了一批少数民族知识分子。不少受过教育的少数民族教徒按基督教所宣传的勤劳、戒斗杀、不抽鸦片、不酗酒、不赌钱、自由恋爱、讲究卫生、不信鬼等行事，革除了酗酒、祭鬼、赌博、抽鸦片、人畜共屋等陋习。后者如：某些设立于少数民族村寨的教会学校禁止学生说汉话，学汉文。在这些教会小学中，学生们熟悉英国伦敦、美国纽约和缅甸的仰光、八莫、密支那等地并对那里十分向往和崇拜，却全然不知自己祖国的北京、上海和昆明。1947年缅甸八莫出版的景颇文课本第二册中有《我们的领袖是英皇》一文，文中叙说英国女皇是全国之母，是如何美丽仁慈等。浸信会出版的拉祜文识字课本印有“汉人来了，我怕!”之类的文字。在日常的宣传中，某些传教士不断告诫少数民族信徒，“石头不可做枕头，汉人不可交朋友!”甚至在饭前的祈祷词中也把“上帝啊，汉家压迫我们!”编了进去。①

（三）大众传媒的萌发

所谓大众传媒，指的是专业从事大众传播活动的媒介组织，即：运用先进的传播技术（机械印刷技术和电子传输技术）和产业化手段，以社会上一般大众为对象进行大规模的信息生产和传播活动。一般说来，大众传媒主要包括报社、出版社、广播电台、电视台以及各种以大量发行为目的的音像、影视制作公司等。大众传媒的出现是传播技术和社会发展共同作用的结果。在传播学的研究中，常常把19世纪30年代以“报道新闻、传播知识、提供娱乐”为宗旨的大众报刊的出现作为大众传媒出现的标志。②

---

① 马廷中：《云南民国时期民族教育研究》，博士学位论文，中央民族大学，2004，第140~152页。

② 郭庆光：《传播学教程》，中国人民大学出版社，1999，第111、116~117页。

在西方文化传播的过程中，大众传媒在中国也开始出现。早在唐代，中国就有了名为“进奏院状”“邸吏报状”的雏形状态的报纸。明清时期，不仅有在全国范围内发行的官方“邸报”，北京还有民间自设的“报房”在发行所谓的“京报”。然而，在总体上，它们的内容却始终是被限定于朝廷允许发布的时事政治材料，其读者也是以在职官吏和在野士绅等小众人群为主，发行量十分有限。[①] 鸦片战争以后，近代化的新型报纸和期刊开始在中国出现。最初，这些报纸和杂志均是由外国传教士和商人主办，其后中国的政府机构、士大夫知识分子和商人也参与进来。与既往的“邸报”和“京报”相比，报纸和杂志具有内容丰富（涵盖政治、经济、文化等诸多领域）、信息量大、趣味性和时效性强（特别是在用电报传递新闻稿之后）等特点，其社会影响力和传播范围明显扩大，传播效率也明显提高。

从清朝末年开始，机械印刷、报纸、杂志等新的文化生产方式和传播方式也进入云南。1887 年法国传教士保禄维亚尔（邓明德）在云南省石林县彝族地区传教时，学会了当地彝语和彝文，曾编纂过《法倮字典》，于 1909 年在香港出版。后来他又带着彝族青年毕映斗前往香港制作彝文铜模和学习彝文印刷工序。此后他们把彝文铜模和印刷设备带回石林县，用彝文印刷过《教义问答》《领圣经前后书》。1907 年，刀安仁（傣族）在干崖（今云南德宏盈江）创办印刷厂，从日本购买印刷机器用傣文印刷了一些学生课本和文艺作品。方国瑜（纳西族）、李霖灿等学者从 20 世纪 30 年代已开始进行纳西象形文字和东巴经的搜集、整理、研究和出版。1905 年英国传教士柏格理和苗族人士杨雅各、汉族人士李斯提文等设计了一套拼写苗语滇东北次方言（云南省东北部和贵州省威宁、赫章一带）的字母。这种文字每个字由一个大字母和一个小字母组成，大字母表示声母，也是字的主体，小字母表示韵母，写在大字母的上方或右方，兼以位置的高低表示声调的高低。当时用这种拼音文字翻译出版了《新约全书》和传教用的小册子。1911 年英籍澳大利亚牧师张尔昌在云南省禄劝县传教时，借用柏格理苗语拼音方案，经过两次大的修改，用 48 个声母和 25 个韵母来拼写彝语，并用这套拼音和禄劝彝语翻译了《颂主圣歌》和《新约全书》，分别于 20 世纪的 20 年代末和 30 年代初在上海出版。[②]

---

① 方汉奇主编《中国新闻传播史》，中国人民大学出版社，2002，第 6 ~ 8、33 ~ 34、37 ~ 40 页。

② 王余光、吴永贵：《中国出版通史（民国卷）》，中国书籍出版社，2008，第 476 ~ 483 页。

1907 年，在时任丽江知府彭继志的主持下，由纳西族学者和积贤任社长，白族学者赵世铭任主笔，以宣传进化论思想、变法维新、实业救国、抵御外侮为主旨的《丽江白话报》在丽江创办。[①] 据统计，仅昆明在 1915～1925 年就有省、市两级的政府公报 13 种，大、中、小学的校刊 10 种，报纸 38 种，期刊 51 种。云南地方性报刊的创办大大促进了西方新思想——民主共和、尊重科学及马克思主义等——在云南的传播。此前，“由上海至昆明的报纸一般要两周才能到，订阅书报较为困难”。《新青年》创刊一二年后，1917 年方流入昆明；1918 年，才开始有个别学生订阅。1917 年 11 月，以龚自知为主编的《尚志》创刊；1919 年 2 月，该杂志的 2 卷 3 号就全文转发了李大钊于 1918 年 12 月发表在《新青年》上的《布尔什维克主义的胜利》一文；1918 年，以介绍外情、唤起国民爱国之心为宗旨的《救国日报》在昆明创办，由张天放任主编，每日出对开 4 版。[②] 20 世纪 30 年代，电影也进入云南的少数民族聚居区。由官方组织的多支教育电影巡回讲映队曾在腾冲、楚雄、昭通等地巡回放映，以增长民众的见闻，宣传团结抗战和国家政策。[③]

第二节　“中华民族”概念在中国的出现与流行

1840 年以后，清朝在与列强的战争中一败再败，沦为列强附庸的残酷现实和科举制度的废除，修习“西学”的新式学堂（包括教会学校）的纷纷出现以及日渐增多的商埠开放等使越来越多的人认识到西方文化不只是没有实用价值的“奇技淫巧”，也应该可以用于经世致用和富国强兵。中国作为文明世界的中心或唯一中心的幻象既已破灭，有着重大缺陷的汉文化也就再不可能是其他少数族群效法、模仿和学习的唯一对象。而在原有以汉族为凝聚核心，主要以受汉文化影响的程度并结合政治因素[④]作为等级排列依据的民族关系建构模式被打破之后，为维护中国多民族国家的“大一统”，避免陷入被列强“瓜分豆剖”的境地，如何在中国国族的新框架中重新整合国内各民族也就成为任何关心中国前途、命运的有识之士都

---

① 白润生主编《少数民族新闻传播史》，民族出版社，2008，第 27～30 页。

② 牛鸿斌、谢本书主编《云南通史第六卷》，中国社会科学出版社，2011，第 9～24 页。

③ 朱映占：《民国时期的西南民族》，博士学位论文，云南大学，2012，第 83～84 页。

④ 如元朝的四等人制度和清朝以满人为法定的统治民族。

必须认真思考的问题。

（一）中国各民族一体的观念与“中华民族”的提出

鸦片战争以后，在中国疆域内，对民族关系发展影响最大的莫过于中华民族开始取代汉族和帝国成为凝聚各民族认同的主要对象。在中国的史书和历史文献中，一般都称呼不同的族群为“××人”而不是“××族”，史书上的记载都是“汉人”“胡人”“夷人”“藏人”“满人”等，而用到“族”字时，或者是泛指，如“非我族类，其心必异”，或者称为“部族”。最早对中国各族群冠之以“汉族”“藏族”“蒙古族”这样的称谓并与境外民族并列的人则可能是黄遵宪，他在《驳革命书》（1903 年）中称“倡类族者不愿汉族、鲜卑族、蒙古族之杂居共治，转不免受治于条顿民族、斯拉夫民族、拉丁民族之下也”。把我国的各个族群称为“民族”而且与“民族主义”并用，梁启超应该是始作俑者。① 梁启超等人的广泛使用，特别是梁氏还写了专门论述民族问题的文章，如《论民族竞争之大势》《论国民与民族之差别及其关系》《历史上中国民族之观察》等，逐步引起了人们特别是思想界的广泛重视，进而影响了更多的人使用该词。1903 年以后，在诸如章太炎、邹容、徐锡麟、孙中山等人的著作、演说中，“民族”一词随处可见。②

据考证，最早具有较为明确的中国各民族一体观念，且率先使用“中华民族”一词者，可能均为梁启超。③ 早在戊戌变法时期，他在为满族人寿富创办的“知耻学会”所写的“叙”中就曾说过，“中国四万万戴天履地含生负气之众，轩辕之胤”（包括满人）应耻于“为奴、为隶、为牛、为马于他族”。④ 同时，他还强调“平满汉之界，诚支那自强之第一阶梯也”，“非合种不能与他种敌”，主张国内各个种族尤其是满、汉两族甚至是整个黄种都应该“合体”，以便去同外族竞争。⑤ 进入 20 世纪后，梁启

---

① 马戎：《关于“民族”定义》，《云南民族学院学报》2000 年第 1 期，第 5 ~ 13 页。

② 黄光学主编《中国的民族识别》，民族出版社，1994，第 3 ~ 4 页。

③ 黄兴涛：《现代“中华民族”观念形成的历史考察——兼论辛亥革命与中华民族认同之关系》，刘凤云、刘文鹏编《清朝的国家认同——“新清史”研究与争鸣》，中国人民大学出版社，2010，第 269 页。

④ 梁启超：《知耻学会叙》，《梁启超全集》第 1 册，北京出版社，1999，第 140 页。

⑤ 梁启超：《论变法必自平满汉之界始》，《梁启超全集》第 1 册，北京出版社，1999，第 51 ~ 54 页。

超进一步接受了西方近代民族主义思想的影响，在与革命党人“排满”思想的论战中，他那种横向联合的“同种合体”意识逐渐同纵向的历史认同感相结合。1901 年，梁启超作《中国史叙论》一文，多次使用了“中国民族”一词，有时用来指汉族（古为华夏族），有时则将其作为有史以来中国各民族的总称。就后一种情况而言，已初步具有了各民族从古至今形成的某种一体性和整体性的含义，如该文将中国历史划分为“中国民族自发达、自竞争、自团结之时代”“中国民族与亚洲各民族交涉繁颐、竞争最烈之时代”“中国民族合同全亚洲民族，与西人交涉竞争之时代”。[①]

1902 年，梁启超在《论中国学术思想变迁之大势》中写道，“上古时代，我中华民族之有海思想者厥惟齐。故于其间产出两种观念焉：一曰国家观，二曰世界观”。这可能是“中华民族”一词的最早出现，但从上下文来看，确切地说，它在这里所指的应当是从古华夏族发展而来、不断壮大的汉族。[②] 1903 年，在《政治学大家伯伦知理之学说》一文中，梁启超提出了“大、小民族主义”的观点：“吾中国言民族者，当于小民族主义之外，更提倡大民族主义。小民族主义者何？汉族对于国内他族是也。大民族主义者何？合国内本部属部之诸族以对于国外之诸族是也。”他认为，唯有“合汉、合满、合蒙、合苗、合藏，组成一大民族”共同对外，中国才能救亡图存，“提全球三分有一之人类，以高张远跖于五大陆之上”。梁启超此时还未完全摆脱大汉族主义的影响，主张“此大民族必以汉人为中心点，且其组织之者，必成于汉人之手，又事势之不可争者也”，但他已能够意识到必须抛弃狭隘的民族复仇主义，应该以“小民族”的有机结合为基础建设“大民族”，这一洞见的提出无疑显示了他过人的远见。[③]

1905 年，梁启超发表《历史上中国民族之观察》一文，文中 7 次以上使用了“中华民族”一词，并比较清楚地说明了该词的含义。尽管还存在将中华民族等同于汉族这样不恰当的提法——“今之中华民族，即普通俗称所谓汉族者”，但通过对华夏族形成历史——特别是先秦时中国除了华夏族还有其他 8 个民族，最后大多融合进华夏族——的分析、论证，梁启

---

① 梁启超：《中国史叙论》，《梁启超全集》第 1 册，北京出版社，1999，第 448～454 页。

② 梁启超：《论中国学术思想变迁之大势》，《梁启超全集》第 1 册，北京出版社，1999，第 561、573 页。

③ 梁启超：《政治学大家伯伦知理之学说》，《梁启超全集》第 2 册，北京出版社，1999，第 1069～1070 页。

超所提出的“中华民族自始本非一族，实由多数民族混合而成”的观点不仅符合历史的真实，对于其后“中华民族”的现代认同，也具有重要的启示意义。[①]

梁启超对“中华民族”一词的创造和使用，其意义并不只是要改变对汉族的称谓，同时也昭示了一种观念上的转变，“那就是历史地、连续地、融合地、开放地看待汉民族形成和发展的历史”。这不仅增强了中国主体民族的认同感，还蕴含和显示出“中华民族”本身所具有的开放性和包容力。梁启超之后，“中华民族”一词的使用者渐多。为消除“一族一国”的主张可能对中国带来的巨大祸端，在国族主义与狭隘的民族复仇主义、大汉族主义的论战和维护中国版图统一、反对分裂的实际斗争中，“中华民族”与“大民族”或者说“国家民族”观念、各民族平等融合的共同体理念等渐渐形成有机结合，最终演变为“真正具有中国各民族全面、平等融合的一大民族共同体的含义”[②]。1907 年，著名立宪派代表杨度在其创办的《中国新报》上撰文指出：“中华之名词，不仅非一地域之国名，亦且非一血统之种名，乃为一文化之族名。……故欲知中华民族为何等民族，则于其民族命名之顷，而已含定义于其中。与西人学说拟之，实采合于文化说，而背于血统说。”他主张实行“满汉平等，同化蒙、回、藏”的所谓“国民统一之策”，认为“中国之在今日世界，汉、满、蒙、回、藏之土地，不可失其一部，汉、满、蒙、回、藏之人民，不可失其一种，——人民既不可变，则国民之汉、满、蒙、回、藏五族，但可合五为一，而不可分一为五。……至于合五为一，则此后中国，亦为至要之政”。对于蒙、回、藏等族，“其始也，姑以去其种族即国家之观念；其继也，乃能去其君主即国家之观念，而后能为完全之国民，庶乎中国全体之人混化为一，尽成为中华民族，而无有痕迹、界限之可言”。[③]

（二）“中华民族”观念在国内政治领域的应用

辛亥革命以前的一段时间里，革命党人的各种言论都充满了强烈的大

---

① 黄兴涛：《现代“中华民族”观念形成的历史考察——兼论辛亥革命与中华民族认同之关系》，刘凤云、刘文鹏编《清朝的国家认同——“新清史”研究与争鸣》，中国人民大学出版社，2010，第 273 页。

② 刘晴波编《杨度集》，湖南人民出版社，1986，第 304、371～374 页。

③ 刘晴波编《杨度集》，湖南人民出版社，1986，第 304、369～374 页。

汉族主义思想，视满、蒙、回、藏等族聚居区——东三省、蒙古和新疆等——为可有可无，在汉族聚居的十八行省恢复建立汉族国家的建国思想十分流行。1903 年，孙中山在《支那保全分割合论》中提出，“且支那国土统一已数千年矣，中间虽有离析分崩之变，然为时不久复合为一。近世五六百年，十八省之地几如金瓯之固，从无分裂之虞……往昔无外人交涉之时，则各省人民犹有畛域之见；今则此风渐灭，同情关切之感，国人兄弟之亲，以日加深。是支那民族有统一之形，无分割之势”①。延至武昌起义后，军政府发出的《布告全国电》中仍声称“是所深望于十八省父老兄弟，戮力共进，相与同仇，还我邦基，雪我国耻，永久建立共和政体”；军政府使用的十八星旗象征的也是十八行省。革命派基于十八行省的革命建国运动，对满、蒙、回、藏等地区少数民族的影响是巨大的。具体表现就是辛亥革命期间这些地区的“独立”、“自治”和“排汉”运动，虽然更重要的原因应该是俄、日、英等国的干预和中国境外泛突厥、泛蒙古运动的影响。革命形势的发展、时局的变化和国家分裂的现实威胁促使革命党人特别是领袖人物迅速抛弃了种族革命的方略，而全力关注各民族平等与融合的事业。② 1912 年元旦，孙中山在《中华民国临时大总统宣言书》中称：“国家之本，在于人民。合汉、满、蒙、回、藏诸地为一国，即合汉、满、蒙、回、藏诸族为一人。是曰民族之统一。武汉首义，十数行省先后独立。所谓独立，对于清廷为脱离，对于各省为联合，蒙古、西藏意亦同此。行动既一，决无歧趋，枢机成于中央，斯经纬周于四至。是曰领土之统一。”③ 以此为标志，“五族共和”——其实质是以“中华民族”作为“民族”单元来建立“民族国家”——的思想开始成为中国社会政治、文化建设的主流。

1912 年 3 月 19 日，革命党领袖黄兴、刘揆一等领衔发起成立“中华民国民族同胞大会”，后改称“中华民族大同会”。满人恒钧等少数民族人士也参加了此会，并成为重要的发起人。该会发起电文中有如下文字：“民国初建，五族涣散，联络感情，化除畛域，共谋统一，同护国权，当务之急，无逾于此。且互相提挈，人道宜然。凡我同胞，何必歧视。用特发起中华民族大同会。现已成立。拟从调查入手，以教育促进步之齐一，

① 《孙中山全集》第 1 卷，中华书局，2006，第 223 页。

② 《孙中山全集》第 2 卷，中华书局，2006，第 2 页。

③ 《孙中山全集》第 2 卷，中华书局，2006，第 2 页。

以实业浚文化之源泉，更以日报为缔合之媒介，以杂志为常识之灌输。”同时，为彰显民国的“大同主义”，在上海等地，一些地方官员还发布文告禁止报纸广告、公私函牍使用“大汉”字样；沪军都督陈其美等倡议发起“融洽汉满禁书会”，主张禁毁鼓吹“排满”、有违五族共和宗旨的书籍。同年4月10日，以时任内务总长赵秉钧为总理的“五大民族共和联合会”在北京成立。5月12日，以总统府边事顾问姚锡光为会长，以诸多民国政府要员、革命党元老和满、蒙古、回、藏等族知名人士为发起人的“五族国民合进会”也在北京宣告组成。关于这些组织的消息登载于《民立报》《申报》等当时的著名报刊上，在社会上广泛传播，影响甚广。同一时期，“中华民族”作为涵盖中国境内所有民族的概念也开始出现在国内政治事务的处理中。时任中华民国总统的袁世凯在《致库伦活佛书》中曾写道：“外蒙同为中华民族，数百年来，俨如一家。……万无可分之理。”1913年初，西蒙古34旗王公举行会议，一致决议反对在库伦成立的以哲布尊丹巴为首的“大蒙古帝国”，并通电声明：“蒙古疆域与中国腹地唇齿相依，数百年来，汉蒙久为一家，我蒙同系中华民族，自宜一体出力，维持民国。”这可能是第一次由少数民族代表共同决议在政治文告中宣告属于中华民族的一部分。①

1920年11月4日，孙中山在上海中国国民党本部会议的演讲中明确指出：“现在说五族共和，实在这五族的名词很不切当。我们国内何止五族呢？我的意思，应该把我们中国所有各民族融成一个中华民族。”② 抗日战争爆发后，共产党倡议和推动了抗日民族统一战线的建立，提出：中国社会的主要矛盾是帝国主义与中华民族的矛盾，必须广泛地团结各族人民，反抗帝国主义的侵略，“对外求中华民族的彻底解放，对内求中国各民族之间的平等”。③ 抗日民族统一战线得到了全国民众的广泛拥护。在空前严重的民族危机面前，中国内部各民族的一体化和整体性意识空前增强，具有“国族”和“多民族共同体”双重属性、现代意义上的“中华

① 黄兴涛：《现代“中华民族”观念形成的历史考察——兼论辛亥革命与中华民族认同之关系》，刘凤云、刘文鹏编《清朝的国家认同——“新清史”研究与争鸣》，中国人民大学出版社，2010，第282~286页。

② 《孙中山全集》第5卷，中华书局，2006，第394页。

③ 费孝通主编《中华民族多元一体格局（修订本）》，中央民族大学出版社，2003，第110页。

民族”[1] 观念也在社会上流行开来。1949 年，中华人民共和国宣告成立，中华民族的称谓依然被沿用至今。

（三）“中华民族”概念被广泛接受的原因

“中华民族”之所以能从中国民族、“五族共和”、华族等多种称谓中脱颖而出，最终成为中国近现代以来民族国家和族群格局建构的核心概念，其原因是多方面的。其中虽然离不开政治领袖的提倡，但也是因为能接续中国传统的以儒家文化认同为标准的“文化主义族群观”，与满人或汉人主导的帝国界限分明，又内蕴了各民族平等建国的内涵，适应了各族群团结一致抵御外国侵略、建设新的中央集权的统一民族国家[2]的迫切需求。

首先，“五族共和”虽然具有以民族平等构建国内民族关系的历史作用，但与中国民族构成的实际状况和民族国家建构的内在要求相比仍然显得十分粗糙，以满、蒙、回、藏来代替少数民族，不仅与中国多民族国家的历史和现实相去甚远，而且“五族”的框架也容易使其他少数民族的合理诉求、合法权益被忽略。

其次，以中华为族名符合中国人主要以文化而非血统、肤色去界分族群的传统。作为地域名称，“中华”与“中国”所涵盖的范围相同，而在历史上，又曾用于指涉人事、文化、民族等。后一种含义最初大概因“衣冠华族”而发生，后来推而广之则泛指“礼乐冠带”这种中原传统文化和具备传统文化的人。如北魏鲜卑，不仅自居“中华”，甚至被南朝士庶所景慕。北朝末年所称“中华朝士”，包括一些鲜卑，乃至来自乌桓、匈奴等族的人物。他们都是久居中土且掌握传统文化或专门学术的士大夫。[3]

再次，中华已被用于国名，再以中华为族名也适合体现各民族平等融

---

① 尽管将国家、种族、民族混同会造成概念上的混乱。1922 年，梁启超撰《历史上中国民族之研究》，指出，“中华民族”包括中国各民族认同的一体特征。他说：“凡遇一他族而立刻有‘我中国人’之一观念浮于其脑际者，此人即中华民族一员也。”并具体强调：“故凡满洲人今皆中华民族之一员。”参见费孝通主编《中华民族多元一体格局（修订本）》，中央民族大学出版社，2003，第 251 页。

② 当时，就中国是应采中央集权还是地方分权的政治体制是有争议的。大体上，联邦制、联省自治等地方自治的方案和口号往往成为军阀对抗中央、割据自保的舆论工具，最终被国、共两党摒弃而归于消弭。

③ 费孝通主编《中华民族多元一体格局（修订本）》，中央民族大学出版社，2003，第 244 ~ 247 页。

合和建构现代民族国家的需要。如出版于1928年的《中华民族小史》一书中指出："中国自昔为大一统之国，只有朝代之名，尚无国名。至清室推翻，始又有中华民国之名也出现。国名既无一定，民族之名更不统一。或曰夏，或曰华夏，或曰汉人，或曰唐人，然夏、汉、唐皆朝代之名，非民族之名。惟'中华'二字，既为今日民国命名所采纳，且其涵义广大，较之其他名义之偏而不全者最为适当……苟仅以汉族代表其他诸族，易滋误会，且汉本朝代之名，用之民族，亦未妥洽，不若'中华民族'之名为无弊也。"①

最后，学者对于中华民族概念的阐发（如梁启超的一系列文章）和对中国民族史的书写也起到了重要作用。"'民族史'是一种近代产生的新文类，但它仍基于以历史记忆来强化群体认同之人类族群本质，也基于一社会长期历史记忆中累积的心性、文类等概念。"在中国传统历史叙事文化——或者说汉族中心主义——的影响下，刘师培的《中国民族志》（1905年）等早期"民族史"仍是以"黄帝"为中华民族的始祖，他的嫡传是汉族，而诸多非汉"少数民族"的祖先则被认为是流于边陲的黄帝支裔或败于黄帝后裔之手的他族英雄。中华民国成立后，将国族历史全系于黄帝等一二英雄的血缘传承之说法渐渐消失，从种族混血的角度——而不只是汉文化的传播与接受——说明汉族与少数民族存在密切关系的"历史"的著作开始纷纷出现。如王桐龄所著的《中国民族史》（1928年）即认为，最早的黄色人种由帕米尔高原迁徙下来，分为南北六支系，南三系为苗、汉、藏，北三系为满、蒙、回。稍晚，另一《中国民族史》的作者吕思勉将中国古代民族分为三派十一族，北派为匈奴、鲜卑、丁令、貉、肃慎，南派为羌、藏、苗、越、濮，汉族居其中。1936年，林惠祥在其所著的《中国民族史》中，把古代中国民族之渊源系统分为十四系另加两种，并认为现代汉族之祖出自华夏系、东夷系、荆吴系与百越系。无疑，相较于"黄帝后裔""炎黄子孙"式的国族建构，将各族视为长期生活在（现代中国的）国界以内、与汉族之间具有普遍性的血缘联系和不同文化特质的群体，使华夏中国扩大为汉族与少数民族共同的中国，这样的论说显然十分有利于把传统上王化之外的或汉与非汉区分模糊的边疆转变为国家边界内有明确语言、文化界限的少数民族地区，在各少数民族建立对国

---

① 《中华民族小史》，爱文书局，1928，第5~6页。

族的想象方面也更具说服力。[①]

第三节　中华民族认同、民族平等在云南文化生产中的表达

从19世纪后期开始，云南个旧所产锡矿经由越南运往香港，再销往欧美市场的国际贸易已然发生，而新式交通的出现则使云南经济在与现代世界体系的联系中更加蓬勃发展。1910年滇越铁路的建成通车不仅使经越南海防由海运抵达上海、香港、天津等地的交通更加便捷，也极大促进了洋货的倾销和原料的出口，并使先进机器设备的运入和新式采矿、冶炼、棉纺织业等的蓬勃发展成为可能。云南1908年对外贸易的年出口额为1200多万海关两，到1912年便已达2200多万海关两，其中，经蒙自关出口的即占总额的87%。据当时人的描述，铁路沿线的开远“水利称便，民多务农，在昔铁路未兴，工商业均不发达，自滇越铁路修通后，路当要冲，一切舶来品日新月异，工乃渐知改良，商则渐事远贩”。因为经滇越铁路的出口商品除滇南地区可以通过沿线站点直接装运，滇中、滇西、滇东以及东南地区的商品大都先得通过马帮运至昆明，再由昆明起运出口，而进口商品也得先到昆明后再转运其他地方，所以昆明作为区域经济中心和大宗商品集散地的特征也日益显著。有研究甚至认为，近代云南的统一市场即是在滇越铁路的全线修通、昆明作为全滇商业中心出现之后才形成的。[②]

现代世界体系和早期工业化不仅影响了汉族，也影响了云南少数民族的社会生活。铁路、公路经过的许多地方都属于少数民族聚居的地区，沿交通干线城镇规模的迅速扩大、农业人口向城市的转移、洋货的大量输入不可能不对他们的传统经济形态产生冲击，引发具有不同形式和不同结果的各种反应。如丽江的纳西族商人、大理的喜洲商帮等在滇川藏区际贸易与国际贸易的衔接中发挥重要作用。民国初年，丽江纳西族商人杨守其伙同中甸藏商马铸材、鹤庆白族商人张相诚等一同开辟了从西双版纳勐海经缅甸转印度到西藏的滇茶销藏新路线。这条路线主要借助了缅甸、印度境内方便迅捷的近代交通，使滇茶的销藏成本大大降低，销量迅速增加。

---

① 王明珂：《英雄祖先与弟兄民族：根基历史的文本与情境》，中华书局，2012，第190～204页。

② 陈征平：《云南早期工业化进程研究》，民族出版社，2002，第95～110页。

“中甸‘铸记’原来经丽江入藏，每年只能做几百包，改经缅、印近代跨海交通线后，增至一二千包，各家商号，原来每年约共做五六千包，以后增至数万包（每包重40公斤，内装紧茶18筒）。”① 在个旧锡矿的开发中，许多砂丁（矿工）就是来自周边地区的彝族人。根据在石屏、建水的调查，当地彝族男子中常年到个旧锡矿当砂丁（矿工）者的比例最多时能达到80%以上，“只是在栽割二季回家突击几天，有的甚至把自己仅有的一点土地托人照管，跑到个旧找‘生活’”。个旧矿山每年做坑木和供冶炼用的几十万立方米的木材，大部分是由石屏、建水、弥勒、开远的彝族山区砍伐供给，石屏县彝族村寨何保寨煤矿生产的煤也主要是供给矿山作为冶炼大锡的燃料。②

在周边国家纷纷沦为殖民地、西方列强侵略和现代世界体系、早期工业化影响的大背景下，受西方文化传播的影响，对中华民族的认同和与之相关的各民族平等、团结，共同建设民族国家的思想观念民国时期已经出现在云南的文化生产中，在中华人民共和国成立后则表现得更加突出。

（一）对少数民族的制度性歧视逐渐得到纠正

作为中华民国的创建者，孙中山是主张民族平等的。在《复扬州淮南运商电》中，他说：“人权原自天赋，自宜结合国体，共谋幸福。……今全国同胞见及于此，群起解除专制，并非仇满，实欲合全国人民，无分汉、满、蒙、回、藏，相互共享人类之自由。”国共合作形成后，孙中山对其“民族主义”有了新的解释，即“一则中国各民族自求解放，二则中国境内各民族一律平等”。他主张“对于国内之弱小民族，政府当扶植之”（《建国大纲》），认为中国应由“一民族之专横宰制过渡于诸族之平等结合”（《中国国民党一大宣言》）。③ 1912年公布施行的《中华民国临时约法》第5条明确规定：“中华民国人民，一律平等，无种族、阶级、宗教之区别。”④ 从此，民族平等作为宪法原则开始出现在中国（包括民国时期和中华人民共和国成立后）的各部宪法或宪法性文件中。

---

① 周智生：《商人与近代中国西南边疆社会》，博士学位论文，云南大学，2002，第52页。

② 红河哈尼族彝族自治州民族志编写办公室编《云南省红河哈尼族彝族自治州民族志》，云南大学出版社，1989，第99页。

③ 黄光学主编《中国的民族识别》，民族出版社，1994，第90~91页。

④ 张晋藩主编《中国法制史》，高等教育出版社，2006，第322页。

总体上，民国时期，虽然大汉族主义的思想依旧普遍存在，但中华民国的各级政府在消除民族歧视方面还是做出了一定努力。1940 年 10 月，国民政府行政院发布阳壹字 20985 号训令，公布了国民党中央社会部会同教育部及中央研究院拟定的《改正西南少数民族命名表》，要求“本册所列各民族之命名，其见于此项命名表者即从其规定，并于备考栏内注明，其未见诸此表者，亦本中央改正命名之原意加以改正，以示平等”。根据此规定，《云南全省边民分布册》所载云南少数民族的名称，不再有虫、兽、鸟及反犬旁等字样，全部改为人字旁，不再用歧视性的民族名称。1943 年 10 月，根据国民党中央五届八次全会边疆施政纲要的相关要求，云南省民政厅成立了边疆行政设计委员会。在众多的研究内容中，有对云南边民概况和分布的研究，将云南各族人民归入爨人、僰夷、苗瑶、西番、缅越五大类，分别研究其源流、社会组织、宗教意识、语言文字、生活习惯，并各附有分布区域图。清代以前的官方文献在提及云南边疆少数民族时，多有污辱性的偏见，而民国年间的这类记载就不太多见，这也应当是一种历史性进步。①

中华人民共和国成立后，为消除历史上遗留下来的民族歧视痕迹，体现民族平等的基本原则，根据中央人民政府政务院 1951 年 5 月发布的《关于处理带有歧视或侮辱少数民族性质的称谓、地名、碑碣、匾联的指示》，中共云南省委和省人民政府经过认真调查研究，并与各民族的代表协商，对歧视或侮辱少数民族性质的称谓、地名等，先后进行了处理。如：云南彝族有 100 多个自称、他称，其中有些他称带有明显的民族歧视色彩。根据彝族人民的意愿，将“彝族”作为自称繁多的彝族各支系的统一称谓，既符合绝大多数彝族自称的汉字音译，又在汉文字义上具有庄重的美好内涵。又如：景颇族自称“景颇”，他称“山头”，在汉文典籍中经常被称为“野人”。根据本民族的意愿，废除了“山头”等称谓，统称为景颇族。1954 年 8 月，在云南省第一届人民代表大会第一次会议上，讨论通过了《关于更改歧视、侮辱少数民族的地方名称的决议》，并经中央人民政府内务部批准，将省内含有歧视、侮辱少数民族之意的原缅宁、蒙化、顺宁、镇南、平彝、宣威六县的县名，做了如下更改：缅宁改为临沧，蒙化改为巍山，顺宁改为凤庆，镇南改为南华，平彝改为富源，宣威改为榕峰

① 尤伟琼：《云南民族识别研究》，博士学位论文，云南大学，2012，第 33 ~ 40 页。

（1959 年又恢复“宣威”原名）。此外，镇越改为勐腊。[①]

（二）民族平等、民族团结观念在少数民族中的出现

民国时期，中央政府主要关注的是汉、满、蒙、回、藏“五族”的团结和统一，对西南诸民族的问题始终未给予足够的重视。如《中华民国训政时期约法》第七章（政府之组织）第八十条规定：“蒙古、西藏之地方制度，得就地方情形，另以法律定之。”国民政府设有蒙藏委员会来专门处理西北民族事务，该委员会下设《蒙藏月刊》、蒙藏通讯社、蒙藏政治训练班、西藏驻北平和驻南京办事处等附属刊物或机构，但没有专门的机构来处理西南夷苗事务。1936 年 7 月以前的历次国民党全国代表大会上，涉及西北民族事务的决议案至少有 13 个，涉及西北民族事务中的政治、军事等方方面面，涉及西南各民族的决议案却一个没有。面对不合理的政治格局，云南少数民族中部分接受过新式教育的精英人物并未像以往一样消极地接受中央政府的安排，而是积极向中央政府请愿。为引起舆论关注，请愿者还利用报纸、杂志、电台等在全国范围内广泛宣传或者说“炒作”自己的身份、少数民族的风俗和主张。其中的典型人物是来自彝族的高玉柱。[②]

高玉柱是滇西地区（今天的永胜县）世袭土司之后，曾在云南大学和云南女子师范学校读书。1936 年至 1940 年间，高玉柱自命土司和土司代表，和云、贵、川的“夷苗”精英一起，至少先后六次向民国政府提交了请愿书，希望民国政府承认西南“夷苗”民族的地位，并给予相应的政治待遇——如“援照待遇蒙藏办法，准予成立西南夷苗代表办事处”；“援照蒙藏先例，举办夷苗特种教育”；“设立西南边区夷苗特别党部”等。南京请愿期间，高玉柱曾数次往返于南京和上海之间，并在电台、大学、学术研讨会等场所进行了多次演讲，《中央日报》《申报》《良友画报》《北洋画报》等对她的活动进行了大量报道，《边事研究》《西南评论》等刊物也对她的请愿活动进行了报道和评论。高玉柱在请愿中，除了尽力表达夷苗“向往”、“羡慕”并“忠诚”于国家的主旨外，也通过刻意强调西南

---

① 马志敏：《中国共产党云南民族工作研究》，博士学位论文，中央民族大学，2006，第 80～86、129 页。

② 伊利贵：《民国时期西南“夷苗”的政治承认诉求：以高玉柱的事迹为主线》，博士学位论文，中央民族大学，2011，第 70～75 页。

沿边各地男女平等——甚至是女权至上——和婚姻自主的风俗赢得了妇女界的支持。据伊利贵统计，高玉柱是西南地区以“夷苗”民族的身份向民国政府提交请愿书次数最多的人，除了提交请愿书，高玉柱还从事大量社会活动，比如组织协会、组织“夷苗”武装等。高玉柱的活动在当时的社会各界引起了很大的反响，在一定程度上影响了民国政府对于西南少数民族的认识和相关民族政策的制定。如：1947 年 12 月 25 日开始正式实施的《中华民国宪法》第六章（立法）第六十四条关于立法院立法委员的选举规定中，除蒙藏地区以外，还加入了“各民族在边疆地区选出者”。①

至 20 世纪 50 年代末，民族平等、民族团结的观念在云南各少数民族中已经深入人心。以少数民族聚居区的现实生活为素材，反映各族人民热爱社会主义祖国、团结一致保卫和建设边疆的小说、诗歌、民歌也大量涌现，并借助大众传媒在国内广泛传播。② 1950 ~ 1957 年，作家李乔（彝族）曾参加中央西南民族访问团民族工作队，先后到阿佤山地区、德宏傣族景颇族自治州、凉山彝族地区访问和参加民主改革，并把自己的观察和感情写进了一系列的作品中。短篇小说《拉猛回来了》就是他 1950 年进入阿佤山，见到阿佤头人拉猛从北京参加国庆回来后写的。这篇作品反映了佤族人民对新政权的民族政策从怀疑到逐渐了解，最后积极拥护的过程。该小说在《云南文艺》发表后，获云南文联“抗美援朝征文”一等奖，1952 年 10 月的《人民文学》杂志也曾给予转载。③ 诗人晓雪（原名杨文翰，白族）创作了大量的生活抒情诗。他的《独龙河之歌》《洱海渔翁》《澜沧江》《金铮》《纳西姑娘》《奕家妇女》《古调新歌》等作品写出了边疆各族人民往昔的悲哀，也描绘了他们今朝的欢乐。在晓雪的诗里，既有景颇山第一个女气象观察员、第一个傣族女工和解甲归农而勇气不减当年的白族农场场长，也有人老志更坚的洱海渔翁、文武双全的女干部和充满美好理想的少年儿童。④ 在白族聚居的大理白族自治州，出现了许多歌颂革命斗争历史的民歌，其中，具有代表性的是歌手张明德创作的

① 伊利贵：《民国时期西南“夷苗”的政治承认诉求：以高玉柱的事迹为主线》，博士学位论文，中央民族大学，2011，第 19、54、70、75、109、110、117 ~ 120 页。

② 其中部分由少数民族作者创作的作品后来被民族文化研究者收入少数民族文学史中，既记录下了少数民族对中国共产党领导下建立起来的新政权、新社会秩序的认同和歌颂，也是民族平等、民族团结原则在文化生产领域的直接体现。

③ 李力：《彝族文学史》，四川民族出版社，1994，第 552 ~ 553 页。

④ 张文勋主编《白族文学史》，云南人民出版社，1983，第 501 页。

三篇长诗《红军二万五千里长征》、《滇西北武装起义》和《保匪作乱》。土改、“大跃进”、兴修水利、集体化等在白族民歌中也都有反映。如一首民歌描写了农民得到土地后的欢乐情绪：“千年铁树开了花，农民土地还老家，种田的人有了地，男女老少笑哈哈。”“哪个田里一片新？农业社里一片新。哪个脸上笑盈盈？社员脸上笑盈盈。甚么生活挺起劲？集体生活挺起劲。哪个唱歌最好听？队长唱的山歌最好听。”这是赞扬农业社的。至于感激、歌颂中国共产党及其领袖人物的民歌数量则更多。流传较广的有：“我家住在西山区，村多人少又分散，文化又最低。家家吃的是粗粮，个个穿的是麻布衣，自从来了共产党，麻衣变布衣。”还有“太阳落坡坡不落，靠父靠母靠不着，只有紧跟共产党，丰衣足食好快乐”和“藤连藤来根连根，根藤紧连不离分，幸福花开长久在，永世不忘主席恩”。[①] 在彝族地区，《永远和共产党在一起》《两个民族一条心》《一起来当家》《跑步跟上老大哥》等民歌直接表现了民族团结、彝汉一家的鲜明主题。[②]

（三）各族平等视域下的云南民族史、民族文化研究

在中国，以民族特别是少数民族为对象的文字记述有着久远的历史，如：汉代的司马迁在他所著的《史记》中就以“列传”的形式记录了匈奴、大宛、朝鲜、东越、南越、西南夷等民族社会生活的情况；以后，在历代史书、地方志以及游记、笔记中也保存有丰富的历史民族学文献资料。但是，作为一门系统、专门的学问或者说学科，民族学在中国出现的历史很短，它是在近代从西方传进来的，可以说是“舶来品”。清朝末年，随着西学东渐的时代潮流，适应中国由传统帝国向近代民族国家转型的需要，源自西方的民族学也被介绍到中国。1926 年，蔡元培发表《说民族学》一文，比较系统地解释了民族学的字源含义，即：“民族学是一种考察各民族的文化而从事于记录或比较的学问。”蔡元培给出的定义，凸显了民族学的两个基本特征：一是民族学应该以民族文化为研究对象，二是要采用调查研究和比较研究的方法。《说民族学》一文虽然篇幅不长，却是公认的中国民族学学科的奠基之作。[③] 其后，民族学在中国逐渐发展壮大，逐渐成为一个包括许多分支学科和交叉学科——如民族史、民族经

---

① 张文勋主编《白族文学史》，云南人民出版社，1983，第 482 ~ 494 页。

② 左玉堂主编《彝族文学史（下）》，云南民族出版社，2006，第 916、933 ~ 934 页。

③ 宋蜀华、满都尔图主编《中国民族学五十年》，人民出版社，2004，第 20 ~ 21、180 页。

济、民族理论、民族艺术等——在内的独立学科体系。

民族关系的形成和更替是一个复杂的历史过程。政治、经济、文化、技术等多种因素都必然会在其中发生作用，“这些力量对于每一个部分都发生影响，但是除非从它们对于整个社会的作用做全面的了解，否则便无法了解它们的局部作用”；又因为不同的部分在同一个总的过程尽管会受到不同的影响，但它们对该过程做出的不同反应同时构成了最终“促进这个总的过程发生运动的动力”。① 曾经长期处于华夏文明边缘的少数民族在中华民族形成这一“总的过程”中所扮演的角色或者说发挥的作用也不可能像中原王朝正史中所描述的那样只是作为被军事征服、汉文化教化和汉民族同化的对象。中华人民共和国成立后，各族人民共同创造了光辉灿烂的中国文化被写入宪法，各民族平等的观念成为学术界的主流，各民族共同缔造的统一的多民族的中国也成为中国民族学研究的基本出发点之一。在民族平等的视域下，民族学界开始于民国时期的，对于云南民族史和民族文化的研究逐渐深入，不但突破了王朝史体系的束缚——将王朝史等同于中国史，也将以往较少受学术界关注的少数民族的神话、传说、音乐、舞蹈、服饰、建筑等作为民族文学、民族艺术研究的主要对象正式纳入学术领域。随着相关研究的深入，原有以华夏文明由核心向边缘的单向扩张作为模板的历史叙事方式逐渐被消解，各民族之间的相互交流、融合、冲突、竞争受到了更多的关注，不但使云南民族关系演进的真实历史情境获得了较以往更加清晰、全面的展现，也使中华民族认同、各民族共同的中国以及各民族平等的合理性具有了更多的“科学”依据和知识基础。

1. 南诏国、大理国史研究

19 世纪后半期，西方学者如德国人戴·哈维·圣丹尼斯、英国人拉古伯里在他们的著述中开始宣扬南诏国是傣族人建立的独立王国。他们认为，泰国的主体民族泰族和中国境内的傣族、缅甸境内的掸族都是同族，这一民族原本住在中原及长江流域，迁到云南后相继建立了南诏国和大理国；元朝灭大理国后，该民族向滇缅泰交界地区迁徙，特别是大量定居暹罗（泰国），成为泰国的主体民族。此种论说在西方社会和泰国都流传甚广，并被号称“暹史之父”的丹隆亲王收入其所著的《暹罗古代史》

① 〔英〕汤因比：《历史研究（上）》，曹未风等译，上海人民出版社，1986，第 4 页。

（1924年）中。从20世纪初开始，中国学术界开始关注南诏国和大理国历史的研究。中华人民共和国成立后，中国学者从民族学、考古学、历史学、语言学等多学科的视角，对南诏国时期的历史文化进行了深入的综合研究，有力证明了南诏国不是傣族所建，更不是暹罗的前身。[①] 同时，也出现了对南诏王室出自彝族还是白族的争议。持“彝族说”者和持“白族说”者各自利用地方史志、语言学、风俗习惯、历史文物和民族调查材料论证自己的观点，至今尚未达成共识。[②]

20世纪50年代以来，民族学研究者对南诏国、大理国的社会性质、政治制度、经济状况、境内各民族之间的关系、与中原王朝的关系、宗教信仰、风俗习惯等各方面的情况进行了广泛的研究。至今，还存在许多观点上的歧异，如：南诏国的社会性质是属于奴隶制还是封建制；南诏国的灭亡是由于权贵阶层对王室的威胁还是由于南诏对外的穷兵黩武；南诏国、大理国最流行的密宗阿吒力教主要是由印度传来还是中原传来；等等。但是，绝大多数研究者都赞同，云南处于中原汉文化、藏族文化、印度文化和东南亚文化交汇地带的特殊地理位置，使南诏国和大理国的文化具有鲜明的多元融合的特征，“它不是单纯的一个文化系统的连续发展，而是多种文化的汇合与凝聚”；南诏国、大理国长期用汉字，读儒书，这也就决定了中原汉文化对它们的社会发展始终具有巨大和持续的影响，“甚至可以说没有盛唐也就没有南诏文化，盛唐导向了南诏文化”。[③] 根据方国瑜的考证，南诏国王接受唐王朝册封时也被授予了唐历，后来虽自建国号，但仍奉唐正朔，用唐历；大理国时期，与中原内地的交往虽较少见于文献，但绝不能简单地视为“不通中国”。云南历史自古为中国历史不可分割的一部分，“云南历史发展之全过程，为中国文化体系发展之过程，始终未脱离此体系”。[④]

2. 各族同源的创世史诗

作为人类最初的精神产品，在各种文化形式中，神话在“合理化生活

---

① 江应樑：《南诏不是傣族建立的国家》，《江应樑民族研究文集》，民族出版社，1992，第234～260页。

② 达力扎布主编《中国民族史研究60年》，中央民族大学出版社，2010，第420～421页。

③ 木霁弘：《论南诏文化的形成及特点》，《思想战线》1990年第4期，第45～52页。

④ 方国瑜主编《云南史料丛刊》第2卷，云南大学出版社，1998，第408～409、480～481页。

世界”方面发挥作用的历史无疑是最为悠久的。格德利尔在《神话与历史》中说，神话是一个反映人和世界的关系的、巨大的观照系统，“通过类比，整个世界获得了一种意义，一切都变得很生动形象，并在符号秩序中表现了出来。一切实证知识的每一个具体环节在这个符号秩序中都显得完美无缺”。换言之，当人们不能完全支配周围世界的时候，在神话中通过来自亲属模式的一些范畴将它内化入人类社会主题的交往网络就不会是什么令人惊奇的事情。[①] 世界上的许多民族在讲述本民族的源流时，往往自以为是神的嫡传后裔，而视其他民族为比较卑贱、低微的群体，或者根本无视其他民族的存在而仅以自己民族的形象为人类的代表。在云南少数民族中，却普遍流传着各民族具有共同起源的神话，把不同的民族视为同祖的兄弟，自己所属的民族只是各民族兄弟中的普通的，甚至是略为弱小的一员。[②] 这些神话主要出现在创世史诗中，它们多以各族同源为主题，不仅对于这些民族的民族心理有着巨大而深远的影响，而且对研究当今云南族群格局的建构和发展问题也具有潜在的重要意义。一方面，这意味着相关民族对社会中实际存在的民族等级关系的认同与接受；另一方面，也表达出某些弱势族群对改变实存的民族等级关系、实现民族平等的意愿和期望。

在云南，受族源神话产生时各民族交往的范围和当地社会政治、经济格局的影响，在各个民族的创世史诗中，同源民族的种类、数量、排序并不完全相同。汉族是中华民族的主体民族，相较于其他少数民族，汉族在中国社会的政治、经济、文化诸领域都长期占据优势地位。在汉族的族源神话中，处于华夏文明边缘的众多少数民族虽有夷、蛮、狄、戎等不同类别，但其统治集团往往都与占据文明中央（中心）的汉族一样是共同祖先黄帝的后裔子孙。而按照汉族在族源神话中所处的位置，云南的族源神话大体上又可以被分为下列三种类型。①汉族居于首位。如流传在云南大姚、姚安一带彝族中的创世史诗《梅葛》中呈现的，各族先祖虽然都是从一个葫芦中出来的，彼此之间不同的只是生产和生活方式而已，但汉族毕竟是最为尊长的大哥，而戳葫芦的地点也是在汉族地区，“金索银索拴葫

---

① 〔德〕哈贝马斯：《交往行为理论：行为合理性与社会合理化》，曹卫东译，上海人民出版社，2004，第46~48页。

② 张文勋主编《滇文化与民族审美》，云南大学出版社，1991，第16、30~32页。

芦，金杆银杆抬葫芦，抬到南京应天府，大坝柳树湾，弯腰树下面”[①]。②汉族未被排在首位。如在流传于云南楚雄、红河部分地区的彝族长诗《查姆》（彝语意为万物的起源）中，彝族、哈尼族、汉族等民族之间并没有长幼和人口多少之分，各族各据一方，完全平等，只是在语言、分布地域及生产和生活方式上存在不同；[②] 在哈尼族的《族源歌》和《奥色密色》中，其民族分类的标准虽与《查姆》相似，汉族却都是排在哈尼族和彝族之后的小兄弟。[③] ③不涉及汉族。如在纳西族史诗《创世纪》中，三个兄弟民族就只有藏族、纳西族和白族。[④]

3. **迁徙长诗**

云南虽广泛流传有各族同源的神话，但作为同源兄弟的各族在社会生活中实际的地位并不平等，他们之间的关系也不一定始终保持和睦。为了争夺对土地、财富、人口等资源的控制权，冲突、欺诈和压迫不仅可能发生在兄弟民族和同一民族的不同分支之间，有时甚至还会达到相当激烈的程度，这些在表现各民族迁徙历史的叙事长诗都有所反映。在哈尼族迁徙长诗《哈尼阿培聪坡坡》和《雅尼雅嘎赞嘎》中，哈尼族的先祖们都是因为多次受到兄弟民族的欺诈而失去了他们自己的土地才被迫迁往他乡，寄居在蒲尼族和傣族的地盘，向他们缴纳贡赋。[⑤] 又如彝族英雄史诗《铜鼓王》所描述的：昆明人和滇人虽然都是伏羲的后裔，也曾亲密合作消灭匪徒、开发滇池，但由于争夺铜鼓开始旷日持久地打冤家，兄弟不再是兄弟，而战败的一方自然也就成为地位卑下的俘虏甚至奴隶，“多数被俘虏，不能回家园。拉去当奴隶，情景更悲惨。当牛又做马，耕地又犁田。饭也不给吃，衣也不给穿。就像牛马样，买卖去换钱。当猪又当牛，拉去搞祭奠。死了奴隶主，陪葬更悲惨”。最终，昆明人被迫远迁他乡。[⑥] 在彝族

---

① 第二和第九都是傣族，原文如此。陶立璠等编《中国少数民族神话汇编：人类起源篇》，中央民族学院少数民族古籍整理出版规划领导小组办公室，内部资料，1984，第112～113页。

② 陶立璠等编《中国少数民族神话汇编：人类起源篇》，中央民族学院少数民族古籍整理出版规划领导小组办公室，内部资料，1984，第72页。

③ 云南省少数民族古籍整理出版规划办公室编《云南少数民族古典史诗全集》上卷，云南教育出版社，2009，第669～671、686页。

④ 郑卫东：《文明交往视角下纳西族文化的发展》，云南民族出版社，2011，第53页。

⑤ 云南省少数民族古籍整理出版规划办公室编《云南少数民族古典史诗全集》中卷，云南教育出版社，2009，第663～714、749～780页。

⑥ 《铜鼓王——彝族英雄史诗》，云南人民出版社，1991，第53～59、73～83、108～111页。

史诗《勒俄特依》中，为了避免与强势民族之间的冲突，彝族统治者“兹敏”挑选驻地则要避开彝、汉混杂或者说相互融合的地方，“站在安宁场，望见西昌城，西昌这地方，背上太阳晒，腹部起水泡，水牛黄牛并着耕，耕时在一起，耕完各走各，彝汉相交杂，出门在一起，分散各走各，汉人头上留发髻，汉族妇女穿窄裤，不是兹敏的驻地，我不愿住此”。①

第四节 从“教化”到动员：文化生产功能的转变与民族关系演进

社会系统的内在整合必须建立在合理性的基础上，后者的主要表现形式是符合社会主流的“理想价值”，其来源正是与社会秩序合理化有关的文化生产——文化产品的创造、复制、传播、接收、理解、解释、使用活动。作为整个社会系统的规范结构的共识基础和系统成员自我认同的根本依据，理想价值必须具有相对的稳定性，而对于把握规范结构与控制问题之间的关系来说，它又是一个可靠的、能够用于判断规范结构本身弹性情况的分析层面。社会不可能是一成不变的，“社会系统能够在一种高度复杂的环境中维持其存在，具体途径表现为：不是改变系统因素或理想价值，就是同时改变二者，以便把自己维持在一个新的控制水平上”。至于变化是属于单纯结构的变化、旧系统的自我更新，还是属于革命性的剧变、旧系统的全面崩溃和新系统的逐渐形成，则在很大程度上是由依据“确定的系统的理想价值”而确定的社会系统活动空间或者说“宽容领域”的大小所决定的。②

历史上，中国曾经依靠“车同轨、书同文、行同伦”的文明推进、郡县制的行政管理和平民化的儒学教育和开放性的科举制度，“使这一以汉族为中心的文明空间和观念世界，经由常识化、制度化和风俗化，逐渐从中心到边缘，从城市到乡村，从上层到下层扩展”，构建了一个具有相当稳定性和巨大吸引力——对汉族以外的其他族群以及日本、朝鲜等邻

---

① 陶立璠等编《中国少数民族神话汇编：人类起源篇》，中央民族学院少数民族古籍整理出版规划领导小组办公室，内部资料，1984，第135～136页。

② 〔德〕哈贝马斯：《合法化危机》，刘北成、曹卫东译，上海人民出版社，2000，第5～6、8～9、11、16～17、66页。

国——的“文化共同体”[①]。儒家文化的生产与再生产不仅造就了有利于实现政治“大一统”的精英文化传统，也使汉唐以来——尤其是宋代之后——的中国传统社会具有较高的文明程度和社会流动性，并进而促成汉族在多民族统一国家中凝聚核心地位的确立。但在新的世界体系中，在社会流动的规模、速度、范围都出现了重大变化的情况下，这种延续了千年的、以汉文化为中心的文化秩序遭遇了难以应对的艰巨挑战。现代世界体系是前所未有的、崭新的、以经济联系为基础的，面对它带来的诸多复杂问题，在重视人伦道德的儒家文化中找不到与之相应的成熟的解决方案。一方面，“使东方从属于西方”的现代世界体系的中心并非中国，中国人对天下国家的普世秩序或天下中央、无边帝国的想象不能不被逐渐取代和淡忘；另一方面，由于西方文明、工业化和殖民侵略的冲击，既存的以汉族为中心的民族关系模式也不再像以往一样具有足够的合理性依据。为了维持多民族国家的完整、稳定和统一，中国传统社会中建构民族关系的“理想价值”以及文化生产都必须发生自我更新式的重大转变。

在中国社会由传统向现代转型的过程中，其文化格局已经发生了深刻的变化，文化生产的主体、内容、形式、组织都与以往有了很大不同。从以读儒书、科举仕进的士大夫为主转向接受新式教育的新型知识分子为主；从儒家经典转向各种“西学”；从传统的官学、书院转向包括教会学校在内的各类新式学堂；从儒家文化为主到“中学为体，西学为用”，再到“全盘西化”和“古为今用，洋为中用”，以至于新儒家的兴起……这种文化格局的转型迄今应该说还在进行之中。而就其对中国文化生产发展的影响来说，最显著的变化可能是文化生产原有的教化功能被日益削弱。同时，由各政党、政治派别、社会团体以至于个人发起、主导、组织、号召，动员大众（包括少数民族民众）响应、参与各种政治活动和社会运动的动员功能则逐渐凸显。此变化在民国时期最为突出，主要表现在以下方面。

（一）对中华民族内涵的多种阐释

“中华民族”一词的创立和使用始于中国近代史上遭遇的严重的政治、文化危机和知识界对民族主义“一个民族，一个国家”主张的回应。作为中

① 葛兆光：《重建关于“中国”的历史论述——从民族国家中拯救历史，还是在历史中理解民族国家》，刘凤云、刘文鹏编《清朝的国家认同——“新清史”研究与争鸣》，中国人民大学出版社，2010，第265页。

国境内各民族的统一体，中华民族虽然天然地具有“国家民族”的属性，但是，在相当长的时间里，“中华民族”一词的实际指涉都十分接近于以往的“中国人”，并似乎无关于“国族”一词本应具有的平等的国民的含义。

中国很早就有了天下国家的观念，“天下国家是从天边到天边，其中只有统治权的顺位，没有边界的区划”。从传世琅琊刻石的铭辞看，秦始皇自居为六合之内的共主，“西涉流沙，南尽北户。东有东海，北过大夏。人迹所至，无不臣者”。秦汉以后，中国仍旧长期处于亚洲文明的中心，并通过朝贡、册封、羁縻州府、土司等制度维持了周边地区政治秩序。[①] 作为国家名称，中国在近代以前是历代中原王朝的通称，各朝代另有表明其一家一姓“社稷”“天下”的朝代国号。元、明、清时代，“在统一中国内以不同社会制度存在的各民族，无论是内地还是边疆，汉人还是少数民族，都是中国人，这一认同的实际情况，不仅在皇帝的训诰、大臣的奏议、私家著述乃至词书及国际条约等都已得到反映”[②]。就出现的先后顺序来讲，中国人的称谓当然可以说是后世所称中华民族的原型，但就各民族全面、平等地融合于一个统一的整体而言，中华民族与原有以汉族为凝聚核心，存在华夷之别或者说中心－边缘格局的“中国人”则无疑存在十分明显的差异。

从血统、体制、族源、族称、语言等不同的角度出发，学术界对于中华民族内部包含的民族类别的划分自然不会完全相同，如：梁启超在《中国历史上民族之研究》中认为存在中华族、蒙古族、突厥族、东胡族、羌族、蛮越族；张其昀在《中国民族志及中国地理》中认为存在华夏族、东胡族、突厥族、蒙古族、西藏族、苗蛮族；林惠祥把中国历史记载中出现的各种族称归纳为“历史上之民族”，将其划分为华夏系、东夷系、荆吴系、百越系、东胡系、肃慎系、匈奴系、突厥系、蒙古系、氐羌系、藏系、苗瑶系、罗缅系、僰掸系、白种、黑种共 16 个“系”，把现代的民族分为汉族、满洲族、回族、蒙古族、藏族、瑶族、罗缅族、僰掸族共 8 个族。[③] 而在政治领域，出于政治需要的目的，中华民族的具体组成也往往

① 许倬云：《万古江河：中国历史文化的转折与开展》，上海文艺出版社，2006，第 76、154～161 页。

② 费孝通主编《中华民族多元一体格局（修订本）》，中央民族大学出版社，2003，第 108 页。

③ 马戎：《现代中国民族关系的类型划分》，《社会》2008 年第 1 期，第 5～8 页。

会出现扩大或缩小的变化。中华民国成立初期，政府提出的是汉、满、蒙、回、藏“五族共和”，西南少数民族由于未被识别，并不独立地被包括在内。民国初期，针对传教士柏格理关于为何苗、彝不在五族之内的询问，时任外交总长的伍廷芳曾以“五色旗不过代表中华五大区多数民族之标志，苗族居住于多数民族汉族之中，即隶属于汉族部分”作为回应。[①] 1934 年 10 月，为应对英国入侵带来的西南边疆危机，国民政府蒙藏委员会才下令对西南边疆各省少数民族情况进行调查，并制定《西南苗夷民族调查表》，发往西南各省。[②] 1935 年 8 月 1 日，中华苏维埃中央政府、中共中央在莫斯科发表的《为抗日救国告全体同胞书》——著名的《八一宣言》中也有“大中华民族抗日救国大团结万岁!”“中国境内一切被压迫民族（蒙、回、韩、藏、苗、瑶、黎、番等）的兄弟们！大家起来！冲破日寇蒋贼的万重压迫，勇敢地与苏维埃政府和东北各地抗日政府一起组织全中国统一的国防政府；与红军和东北人民革命军及各种反日义勇军一块组织全中国统一的抗日联军。”[③] 在抗战期间，为强化中华民族一体的国族观念，蒋介石在《中国之命运》（1943 年）中提出所谓“国族同源论”，把汉族称为“国族”，而把其他各少数民族称为“宗族”，认为他们是汉族的“大小宗支”，各宗族之间的差别仅仅是由于宗教和地理环境的因素。[④]

（二）大众传媒扮演的角色

传播学的研究认为，报社、出版社、广播电台等大众传媒所从事的大众传播活动具有下列特点：信息的丰富性，有新闻报道、科学知识、娱乐等多方面内容；传播的快捷性，利用机械印刷和电子传播记述；受众的广泛性，它以社会上的一般大众为对象，并不特指某个特定的社会阶层或群体；传播的单向性，传媒组织单方面提供信息，受众只能在该范围内进行选择，受众对传媒组织的活动缺乏直接、有效的反作用能力。在现代社会中，大众传媒对于社会舆论的形成具有强大的社会影响力，以至于任何国

---

① 朱映占：《民国时期的西南民族》，博士学位论文，云南大学，2012，第 299 页。

② 尤伟琼：《云南民族识别研究》，博士学位论文，云南大学，2012，第 33 页。

③ 《中国苏维埃政府、中国共产党为抗日救国告全体同胞书》（1935 年 8 月 1 日），人民网。

④ 黄光学主编《中国的民族识别》，民族出版社，1994，第 91 页。

家都必须把它的活动纳入制度化管理的轨道。[①]

清末，大众传媒在中国开始出现，很快就成为政府机关、政党、商人、学者等公告消息、发布主张、刊登广告、点评时政、扩大影响的平台。梁启超关于中华民族的一系列文章、中华民族大同会等组织的信息、政治领袖关于民族问题的演讲等多在报纸上公开发表，诸多学者著的与中华民族史、中国民族志等相关书籍也多在国内公开发行。虽然他们的视角和具体主张未必一致，但都是为了团结各民族避免分裂——自觉维护国家统一，共同建国，抵御外侮，同时也极大促进了中华民族观念的传播与流行。与以往儒学教育和科举制度旨在以科举的社会流动性缔造精英文化传统，消弭社会中潜在的对现存社会秩序的反抗力量不同，大众传媒在中华民族观念的传播中却更多的是起到了在官方意识形态之外的启蒙大众和促进重塑民族格局的作用。如杨度于清朝尚未被推翻，皇帝尚未退位的1907年在其创办的《中国新报》发表文章，主张实行“满汉平等，同化蒙、回、藏”的所谓“国民统一之策”，对于蒙、回、藏等族，“其始也，姑以去其种族即国家之观念；其继也，乃能去其君主即国家之观念，而后能为完全之国民，庶乎中国全体之人混化为一，尽成为中华民族，而无有痕迹、界限之可言”。[②] 还有学者著书立说宣扬在“共和”的五族之外还有其他民族的存在，等等。

（三）政治、司法、行政体制并未发生相应改变

总体上，民国时期，民族平等虽然作为宪法原则被中国各主要政党、社会团体广泛接受，但大多数时候，其意义主要是作为政治口号和政治动员的工具，并未能在政治、经济、文化等领域内被全面地贯彻、实施。其中的典型如重视满、汉、蒙、回、藏“五族共和”，尤其是蒙古族和藏族，国民政府处理民族事务的中央机关是“蒙藏委员会”，培养少数民族人才的专门教育机构叫“蒙藏学校”，而对西南少数民族的情况则较少关注。在边疆民族地区，虽然也制定了旨在促进内地与边疆文化、经济与政治一体化的发展边疆教育、经济，改革政治的政策，但由于各种复杂因素的限制，在实施过程中往往回到民国以前对边疆上层政治势力怀柔、笼络的旧

---

① 郭庆光：《传播学教程》，中国人民大学出版社，1999，第111～113页。

② 刘晴波编《杨度集》，湖南人民出版社，1986，第304、369页。

轨道，而并不把这些政教首领治下的属民是否能享受到宪法中规定的不分种族、阶级、宗教一律平等的国民权利作为考虑的重点。

在蒙藏委员会成立初期的施政纲领中，有取消王公待遇、革新蒙藏旧有行政制度、改组各盟公署、旗札萨克府及土司、促成全民政治等颇具近代民主政治色彩的内容，但同时也强调要“厘定王公优待办法”、“奖励自动取消封号之王公”、保护喇嘛庙产、优待宗教首领等。国民政府还授予有势力的各盟旗札萨克司令、宣抚使甚至国民政府委员的头衔。由于认定“蒙藏地方实权，尚依托于王公及宗教首领”，历届蒙藏委员会委员长也都贯彻“尊重王公、崇信活佛”的方针，在开办蒙藏学校、培育边疆青年对内地的向心力的同时，还对“其言动足以影响当地”的政教首领给予礼遇和优待。[①]

在云南，虽然依照中央政府的要求，在省境内也设置和建立了县、乡（镇）、保甲等制度，但是在土司制度的存废问题上，云南地方政府与中央政府之间却始终存在分歧。民国初期，中央政府推行“设流不改土”的政策，准许西南地区的土司制度继续存在。在南京国民政府成立前期，也允许其暂准照旧。直到 1931 年，蒙藏委员会才规定西南地区的土司不再补官袭职，并在土司统治地方先后设置弹压委员和设治局，为建立县、乡制度做准备。然而，土司制度在整个民国时期却并没有在云南完全消失，而是代之以“土流兼治”。德钦县的区、乡、保甲等政权机构大部分仍然被土千总、把总、老民伙头把持操纵，处在土司及寺院专权统治之下。在滇西，曾昭抡就看到，抗战期间的芒市仍是一处土司辖治的地方，“现在的潞西县，原来的叫作芒遮邦设治局，据说去年才改称潞西县”。在改设治局、县的同时，土司制依然保留在芒遮邦（板）区域内，芒市的“潞西芒市安抚使司”和遮放的“芒遮板遮放安抚副使司”都一直存在至中华人民共和国建立前夕。1945 年 4 月，西双版纳车里宣慰司末代土司刀世勋获得云南省政府正式批准承袭。[②]

就近代以来中国民族关系演进的总体趋势而言，在民国时期，由于能有效衔接华夏中国悠久光辉的建国历史和中国传统的“文化主义族群观”——作为凝聚核心的汉族与其他各族之间并无固定、不可变易的界

---

① 段金生：《南京国民政府的边政》，博士学位论文，云南大学，2010，第 85～86 页。

② 朱映占：《民国时期的西南民族》，博士学位论文，云南大学，2012，第 305～306、318 页。

限——与内蕴了各民族平等、共同建国的丰富内涵，包含汉族和少数民族在内的“中华民族”就已逐渐成为中国现代民族国家建构的核心概念，对中华民族的认同也通过知识界和政界的共同努力而在中国国内（包括各少数民族）广为流行。然而，不能忽视的是，中国自1840年以来始终处于内忧外患频仍的境地，政治上的分裂割据、中央权威的下降、外国侵略的威胁、经济衰退等复杂因素也严重制约了与“中华民族”“各民族一律平等”等新概念、新观念相对应的制度转型。作为危机动员的口号，中华民族显然取得了巨大成功，但如果它不能与实际运行的社会秩序发生紧密关联，并在现实的政治、经济、司法、行政、教育等社会活动中发挥积极的建设性作用，那么即便是“大一统”的历史传统依旧有很大影响，其对民族关系建构的实际效果也必然会因为受到限制而难以持久。中华民国成立到1949年之间，作为国族的中华民族的合理性危机始终存在，其中，虽然有国外势力策动的因素，但新的理想价值没有充分体现在规范结构上，新的民族关系建构的合理性理念不能广泛深入少数民族地区的社会下层，难以在社会转型中发挥现实的作用无疑也应该是极为重要的原因。

中华人民共和国成立后，将“维护和发展各民族的平等、团结、互助关系”作为国家的根本任务之一，建立了民族区域自治制度，使民族平等的原则在制度建设和中央政府对少数民族、民族地区的帮助、扶持中逐步被贯彻、落实。然而，中华民族的合理性危机并没有彻底消失。改革开放之前，占据文化生产主导地位的共产主义意识形态、“以阶级斗争为纲”式的群众运动与国家主导的民族识别、民族区域自治和以少数民族整体为对象的各项优惠政策[①]等相互配合，使中国各民族共同的文化和心理特征更加成熟，中国统一的多民族国家空前巩固，中华民族多元一体受到各民族的普遍认同。改革开放之后，原有社会整合模式的两个基本前提条件——国家对资源的全面垄断和自上而下总体性组织系统的存在及其有效运转——都在发生变化。非公有制经济的发展使国家对资源的垄断明显弱化，通过总体性组织实现基层社会整合的能力也大为下降，而新的社会分化、大规模的人口流动以及利益矛盾与地区矛盾、民族矛盾、宗教矛盾、意识形态矛盾等的相互纠缠则迟滞了新的社会整合模式的建立。[②] 随着时

---

① 计划生育、高考加分、自治地方的双语教育、大学的招生指标和干部名额等。

② 孙立平：《转型与断裂：改革以来中国社会结构的变迁》，清华大学出版社，2004，第9~12页。

代主题的转换，原有主要作为动员、组织工具的文化生产在民族关系、社会秩序合理化过程中的地位和作用都明显被削弱，宗教在某些民族地区重新成为少数民族文化的主流，宗教极端思想和民族分离主义思想也在一些地方开始出现。应该注意的是，在关于所谓“第二代民族政策”[①] 的讨论中，不管对“第二代民族政策”持何种态度，讨论的参与者们都同意，在中国的各民族中，对国家和中华民族的认同都有待巩固和增强。[②]

---

① 苏联的民族大拼盘模式被称为第一代民族政策，又称为民族区域自治。第二代民族政策是清华大学的胡鞍钢、胡联合与北京大学的马戎提出来的民族政策思路，倡导推行淡化族群意识和56个民族的观念，强化中华民族的身份意识和身份认同，推进中华民族一体化和国家认同的政策。第二代民族政策的指导思想是效仿美国的民族大熔炉模式，不容许任何一个族群生活在一块属于自己的历史疆域内。参见胡鞍钢、胡联合：《第二代民族政策：促进民族交融一体和繁荣一体》，《新疆师范大学学报》（哲学社会科学版）2011年第5期。

② 郝时远：《关于中华民族建构问题的几点思考：评析“第二代民族政策”说之五（中）》，《中国民族报》2012年4月20日。

第五章　民族文化产业发展与民族关系建构

作为社会生产的一部分，文化生产是与人类社会相始终的，但作为具有同类属性、达到一定数量规模的经济活动的集合，文化产业的出现则是近代才有的事情。文化产业不是每一个地方都能发展起来的，但文化生产却必然是只要在有人类生存的地方就会存在，它们之间还是存在重大区别的。文化产业的出现标志着文化生产方式发生了重大的变化，这就是由分散的、个体的创作转化为依照大规模生产的模式加以组织并遵循惯例性的程式、规则和规定的商品生产。“不再是孤独的深思、不再是灵感的显现、不再是长期的积累，文化产业的生产者是组织化集体，其生产过程是精心设计的可控的批量复制，其产品是可以进入交换市场的物品。”[①] 时至今日，尽管随着信息和交通技术的进步，文化产业又重新出现了“去中心化”“去组织化”的趋势——越来越多的企业不再迷信规模，而是重视“差异化”竞争优势的产生和持续，为满足日益“多元化、多样化”的市场需要，大批量、标准化的生产方式已悄然改变，但它作为一种商业模式、经济活动类型所具有的市场化和商品化属性却并未发生任何变化。

从中国共产党十五届五中全会（2000 年 10 月召开）正式提出发展文化产业算起，文化产业被公开置于关乎中国经济、社会发展全局的重要地位已逾十年。目前，尽管“现代文化产业体系和文化市场体系基本建立”[②]，但是作为一个有待实现的目标与政府“推动文化产业成为国民经济支柱性产业”的要求之间仍旧存在明显的落差，“文化产业规模不大、结构不合理，束缚文化生产力发展的体制机制问题尚未根本解决”[③] 在中国

---

① 单世联：《阐释文化产业：三种视角》，中国战略与管理研究会官方网站，http：//www. cssm. org. cn/view. php？ id = 18550，2016 年 4 月 29 日。

② 《国家“十二五”时期文化改革发展规划纲要》，中央政府门户网站，http：//www. gov, cn/jrzg/2012 - 02/15/content_ 2067781. htm，2016 年 4 月 29 日。

③ 《中共中央关于深化文化体制改革、推动社会主义文化大发展大繁荣若干重大问题的决定》，《人民日报》2011 年 10 月 26 日。

各地也依然普遍，但无论如何也难以否定中国社会的文化生产和文化消费已由总体性的数量短缺转为短缺与过剩并存（或者说结构性短缺），而此前所未有和不无积极意义的巨变就发生在这短短十余年间。根据《国家“十二五”时期文化改革发展规划纲要》，文化产业未来应该“成为新的经济增长点、经济结构战略性调整的重要支点、转变经济发展方式的重要着力点，为推动科学发展提供重要支撑”。[①] 然而，不容忽视的是，对大多数地级市和地区、县级市和县来说，在可以预见的将来，它们的文化产业发展水平——如就业人数、增加值等——与产业经济学意义上的业态要求之间都还会存在相当遥远的距离，文化产业对于经济转型也难以起到直接和明显的作用。尤其是在文化资源丰富却不具备明显资本、技术、人才优势的民族地区，由于被赋予了传承非物质文化遗产、保护文化生态与文化多样性、体现自治区域主体民族特色和地位、维护国家文化安全、培育国家认同和中华民族认同等文化、政治、经济方面的多重意义及责任，文化产业在民族地区社会发展中所面临的形势、遇到的问题则往往显得更加复杂，任务也更加繁重。

第一节　民族文化产业的提出及其在云南的发展

与“文化产业”一词由西方舶来不同，“民族文化产业”概念的出现则始于20世纪末云南建设民族文化大省的实践。2000年1月1日，《云南省民族文化大省建设纲要》正式发布，提出以“构建特色浓郁、结构合理、设施完善、功能齐全、人才辈出、精彩纷呈、产业发达、效益显著、辐射力强、影响面广的民族文化新格局”为民族文化大省建设的目标，要通过合理配置云南“积淀深厚的民族文化资源”培育和发展文化产业，形成新的经济增长点，促进民族文化资源优势转化为民族文化产业优势。[②] 以此为标志，民族文化产业正式开始进入公众的视野。其后，“民族文化产业”频频出现在学术论文、新闻报道和政府文件中（特别是在西部少数民族地区）。2000年2月13日，文化部与国家民委联合发出《关于进一步加强少数民族文化工作的意见》，明确提出民族地区要加快实现单一民族

---

① 《国家“十二五”时期文化改革发展规划纲要》，中央政府门户网站，http://www.gov.cn/jrzg/2012-02/15/content_2067781.htm，2016年4月29日。

② 《云南民族文化大省建设纲要》，《云南日报》2000年1月2日。

文化资源优势向文化和经济双重优势的转变，大力推动文化产业发展，建立一批有一定规模的文化产业集团，并指出了重点的行业门类，即文化旅游以及艺术演出、美术品交易、民间工艺品生产等。[①] 2012 年公布的《文化部“十二五”时期文化产业倍增计划》中提出，中西部文化产业的发展应该走特色化、集聚化、差异化之路，要重点扶持具有地方民族特色的文化旅游项目、以地方特色演艺活动为基础培育民族民间演艺产业群，开发具有地域特色和民族风情的精品演出节目，建立传统民族民间工艺品集散区，培育大批特色文化产业乡镇和农民专业合作社，其实质也是要依托中西部地区丰富的民族文化资源，通过发展民族文化产业来优化中国文化产业发展的总体布局，提高文化产业的竞争和发展活力。[②]

（一）民族文化产业的内涵

综合产业经济学和文化产业学的相关表述，民族文化产业其实就是为公众提供（生产和销售）民族特色文化产品的经济活动的集合。在此，民族文化并非仅仅指涉与现代文化对立意义上的传统文化，也包含了传统文化在与现代文化冲突融合中的种种变形。整体而言，民族文化产业是文化产业的亚层次，它的生存和发展空间就在于将文化产业发展与依托民族（传统）文化对现代时尚的不断重塑相结合。具体来说，它又是以相对于现代文化的民族文化对原有产业结构中不同类型的经济活动进行整合的结果。民族特色文化产品的表现形式可以是有形的具体物品，也可以是无形的文化生态（民族文化生境）；可以是当地民族（包括汉族）依托本地文化资源进行的研发创意，也可以是来自于外埠生产者对当地文化资源的巧妙运用。相对于依赖高技术、集约经济、版权保护的现代文化产业，民族文化产业更多地具有手工或半机械劳动、分散协作、依靠（地方性）传统知识的特征，但也并不排斥现代科学技术、先进传播手段等因素的融入。它包括了以民族文化为主要内容的新闻服务、出版发行和版权服务、广播电视电影服务、网络文化服务、文化休闲娱乐服务、文化艺术服务等现代

---

① 《文化部、国家民委关于印发〈关于进一步加强少数民族文化工作的意见〉的通知》，国家民委信息中心，http：//whxcs. seac. gov. cn/art/2013/8/23/art_ 6874_ 189345htm，2016 年 4 月 29 日。

② 《文化部“十二五”时期文化产业倍增计划》，文化部官方网站，http：//www. mcprc. gov. cn/preview/special/3477/3478/201203/t20/20301_ 231780. htm，2016 年 5 月 2 日。

文化产业的主要门类，也涵盖了现有文化产业统计体系中虽然不占重要地位，却具有浓郁民族和地方特色的餐饮服务、服装饰品、节庆赛会、民俗展演、民族医药、民族民间工艺品等丰富多彩的内容。

（二）民族文化产业与文化多样性和全球本土化

作为文化产业大类中具有民族特色的一个类型，民族文化产业的兴起和被关注应该说是源于近年来人们对“文化多样性”的重视和“全球本土化”的出现。“文化多样性”概念的提出是将生态学的生物多样性理论引入文化研究的结果。在生态学中，“生物多样性是指生命形式的多样化，各种生命形式之间及其与环境之间的多种相互作用，以及各种生物群落、生态系统及其生境与生态过程的复杂性。生物多样性是地球生物圈与人类本身延续的基础，具有不可估量的价值”。[①] 相应地，文化多样性对人类文明的延续也起到了至关重要的作用。在《保护和促进文化表现形式多样性公约（草案）》和《世界文化多样性宣言》中，可以看到下列表述：文化多样性是指各群体和社会借以表现其文化的多种形式，“（这些表现形式）不仅通过不同的丰富多彩的人类文化遗产表现，也通过借助各种方式和技术进行的艺术创造、生产、推广、销售和消费得到表现、弘扬和传承”。“文化多样性是交流、革新和创作的源泉，对人类来讲就像生物多样性对维持生物平衡那样必不可少。”为延续文化的生命力，包括少数民族和土著居民在内的各民族都必须“拥有创造、推广和销售其传统文化表现形式的自由，并拥有享有这一切的权利和为了自身发展对其加以利用的权利”。[②]

“全球本土化”[③] 则体现了人们为克服全球化时代的文化危机进行的努力。全球化曾经是以西方文化为绝对指向的，它在创造了崭新的人类文明史和空前的世界整体观，显示出超越传统文明、跨越国界和民族文化差异的强大力量的同时，也造成了地方历史的非连续性断裂，使对某种形式的

---

① 李博：《生态学》，高等教育出版社，2000，第339页。

② 范俊杰：《联合国教科文组织关于保护语言与文化多样性文件汇编》，民族出版社，2006，第60、64、100页。

③ “全球本土化”（globalization）作为术语最早是由日本经济学家在20世纪80年代开始使用的，本意是强调将产品或服务推广到全球其他地方时，需要设法与当地的本土文化结合，这样成功的概率就更大。

“总体共同体”（the total community）的确认和认同由于缺少必要的文化中介而变得异常困难。[①] 随着非西方世界的崛起，原先西方文明的输入国出现了文化觉醒或自觉，必然会要求对人类现代化的进程输出自己本土的文明模式和智慧。全球本土化的提出即是这种趋势的集中反映，换句话说，全球化所传播的外来文化势必与本土文化发生对话与融合，形成不同于现代西方文化的“他种现代性”，“我们不仅要把各种‘传统纽带’视为被动的限制性因素，还应将其理解为一种积极的资源。唯其如此，我们才能从植根于地区联系的全球化趋势的积极互动之间获得收益”[②]。也正是在承认各个民族都拥有文化自主权的基础上，为了在不可逆转的全球化趋势中保持和不断丰富文化多样性，作为民族文化、传统文化的表现形式，民族文化产业——具有民族特色的文化产品的创造、生产、推广、销售和消费——在工业化型构的世界体系中，在全球化不断消除国家、民族、阶级等界限的同时才有了成为现实的“可能”。

（三）云南民族文化产业的发展

云南除汉族外，有25个世居少数民族，是全国少数民族种类最多的省份。云南有53个省级风景名胜区，12个国家重点风景名胜区，国家级历史文化名城5个（昆明、大理、丽江、建水、巍山），国家级历史文化名镇1个（禄丰县黑井镇），还有世界遗产2处，自然景观和人文资源都十分丰富。[③] 在漫长的历史变迁中，云南形成了特征鲜明的民族文化，从外在表现上讲是多样性，从内在特性上说则有乡土性、边缘性、包容性等。云南民族文化是云南各族人民在长期的历史发展过程中所创造、积累和传承的，其丰富多彩的表现形式——音乐、舞蹈、传说、长诗、建筑、服饰、语言、历法、医药、手工艺品、节庆等——无不强烈吸引着学者和世人的目光。自云南提出发展民族文化产业以来，云南各地立足自身特有的少数民族文化，以文化旅游为平台，不断努力在国内外市场推出新的文化产品，提高云南民族文化的知名度和美誉度。目前，尽管还存在脱离少数民族现实社会生活的“伪民俗化”、表演化等诸多问题，但民族文化产业

---

① 万俊人：《经济全球化与文化多元论》，《中国社会科学》2001年第2期，第71~79页。

② 杜维明：《对话与创新》，广西师范大学出版社，2005，第34、51页。

③ 云南省建设厅、云南省旅游局：《加快“旅游小镇”建设，走云南特色城镇化发展道路》，《小城镇建设》2006年第7期，第41~46页。

在提升旅游服务品质、增加当地居民收入、满足消费者多元化的文化需求、树立云南文化产业整体在国内外的良好形象以及促进演艺会展、文化娱乐、茶文化、动漫、影视、出版和医疗保健等相关产业门类共同发展等方面发挥的积极作用也不容忽视。据有关行政部门统计，“十五”末，云南全省文化及相关产业主营业务收入增长 1.33 倍，增加值增长 1.64 倍，年均增长 27.5%，高于同期全省 GDP 增长速度。2007 年全省文化产业增加值达 262.9 亿元，比上年增长 21.3%，占全省 GDP 比重为 5.55%。[①]“十一五”期间，文化产业继续保持高速增长。至 2012 年，云南省文化产业增加值已经达到 635 亿元（按云南省地方统计口径），文化产业对经济增长的贡献率位居全国前列，业已成为云南名副其实的支柱产业。[②]

1. **主要业态**

旅游业是云南文化产业发展的龙头。经过 30 多年的不懈努力，云南旅游业已经实现从“接待事业型”到“一般产业型”，再到“支柱产业型”的转变和升级，对整个社会、经济发展的促进作用日益明显，而绚丽多彩的民族风情、多元包容的宗教信仰和美丽神奇的自然风光一起共同成为云南吸引国内外游客的最大卖点。目前，云南省 16 个州市都拥有数量不等的民族文化旅游景点，著名的有石林五棵树彝族村、大理周城白族村、丽江黄山纳西族乡、德宏瑞丽大等喊、鹤庆新华村、丽江束河古镇等。2008 年，云南旅游业总收入达到 663.3 亿元，云南省共接待国内外旅游者 1.08 亿人次，旅游业增加值占全省 GDP 的比重达到 6.8%；旅游业直接和间接从业人员占全省劳动就业人口的比重达 7.2%；旅游业收入占全省地方财政收入的比重达 10.3%。[③] 至 2012 年，全省旅游行业总收入已突破 1700 亿元，共接待海内外游客超过 2 亿人次，其中，入境过夜旅游者达 457 万人次，入境旅游收入 19.47 亿元。[④]

在演艺业方面，“云南映象”“丽水金沙”“蝴蝶之梦”“勐巴拉娜西”“纳西古乐”等一批优秀作品的推出，既有对少数民族传统文化的传承，

---

① 林琳、刘伟：《云南：“三结合”“三创新” 推动文化产业一路走红》，凤凰网，http://finance，ifeng. com/a/20090723/97837/_ 0. shtm，2016 年 5 月 2 日。

② 《云南文化产业 2012 年增加值达 380 亿元》，《中国文化报》2013 年 11 月 25 日。

③ 《云南省召开全面启动旅游业改革发展试点发布会》，中央政府门户网站，http://www. gov. cn/xwfb/2009 -05/27/content_ 1336184. htm，2016 年 5 月 2 日。

④ 褚东华、张议橙：《回眸 2013 年云南旅游》，《云南日报》2013 年 12 月 28 日。

也有对现代文化的演绎，不但提升了旅游产业的附加值，延伸了产业链，也受到了国内外游客和观众的青睐。“云南映象”已在国内外演出上千场，总收入超过亿元；“印象·丽江”的观众总量成倍数递增，成为文化产业研究的经典案例；“丽水金沙”走出云南，在苏州商演；云南吉鑫集团股份有限公司继打造“吉鑫宴舞”和“勐巴拉娜西”后，在海南三亚又投资制作晚会“浪漫天涯”。

在影视产业方面，利用云南天然摄影棚的资源优势，云南各地已初步建成滇西纪录片基地、中国云南影视产业实验区昆明基地、丽江束河影视拍摄基地、大理天龙八部影视城等多个影视拍摄基地，每年都能吸引近百个剧组来云南拍摄外景。在云南摄制的《婼玛的十七岁》《花腰新娘》《红河》等电影在国内外屡获大奖；《我的团长我的团》《中国远征军》《滇西1944》《木府风云》《龙门客栈》等电视剧在市场上也获得了不俗的业绩。

在民族民间工艺品方面，在政府一系列政策措施的扶持下，云南省已涌现出鹤庆银器、个旧锡器、建水紫陶、剑川木雕和石林县阿着底彝族刺绣品等众多民族民间工艺品品牌，形成了一批工艺品生产专业村，不但增加了农民的收入，也推动了当地第三产业的发展。以瑞丽、盈江和腾冲为重点的珠宝玉石毛料生产加工基地，昆明中国玉石城、景星花鸟市场等与民族民间工艺品生产、销售有关的重点项目的新建、扩建正在进行中。同时，政府有关部门对民营文化企业放宽准入、改善服务。多措并举之下，云南映象文化产业发展有限公司、云南吉鑫集团股份有限公司等民营文化企业崭露头角，昆明老街、中国禄丰恐龙世纪城等一大批广泛吸收了民间资本参与的文化项目已经全面启动。

2. 旅游小镇建设

20世纪80年代以来，小城镇在中国城市化进程中的作用备受政府的重视；多数对于中国城市化的研究都认同，从中国的国情出发，中国的城市化应该走合理发展大城市、重点发展中小城市、积极发展小城镇的道路，建立一个大中小城市和小城镇协调发展、相互配套的城市体系。近年来，云南省内各地已涌现出一批以发展文化产业推动小城镇发展的成功案例。2004年，时任建设部部长汪光焘在云南考察时指出，云南特色的小城镇建设应该依托现有风景名胜和旅游文化资源。[①] 2005年，云南省政府出

① 欧阳林夕：《“云南旅游小镇模式”推向全国》，《创造》2006年第6期，第22~23页。

台了《云南省人民政府关于加快旅游小镇建设的指导意见》，提出要发挥云南人文历史及自然景观资源优势，加快开发建设旅游小镇，并通过旅游小镇的建设创新城镇建设和发展的模式，带动云南省各类特色城镇的建设，推动全省城市化的快速发展。之后，云南省建设厅、旅游局编制了《云南省旅游城镇规划纲要》，在全省首批选择60个镇，在历史遗存保护型、特色经济培育型、生态环境营造型、民族文化建设型、复合型五种开发模式和保护提升型、开发建设型、规划准备型三类管理模式的框架内进行旅游小镇的示范性建设。[①]

2006年5月，由建设部和国家旅游局共同主办的“全国旅游小城镇发展工作会议”在大理召开，将云南通过市场化运作，促进小城镇与旅游协调发展的经验向全国推广。继云南之后，浙江、江苏、贵州、山西、广西、江西、湖南等地也纷纷提出，要依托文化资源优势，发展旅游小城镇，已推出的有以江南六大古镇为代表的系列旅游村镇、徽州系列古镇、四川系列古镇、贵州系列古镇等。2008年9月22日，云南省政府办公厅发出《云南省加快乡村旅游发展指导意见》，提出通过3年至5年的努力，云南省将建设20个旅游特色县（市、区）、60个旅游小镇、200个旅游特色村；实现新增乡村旅游就业5万人，间接就业20万人，每年带动旅游从业人员人均纯收入增长5%。[②] 2008年12月，云南省委、省政府召开了全省文化产业与旅游产业互动发展工作会议，出台了《关于文化产业与旅游产业互动发展的实施意见》，决定选择10个具有文化旅游典型示范的乡镇（村寨），与旅游部门共同扶持，将其打造成为文化旅游的品牌。[③]

目前，在云南省重点建设的、开发的诸多旅游小镇中，虽然也有因为交通和融资的困难而发展较慢的情形出现，但丽江古城区大研镇、景洪市勐罕镇、丽江束河古镇、大理市喜洲镇、腾冲县和顺镇、剑川县沙溪镇等确都已经成为深受游客喜爱的云南知名景点。以名列云南十大旅游名镇之一的西双版纳勐罕镇为例，自旅游小镇战略实施以来，在龙头企业融傣族宗教文化、民居文化、服饰文化、饮食文化为一体的勐罕傣族园的带动

---

① 云南省建设厅：《旅游小城镇建设“云南模式”（之一）》，《建设科技》2007年第9期，第51~54页。

② 张一凯：《我省在年内启动全省50个旅游特色村建设》，《云南日报》2008年10月29日。

③ 林琳、刘伟：《云南：“三结合”“三创新” 推动文化产业一路走红》，凤凰网，http://finance.ifeng.com/a/20090723/978371_0.shtm，2016年5月2日。

下，勐罕的旅游业有了飞速发展，现已建成国家4A级和3A级景区各一个，居民原来以出售农产品为主的收入结构也有了改变。仅傣族园一处就吸收了500多名村民就业，还有不少村民在自家竹楼中搞起了“傣家乐”接待。腾冲县和顺镇是云南省著名的侨乡，先后荣获“中国第一魅力名镇”“国家4A级风景旅游区”“国家级历史文化名镇”等称号。为正确处理保护与发展的关系，当地政府成立古镇保护管理机构，依据《和顺古镇保护与发展规划》对古镇居民的生产生活进行规范，对重点古民居、古建筑的历史、现状、建筑特色进行调查，建立档案，由镇政府实施挂牌保护。2003年，云南柏联和顺旅游文化发展有限公司作为和顺古镇景区开发的唯一主体进入和顺后，在对古镇原建筑、原风貌、原景观进行保护的基础上，相继建成和顺小巷和滇缅抗战博物馆。和顺小巷在再现和顺人“走夷方”的历史的同时，也对腾冲翡翠文化、古法造纸等民间传统技艺进行了集中展示。滇缅抗战博物馆也很快成为国内知名的爱国主义教育基地、民间外交与统战的基地。目前，在柏联公司工作的当地居民有350人，全镇直接参与文化旅游业的则达到2000多人。2012年，公司综合收入达6000万元，旅游业已成为当地居民增收致富的支柱。

3. **民族民间工艺品生产**

除旅游小镇（村寨）的模式以外，民族民间工艺品的生产和销售在云南民族文化产业的发展中也十分重要。在云南，大理州的剑川、鹤庆、巍山三县的民族民间工艺品生产因其浓郁的民族和地方特色而久负盛名，它们的产品常常被省政府选用为赠送给外国贵宾的礼品。民族民间工艺品市场前景广阔，已经在上述三县转变县域经济发展方式和推动城市化进程中显现出旺盛的生命力。

剑川县狮河村与鹤庆县新华村两地虽无建制镇之名，但当地居民的收入来源早已不是以农业为主，可以说是一种非正式的小城镇。剑川县木雕生产历史悠久，拥有大批技艺娴熟的木雕工匠，自古就以“剑川木匠到处有”闻名于云南。1996年，剑川县被国家文化部命名为“木雕之乡”。现在全县17万人口中约有30000人从事木雕的生产和销售，年产值至少3亿元。剑川的木雕生产以甸南镇狮河村为中心，向周边村镇辐射。目前，该村有529户农户从事木雕生产，占总户数的91.25%；有1495名群众从事木雕生产经营，占总人口的54.36%；来源于木雕生产、销售的收入占全村经济总收入的90%以上。[①] 为扩大木雕生产、防止恶性竞争，狮河村的木雕经营个体户和木雕工艺师组织起来，成立了狮河木雕工艺协会，整合全村木雕生产的技术、人才、信息、市场等各类资源，坚持统一图纸、统一订货、统一验收、统一价格，根据市场需求，积极为木雕生产经营户提供产品设计、生产组织、原料供应、产品销售等服务，把木雕生产与市场有效连接在一起，形成了组织严密、分工有序、充满活力的木雕产业链。狮河村的木雕产品已经从单一的木雕格子门发展到现在的木雕家具、木雕工艺品、木雕装饰品等200多个产品，木雕工艺水平和传统特色更加鲜明，形成了特有的木雕产业品牌，市场竞争力不断提升。当地生产的格子门、美女窗、九龙壁、龙窗、贵妃窗、挂屏等产品及旅游小件远销四川、贵州、上海、北京等地及美国、德国、法国、日本、新加坡等国家。2004年，狮河村被云南省政府命名为文化旅游木雕村和民俗文化试点村。

鹤庆县新华村的金、银、铜工艺品加工有数百年的历史。据《鹤庆县志》记载，早在明朝，新华村的村民们就开始加工民族首饰等工艺品，其产品沿着“茶马古道”大量输送到我国藏区及尼泊尔、印度等国。鹤庆县的金、银、铜工艺品加工以草海镇新华村为中心，目前已形成了“一村一业”“一户一品”的家庭作坊生产格局。新华村全村从事手工艺品加工的有896户，占总农户的80%，从业人员1362人，占全村劳动力总数的51%，每年手工艺品销售收入占全村总收入的70%以上，[②] 是西南地区最大的民族银器手工艺品加工地。生产的工艺品主要有九龙壶、九龙杯、古代十八般兵器、盔甲、净水壶、银碗、银勺、筷子、耳环、手镯、戒指、项链、胸佩、唢呐、长号、藏刀、擂钵等近百类上千种产品，主要销往西藏、四川、青海、甘肃、宁夏、内蒙古、新疆、贵州、湖南、河南等省区，泰国、缅甸、印度、尼泊尔、巴基斯坦、日本、美国等国家。新华村不仅以手工艺品加工闻名遐迩，特色乡村旅游业发展也十分迅速。2001年7月，新华白族旅游村被国家旅游局评定为国家2A级景区。2003年6月，鹤庆县人民政府与云南新华旅游商品开发有限公司共同签订开发协议，把旅游资源开发权和经营权全面转让给该公司，由该公司按照国家4A级景

① 林艺、刘涛：《地域文化产业与云南城镇化发展》，尹欣、纳麒主编《2010～2011云南文化发展蓝皮书》，云南大学出版社，2011，第271页。

② 林艺、刘涛：《地域文化产业与云南城镇化发展》，尹欣、纳麒主编《2010～2011云南文化发展蓝皮书》，云南大学出版社，2011，第272页。

区建设标准，遵循精品项目原则，确立民俗文化、民间工艺、高原水乡为主要内容的景区开发思路，按小桥流水项目、旅游商品交易广场、云南银器博物馆、水上休闲娱乐、白族风味饮食一条街、五星级度假旅游饭店、凤凰山包装工程、茶马古道历史文化广场、高原水乡等九大功能区进行开发建设，努力把新华旅游村打造成西南乃至东南亚地区最大的金银铜手工艺品制作基地和旅游商品集散地。通过多年的开发建设和经营管理，新华村凭借厚重的民族文化底蕴、精湛的民族手工艺和多姿多彩的民族风情及优美的自然风光，先后被文化部命名为“中国民间艺术之乡”，被中国村社发展促进会命名为“中国民俗文化村”，被大理州委、州政府命名为“小康示范村”和“文明单位”。经过多年企业化运作的开发，新华村虽然还保留了行政村的建制，但实际已经成为典型的“民族民间工艺品小镇”。

巍山县是彝文化的源头和彝人寻根祭祖的圣地，同时也是南诏国的发祥地，茶马古道的重镇。大理州的民族扎染在国际上享有盛誉，巍山是大理扎染生产最集中的区域。2009 年，巍山县以巍山扎染和彝族打歌参评中国民间文化艺术之乡获得通过。20 世纪 90 年代中期是扎染生产的黄金时代，仅三彝扎染厂一家每天都有至少两百名工人专业从事扎花，后来因为市场竞争的无序和混乱，再加上外商压价，导致扎染产品利润直线下降，企业举步维艰。现在，巍山县扎染生产企业已由最盛时的 11 家减少到 6 ~ 7 家，其中没有停产的只有 3 家。三彝扎染厂规模最大，年产值也只有 500 万 ~ 700 万元，只能维持经营，靠国家纺织品出口退税政策勉强生存。扎染生产的核心工艺是手工扎花。据三彝扎染厂厂长介绍，以庙街镇为中心的几个村，大约还有 2000 ~ 3000 人在农闲时节会做扎花。扎花工的收入按工作量计，根据布块大小、花型复杂程度而不同，平均每天约在 8 元至 15 元（三彝扎染厂正式职工平均月工资 600 元左右）。因为收入太低，对年轻人根本没有吸引力，扎花工的主要构成只能是中老年妇女和因家务拖累无法出外打工的女青年，而且多为农闲时的兼业生产。长期以来，巍山的扎染产品主要是出口到日本，多数是按日本方面的设计生产，要贴日本的商标，实际上是凭借中国劳动力较为廉价的优势替日本人做代工。扎染产品在国际市场上的市场前景仍然十分广阔，巍山出口到日本的扎染产品实际很多是被转口到了欧美市场，其价格远高于生产厂家的出口报价。巍山县有关企业负责人和政府部门已经认识到：没有自身的品牌优势，仅靠农业作为扎染生产的基础，“确保这种手工业有可能支付通常无法思议的低工资，从而使产品在任何异国竞争下都能有稳固的销路”，[①] 这样的模式是没有前途的。为扩大出口，使扎染行业走出困境，正在积极运作绕开“纺织品壁垒”，以工艺品和礼品的名目直接出口欧美。

第二节　民族文化产业与民族文化符号

根据索绪尔的定义，符号是能指和所指之间的对应关系。乌蒙勃托·艾科则说，依据事先确立的社会规范，符号可以是任何事物，如语言、数字、仪式、礼节、图案，等等。[②] 符号对于人的生产、生活都有着十分重大的意义。就（市场）交换来说，最常用的交换媒介——货币作为一般价值的代表，在其完成形态上，即是作为“交换价值的被人承认的符号”“作为商品的象征”而存在的。正是借助符号的形式，财富才完全摆脱了地方的、自然的、个人的特殊关系，在物质上和在空间上创造了交换价值的真正一般性。[③] 符号还是交流和思维的工具，使用符号是人最基本的能力之一：通过符号中介，人们能与其他人在几乎任何时间和空间距离上就未来的行动和自己经手的经验进行交流；思想是符号的构建，“思维逐渐摆脱具体的直接参照物。于是可以操纵符号产生思想……实际上许多幻想和不同寻常的想法都包含新的超越现实的符号的构建”。[④]

在消费领域，由于现代的消费社会要求“物品必须成为符号”，消费物品系统与有序的“意义符码”相对应，符号已经通过消费压力实现了它的结构性控制——不仅所有的商品都是符号，而且所有的符号都是商品。在各种经济活动中呈现出的其实是一个具有广泛社会关联性的权力网络的存在，各种权力关系共同构建了资源的生产、分配与消费，它的核心是展

① 《法德农民问题》，《马克思恩格斯选集》第 4 卷，人民出版社，1972，第 486 页。

② 〔意〕乌蒙勃托·艾科：《符号学理论》，卢德平译，中国人民大学出版社，1990，第 18、55 页。

③ 《经济学手稿 1857—1858 年》，《马克思恩格斯全集》第 46 卷，人民出版社，1980，第 89、175、430 页。

④ 〔美〕A. 班杜拉：《思想和行动的社会基础——社会认知论》，林颖等译，华东师范大学出版社，2001，第 25、653、654 页。

现了“一场争夺符号资源控制权的斗争”。[①] 符号作为思维、交流工具的功能和现代消费社会要求“物品必须成为符号”、消费物品系统必须与有序的“意义符码”相对应的特征共同决定了文化产业与符号之间必然会发生密切的关联。在文化产业的生产、经营活动中，其对象或者说产品之所以能换取交换价值并不是因为其有形质量的存在，而是在以它的象征意义所提供的服务性活动中，“依凭其所实现的可接受性或满意度来确立起它特定的交换价值”，是“通过符号的建构来获得价值存在的方式”。[②] 在很大程度上，可以这样说，文化产业既是制作文本的产业，又是符号创作者进行符号创意的产业；如果没有符号创作者，文本是不可能存在的。[③] 伯明翰学派在文化产业研究中，所使用的概念就有符号、编码、解码等，其研究重点则是“文化产业的符号生产机制及符号生产的原则”[④]。

作为文化产业大类的组成部分，民族文化产业的发展显然也离不开符号的作用。索绪尔认为，符号具有以下特征：任意性——能指和所指的联系是任意的，它是不可论证的，即对现实中跟它没有任何自然联系的所指来说是任意的；不变性——能指对它所表示的观念来说，看来是自由选择的，相反，对使用它的社会来说，却不是自由的，而是强制的；可变性——能指和所指之间的关系是可以转移的，符号正因为是连续的，所以总是处在变化的状态中。[⑤] 这些特征在民族文化产业的实践中同样可以看到：任意性——在被特定的民族文化“符号化”的前提下，民族文化产品的表现形式十分多样，可以是有形的具体物品、无形的文化生态（民族文化生境）、传统的工艺品、现代的网络游戏，可以是当地民族（包括汉族）依托本地文化资源进行的研发创意，也可以是来自于外埠生产者对当地文化资源的巧妙运用；不变性——虽然形式多样，但却都有共同的民族“符号”特征，必须，也只能选择这个或这类符号；可变性——虽然传统在整个变化中总是会被保留，但是民族文化产品从形式到内容、不同程度的创新却始终存在。而更应该注意的是，与文化产业的其他门类不同，对于民

---

① 陈庆德、马翀伟：《文化经济学》，中国社会科学出版社，2007，第 65、155、156 页。

② 陈庆德、马翀伟：《文化经济学》，中国社会科学出版社，2007，第 84、85 页。

③ 〔美〕大卫·赫斯蒙德夫：《文化产业》，张菲娜译，中国人民大学出版社，2007，第 5、19 页。

④ 胡惠林：《文化产业概论》，云南大学出版社，2005，第 10～11 页。

⑤ 〔瑞士〕费尔迪南·德·索绪尔：《普通语言学教程》，高明凯译，商务印书馆，1980，第 102～116 页。

族文化产业的发展来说，其实现良性运行的最关键因素可能并非是严格的知识产权保护、高度自由的竞争和完善的教育制度，而是如何把民族文化符号体现在文化生产的市场化和商品化过程中或者说将民族特色赋予文化产品、使文化产品成为公认的民族文化符号的有效载体。这样说的原因主要来自以下三个方面。

（一）民族文化符号是文化多样性的有效载体

民族文化产业兴起的重要动力来源是各民族在工业化型构的世界体系中相互交往所带来的民族文化资源的世界共享性和人们对“文化多样性”的重视。在科技革命和信息革命的助力下，当今世界已经进入全球化时代。在全球性的市场竞争中，不仅物质产品的生产、分配、交换、消费被烙上了全球化印记，精神产品的生产、分配、交换和消费也愈来愈显现出跨越民族国家疆界的“全球化”特征。全球化作为一种不可逆转的历史发展趋势，深刻地改变了我们的生活，它的触角已经延伸到了社会的方方面面。然而，与资产阶级“使未开化和半开化的国家从属于文明的国家，使农民的民族从属于资产阶级的民族，使东方从属于西方”，建立由资产阶级文明主宰的单一世界的本意不同，生产和消费的世界体系一经确立就开始沿着自己特殊的轨道开始运行下去，而最终表现为对多样性而非单一性的普遍诉求。多样性在文化领域中直接表达为各民族文化资源的世界共享性，“各民族的精神产品成了公共的财产。民族的片面性和局限性日益成为不可能，于是由许多种民族的和地方的文学形成了一种世界的文学”。[①] 这是各民族在相互交往中消除片面性和局限性的文化“新世界”。在这个世界中，呈现出的并非是以哪一种民族文化为主导，而是众多类型的、各不相同的民族文化共同结构而成的多姿多彩的壮观图景。

在各民族的相互交往中，各民族的文化经历了冲突、交流和融合的复杂过程，它们之间的差异逐渐凸显，逐渐集中于某些形式的符号表达——学者（整理提炼）、媒体（传播扩散）和政府（倡导支持）等多方面的力量常常共同参与其中，如中华文明的龙图腾、阴阳五行、八卦和儒家伦理，日本的樱花和茶道，巴西的桑巴舞，还有德国人的严谨或法国人的浪

① 《共产党宣言》，《马克思恩格斯选集》第1卷，人民出版社，1995，第276~277页。

漫等所谓的“民族性格”。这些民族文化的符号虽然类型多样，但现在都是受到社会普遍认同的民族特性的载体，同时也构成了理解民族文化的可靠中介。换言之，一种或一类文化产品，或许其生产地与某个民族的主要聚居地远隔万里，或许其生产者与该民族之间并无任何血缘关系，但只要其本身（样式、图案、工艺、风格等）能够体现该民族的个性、特点和文化，能使消费者体会到该民族文化的独特意蕴，“能充分地、完满地表达一个民族对世界的认识与把握、对生命的感受与体悟、对真善美的追求与向往、对现实的执着与超越”,① 就可以以该民族民族文化产品的身份出现在市场上，并在交换中获得民族文化产品所具有的“超常价值”。正如在威尼斯销售的面具虽然是中国制造，但必须在威尼斯销售才能卖高价；大理州巍山出产的扎染产品贴上日本的商标，出口到日本，其价格立即就会涨上 10 倍；某些翡翠饰品的原料产地和加工地都不在云南，但其销售时要加上“玉出云南”的标签，或者标明“缅甸天然翡翠玉”，其实只是毛料产自缅甸而已。

（二）民族地区的城市化水平还有待提高

文化产业出现和发展的历史表明，它与城市化②有着深刻而密切的关联，而一般来说，民族地区的城市化水平并不高。考察城市起源和发展的历史，可以发现，城市作为人类集体居住地的一种形式，虽然具有“给普通人提供了除粮食生产之外的工作机会”的职能，是“商业和知识生活活跃的中心”,③ 然而其最重要的特征或许并不是高大的城墙或非农产业的集中分布，而是它把“人类社会生活的许多分散的机构集中在一起”，“促进它们的交互作用与融合”的社会功能。④ 在人类历史上，虽然城市起源很早，“最早的文明首先从城市开始”⑤，但拆除了围墙的城市的大量涌现或

① 施惟达：《论民族文化品牌》，《民族艺术研究》2002 年第 6 期，第 59～63 页。

② 目前在中国，无论是在学术界还是在政府的文件中，对“城镇化”和“城市化”的混用已是不争的事实。因为城市与城镇在当代中国指涉范围的完全重叠已经被相关法律承认，城市化与城镇化实际上已经成为两个等位的概念。一般说来，学术界多使用“城市化”，法律法规和政府文件则多使用“城镇化”。1994 年 4 月 1 日开始施行的《中华人民共和国城市规划法》明确规定：“城市是指国家按行政建制设立的直辖市、市、镇。”

③ 〔美〕马文·佩里：《西方文明史》上卷，胡万里等译，商务印书馆，1991，第 288 页。

④ 〔美〕刘易斯·芒福德：《城市发展史——起源、演变和前景》，宋俊岭、倪文彦译，中国建筑工业出版社，2004，第 579 页。

⑤ 〔美〕马文·佩里：《西方文明史》上卷，胡万里等译，商务印书馆，1991，第 13 页。

者说“城市化”的加速发展是19世纪才发生的事情。

芒福德认为，在欧洲，“只有到19世纪时，城市扩张的力量，由于机器的发明和大规模的工业生产，才大大增强”。从19世纪开始，城市作为经济活动中心的地位凸显出来，“在19世纪以前，城镇上的各种活动大致是平衡的。虽然工作和做生意一直是重要活动，但是，城镇居民同样也费许多精力从事宗教、艺术、戏剧等活动”，“新工业的技术发展冲掉了一切中世纪的条条框框。城墙的拆除，不仅仅是拆除一圈墙，它具有更深远的意义和象征”。[①] 19世纪以后，城市在整个社会生活中——包括经济、文化、政治诸领域在内——的地位日渐提高，围绕城市，整个世界的经济、文化和政治格局得以重塑。正如马克思所说：“资产阶级使乡村屈服于城市的统治。它创立了巨大的城市，使城市人口比农村人口大大增加起来，因而使很大一部分居民脱离了乡村生活的愚昧状态。”[②] 城市化，也就是人口和资源向城市的集中运动必然伴随着文化活动向城市的集中，这也就为现代文化产业的产生、发展提供了人力资源、消费市场、生产组织等多方面的准备。城市与城市文化的形成为文化产业的空间存在培育了必不可少的文化生态环境，只有在城市里，才有可能最大限度地聚集人才、发明和传播新的技术，进行把发明运用于文化生产和传播的实验；只有在城市里，才会产生比较发达的分工；也只有在城市里，才会出现足以支撑文化产业持续发展的巨大的文化消费市场需求。[③]

在突出强调文化产业与城市之间密切关联的基础上，已有学者提出要以“文化产业城市层级分工体系”重建中国文化产业制度建构的理论形态和政策取向，形成错落有致、优势互补、分工恰当、协调发展的新文化产业战略力量发展格局。[④] 然而，就民族地区的整体而言，城市化水平仍远远落后于经济发达的东部地区和全国平均水平。改革开放以来，城市化在中国整体上已进入加速发展期，建制镇从1978年的2173个发展到2013年的20113个，设市城市从193个发展到658个，城镇人口达到7.3亿，城

---

① 〔美〕刘易斯·芒福德：《城市发展史——起源、演变和前景》，宋俊岭、倪文彦译，中国建筑工业出版社，2004，第427、461页。

② 《共产党宣言》，《马克思恩格斯选集》第1卷，人民出版社，1995，第276~277页。

③ 胡惠林：《文化产业学》，高等教育出版社，2006，第26~28页。

④ 胡惠林：《中国文化产业战略力量的发展方向——兼论金融危机下的中国文化产业新政》，《学术月刊》2009年第8期，第17~24页。

市化率也从1978年的17.9%提高到2013年的53.7%，年均提高1.02个百分点。在东部地区，通过大力发展加工制造业，大量农村剩余劳动力实现了向非农产业转移，城市化率与经济发展水平已经较为协调，产业结构正在进行转型升级。同时期，少数民族聚居的西部地区城市化的发展却仍较为缓慢。2013年，东部地区常住人口城市化率达到62.2%，西部只有44.8%。[①] 目前，云南省仅有一个特大城市，没有人口五十万到一百万的大城市，人口二十万到五十万的中等城市有四个，大部分县城人口规模在5万左右。较小的城市规模使得每年能提供的就业岗位有限，依靠城市的农村城镇化速度异常缓慢。在云南，2010年，全省城市化率才达到36%左右。[②]

民族地区城市化水平较低的事实决定了民族特色文化产品在当地的市场空间十分有限，其生产规模和消费人群的扩大对于外部市场有着强烈的依赖。一般说来，来自本地社会之外的消费者很难有足够的时间和精力对民族文化进行全面深入的了解，要使他们在对民族文化的肤浅感知转变为购买、消费民族文化产品的欲望，最有效的办法或许就是使文化产品成为已被外界熟知的民族文化符号的载体。外来消费者早已经由相关图书或大众媒体接触过这些符号——如彝族的火把节、傣族的上座部佛教和摩梭人的"走婚"等，他们对看到这些符号被公开、明确地展示怀有期待，"文化提供者就不能不为其提供那样一面镜子"[③]。

（三）民族文化产业具有高风险性

民族文化产业的资本构成与文化产业的其他门类存在明显差异，具有更高的风险性。首先提出关于不同类型资本的完整理论的是布迪厄。在他的著名论文《资本的形式》中，他说："资本是一种镶嵌在客体或主体的结构当中的力量，也是一种强调社会界内在规律的原则。"资本的不同类型和分布结构，体现了社会界的内在结构和包含在这个现实世界中的一整套强制性因素，"后者以一种持久的方式掌控了资本所产生的影响，并决

---

① 《国家新型城镇化规划（2014～2020）》，新华网，http://news.xinhuanet.com/house/bj/2014－03－17/c_/26274610.htm，2016年5月2日。

② 《2010年云南省人民政府工作报告》，《云南日报》2010年1月30日。

③ 〔英〕贝拉·迪克斯：《被展示的文化：当代"可参观性"的生产》，冯悦译，北京大学出版社，2012，第69页。

定了实践能否成功”。进而，他又提出了资本可以表现为经济资本、文化资本、社会资本三种基本类型的著名论断：经济资本，这种资本可以当下直接转换成金钱，这一转换过程是以私人产权的形式制度化的；文化资本，在某些条件下，这种资本能够转换成经济资本，这一转换过程是以教育资质的形式制度化的；社会资本，它由社会义务（“联系”）构成，在一定条件下也可以转换成经济资本，而这一转换过程是以某种高贵身份的形式制度化的。在这三种基本的资本类型中，经济资本是主导类型。[①]

尽管由于观察视角和分析目的的不同，布迪厄对资本类型的划分并未被大多数经济学家迅速接受，但是它对产业、产品的研究仍发生了重大和深刻的影响。以对文化产业、文化产品的分析为例，虽然文化产品的定义会出现不同形式的表达，但却都承认它们具有经济和文化的双重属性，“它们体现的是特性、价值观和观念，不应被视为一般的商品或消费品”[②]。在布迪厄看来，文化资本有三种形式——具体的形式，即以精神或肉体的持久的“性情”的形式存在；客观的形式，即以文化产品的形式（如图片、图书、词典、工具、机械等）存在，这些产品是理论的现实或客体化，也可以是某些理论、问题的批判，等等；体制的形式，即以一种客观化的、必须加以区别对待的形式存在（比如学术资格和文化能力的证书），而所谓文化产品，正是客观化的文化资本和经济资本的统一，“文化产品既可以表现出物质性的一面，也可以表现出符号性的一面。在物质性方面，文化产品预先假定了经济资本，而在符号性方面，文化产品则预先假定了文化资本”[③]。布迪厄的这一观点已被文化产业的研究者普遍接受，有学者曾对文化资本理论对文化产业发展的意义做出如下评价：首先，由于文化资本和经济资本能够相互转换，规模不断扩大的文化产业才会将越来越多的文化资源投入到文化生产、流通和消费之中；其次，通过文化资本和经济资本的相互转换，经济与文化在生产中真正地融为一体，文化资本已不再只是作为软实力而存在，而是以生产资源的新身份成为一国资源的

① 〔法〕布迪厄：《资本的形式》，武锡申译，薛晓源、曹荣湘编《全球化与文化资本》，社会科学文献出版社，2005，第3～6、12页。

② 《世界文化多样性宣言》（巴黎，2001年11月2日），转引自范俊杰《联合国教科文组织关于保护语言与文化多样性文件汇编》，民族出版社，2006，第101页。

③ 〔法〕布迪厄：《资本的形式》，武锡申译，薛晓源、曹荣湘编《全球化与文化资本》，社会科学文献出版社，2005，第12页。

重要组成部分；最后，文化资本理论还为评估文化资源的经济价值提供了理论基础。[①]

由于具有“民族”、“文化”和“经济”的多重属性，民族文化产业的资本构成也必然会表现出与其他类型产业的明显差异，具体来说，就是经济资本、文化资本、社会资本都将发挥重要的作用而非是以文化资本与经济资本的相互转换为主。以维护和丰富文化多样性为目的，民族文化产业呈现出与依赖高技术、集约经济、版权保护制度的“现代”文化产业不同的特征。民族文化产业中的文化重在“重申应把文化视为某个社会或某个社会群体特有的精神与物质、智力与情感方面的不同特点之总和；除了文学和艺术外，文化还包括生活方式、共处的方式、价值体系、传统和信仰”[②]。以此为基点，民族文化产业的发展中尤其需要重视维护民族的“文化生态”，即一个民族在漫长的文明进化过程中，在一定的空间条件下，对不同生存条件下长期适应分化选择结果的一种存在性状况，包括生活方式、历史传统、风俗习惯、聚落形式、建筑风格等物质的和非物质的文化遗产。[③] 在布迪厄的理论中，文化资本指的是“学术资格和文化能力的证书”等被形式制度化的教育资质，但是民族文化产业的文化资本却超出了此范围，尽管现在国家已经或正在对民族文化产业的从业者进行职称评定和工艺美术大师、非物质文化遗产传承人等头衔的认定，但民族文化产业中文化资本向经济资本的转换却似乎与这种认定并无必然的关联——很多民间艺人并无职称和官方头衔，但他们的作品依然可能在市场上大受欢迎。布迪厄认为：社会资本来源于一种体制化的网络，或者说是一种与某个团体的成员身份相联系的网络，它在集体拥有的资本方面为每个成员提供支持，或者提供赢得各种各样声誉的“凭证”，[④] 也就是说社会资本的意义是在于为特定团体或网络的成员提供支持，然而，在民族文化产业的实践中，生产者或销售者的民族成员身份是彰显文化产品“民族特色”的最直观标志之一（即便不是最直观的标志），也就使某个民族的成员的

---

① 胡惠林：《文化产业概论》，云南大学出版社，2005，第 73 页。

② 《世界文化多样性宣言》（巴黎，2001 年 11 月 2 日），转引自范俊杰《联合国教科文组织关于保护语言与文化多样性文件汇编》，民族出版社，2006，第 99 页。

③ 胡惠林：《文化产业发展与中国新文化变革（1998—2008）》，上海人民出版社，2009，第 254、255 页。

④ 〔法〕布迪厄：《资本的形式》，武锡申译，薛晓源、曹荣湘编《全球化与文化资本》，社会科学文献出版社，2005，第 19 页。

社会资本可以无须经过具体个体的转换而直接体现在民族文化产品的生产、销售和消费中——这些活动的发生可能完全处于特定网络和团体的外部，非常普遍的例子就是穿着某个少数民族的特色服装向游客叫卖并非本地、本民族成员生产的“民族工艺品或民族服饰”。如果布迪厄所说的社会资本收益只能在团体内部获得，是内向度的，那么民族身份在民族文化产业中所扮演的就可能是另外一种不同性质的、外向度的社会资本。

对经济转型而言，文化产业虽然具有重要的文化和经济的双重意义，“优结构、扩消费、增就业、促跨越、可持续”的独特优势更加明显，但同时，文化产业的发展也具有高风险性，并非每个地方都能将“把文化产业作为经济结构战略性调整的重要支点、转变经济发展方式的重要着力点”变为现实。正如布迪厄所说，“在经济交换中，等价物是在同一时间进行交换的，而社会交换则预先假定了误认的存在，亦即假定了信任和欺骗的同时存在”。文化资本、经济资本、社会资本之间虽然可以相互转换，但其机制并非清晰透明，又常常被故意地遮蔽或掩盖。“不同类型资本的这种不可比性，就给不同类型资本的拥有者进行交换带来了高度的不确定性。”[①]《文化产业振兴规划》（2009 年）发布以来的数年间，在拔苗助长式地集中投入大量土地、资金、技术装备之后，许多直接搬用工业园和科技园模式的文化产业园区（包括影视基地、主题公园等）仍旧无法做到名副其实，不仅生产不出能赢得市场或创立品牌的原创精品，更有甚者还因为盈利需要直接“变身”成房地产开发项目，这就是风险性的明证。[②] 相对于其他文化产业门类，民族文化产业资本构成中非制度化的文化资本和社会资本具有更强的外部性和累积性特征，并不受生产主体——个人或企

---

① 〔法〕布迪厄：《资本的形式》，武锡申译，薛晓源、曹荣湘编《全球化与文化资本》，社会科学文献出版社，2005，第 19～21 页。

② 据第五届文化创意产业集聚区发展论坛上公开数据的不完全统计，目前全国文化产业园区超过 2500 家，其中 70% 以上处于亏损状态，真正赢利的园区不超过 10% 。一些文化产业园区的概念意义远远大于实质意义，聚焦文化创意内容的不多，占地面积不小，有明显的“房地产化”现象。北京大学文化产业研究院影视中心调查数据显示，目前，国内的影视基地能实现盈利的并不多，80% 处于亏损，15% 维持收支平衡，只有 5% 的影视基地可以实现盈利。又据不完全统计，截至 2006 年，我国 20 年间建设的 2500 多个主题公园有 70% 亏损、10% 赢利，被套资金近 1600 亿元。参见《警惕文化产业园“泡沫”化》，《中国财经报》2012 年 5 月 10 日；廖君、赵仁伟、杨一苗等：《文化产业园区房地产化趋势明显》，《经济参考报》2012 年 5 月 11 日。

业——的控制，在向经济资本转换的过程中无疑会表现出更高的风险性和不确定性。为了降低产业发展的风险，围绕已有的民族文化符号，重新整合本地社会的文化、经济活动，将民族文化的“符号化”与文化产业相结合也就势在必行。

第三节 民族文化“符号化”与民族差异性的凸显

从20世纪50年代中后期开始，中国进入由国家垄断社会中的绝大部分资源，并对社会生活取得了压倒一切的支配地位的“总体性社会”阶段，即国家运用国家机器所具有的强大力量和完整而严密的组织系统，辅以大一统和强有力的意识形态，进行大规模的资源动员、集中和再分配。[①]与之相适应，从开始施行民族区域自治到改革开放之前，与民族关系建构有关的文化生产主要是以各族人民（应该）团结在中国共产党周围共同进行社会主义革命和建设为宗旨，其目的是为国家民族政策的施行提供合理性依据和必要的舆论支持。如在电影为政治服务的大环境下，1949～1966年间摄制的与云南少数民族生活有关的《五朵金花》《神秘的旅伴》《芦笙恋歌》《阿诗玛》等电影一方面使少数民族独特的风俗习惯和民族地区神秘美丽的自然风光在广大观众的心目中留下了深刻的印象；另一方面，它们分别以“大跃进”、反特、反对封建领主为题材，更重要的作用则是要讴歌新生政权，用典型环境、典型人物、典型故事“配合社会主义国家的政治经济文化政策，从全新的角度，构建社会主义的意识形态”，体现少数民族对于新生政权的认同。[②]

改革开放之后，随着政府民族工作的重心由阶级斗争转向经济建设，文化生产中直接反映执政党意识形态的内容所占比重开始下降，保障少数民族文化权利的实现和促进民族文化资源在经济建设中发挥作用、将单一民族文化资源优势转变成文化和经济双重优势则成为文化生产的主流方向。尤其是自文化产业在中国进入快速发展期以来，为公众提供（生产和销售）民族特色文化产品的民族文化产业在各民族地区更是受

① 孙立平：《转型与断裂：改革以来中国社会结构的变迁》，清华大学出版社，2004，第3、9～12、141～142页。

② 董凯：《作为政治叙事的十七年少数民族电影》，《电影艺术》2011年第4期，第99～105页。

到了前所未有的重视。为了在市场竞争中维持差异性竞争优势、扩大市场规模和获取更多的利润，民族文化产业的参与主体纷纷围绕民族文化的符号化对民族文化资源进行整合利用，少数民族文化中富于民族特色的部分——宗教、美术、音乐、服饰、民俗、历史、工艺等相继被列为民族文化产业重点开发、表现的对象。如今，傣族的上座部佛教信仰和泼水节，彝族的火崇拜、火把节和花鼓舞，佤族的木鼓舞和甩发舞，纳西族的象形文字、东巴经和洞经音乐，白族的三道茶、本主信仰等都已成为云南民族文化产业的著名标志。在中华人民共和国成立之初，民族识别的参与者和民族政策的制定者们曾认定：民族融合是不以人们意志为转移的必然趋势，也是社会历史的进步现象，“从总的趋势看，随着各民族经济上不断发展与密切联系，各民族的共同性越来越多，差异性越来越少，民族特征逐渐不明显而日趋消失了”①。然而，不容忽视的是，在发展民族文化产业的过程中，不仅汉族与少数民族以及各少数民族之间的差异出现了固着于某些民族文化符号上的趋势，在许多时候，为了吸引旅游者和满足消费者的需要，这些差异甚至还会被有意放大。

（一）民族独有和“原生态”

为了彰显民族文化产品的差异性，将某种文化产品由地方特产宣传为某少数民族独有是常见的营销手段，如将剑川木雕冠名为白族木雕，说是由白族先民历经千年传承下来的，却不提以往的剑川木雕主要使用在建筑装饰上（门、窗），家具、插屏、摆件、挂件都是近几十年才出现的事情，而且其发展也受到了浙江东阳木雕的巨大影响；将扎染命名为白族扎染，说它是白族特有的传统工艺，但其实也有不少彝族村寨从历史上就有生产扎染布的传统，而在近代以前，扎染工艺也曾盛行于山东、河北等地的民间。

“原生态”是经常出现在民族文化产品的生产、销售和推广中的一个词语。其本意原为未受人类活动影响的自然生态系统，而当它与文化联系在一起时，则应是指某种文化类型、文化样式在传承、演变过程中未脱离其生成、发展的自然与人文环境，没有或者说较少经过艺术家、企业、大

① 黄光学主编《中国的民族识别》，民族出版社，1994，第170页。

众传媒的刻意加工、包装、炒作和渲染。自大型“原生态”民族歌舞集“云南映象”于2002年在市场上推出以后，“原生态”一词在社会上迅速流行，不仅有了“原生态”的歌舞，还产生了“原生态”的工艺品、礼仪、节庆乃至饮食，而其实际指涉也已经集中在原材料产地、生产者身份的本土化上，往往成为包装、炒作的噱头，与文化生态的本来含义相去甚远。

（二）宗教信仰

云南最大的藏传佛教寺庙“噶丹松赞林寺”（归化寺）位于云南省迪庆藏族自治州香格里拉县。从2006年开始，当地政府先后投资近2亿元对噶丹松赞林寺的7个片区进行建设和修缮。目前，该寺已成为国家4A级旅游景区和迪庆藏族自治州“旅游观光、藏传佛教文化展示”的热点，每年吸引上百万海内外游客前来游览。[①] 在形形色色介绍云南旅游景点的图书中，噶丹松赞林寺常常被作为藏传佛教对藏族社会存在巨大影响的例证和展示藏传佛教寺院的庄严肃穆、藏族对藏传佛教的虔诚信仰的标本。如大殿内不准拍照的规定执行得很严格；供奉的弥勒佛与汉传佛教中的大肚弥勒形象十分不同，前者头戴高额桂冠，身穿金色宝石僧衣，更像一位威武的将军；信徒进香朝佛应该在清晨，跨入大殿要脱帽，不能携带刀枪等武器以及大蒜等辛辣之物，进殿堂要按照从左到右的方向绕行，不能用手指点佛像，不能触摸经书、法器……这些都会被联系到藏传佛教制度的完备、传教体系强大的历史上。最终的结论则往往是藏传佛教是藏族的全民信仰，出家修行在藏区是一件荣耀的事情，“他们不介意今世的生活，无论贫穷还是富有，无论苦难还是幸福，他们相信都有轮回中的因果注定。在香格里拉深邃的蓝天下，是这些善良的信仰，维持着佛教的流传”[②]。

在互联网上关于西双版纳的旅游资讯中，经常可以看到类似下列描述的文字：贝叶传承、佛教文化是西双版纳迥异于国内其他地方的主要文化特色。西双版纳是与泰国清迈、缅甸景栋、老挝琅勃拉邦齐名的上座部佛教中心。作为傣族、布朗族全民信仰的宗教，上座部佛教的佛寺、佛塔遍

---

① 《云南香格里拉藏传佛教寺院吸引八方来客》，新华网，http：//www.yn.xinhuanet.com/newscenter/2012－03/16/c_ /31471262.htm，2016年5月2日。

② 汪榕：《佛在云南：从西双版纳到香格里拉的佛教之旅》，中国旅游出版社，2009，第165～169页。

布西双版纳各地，形成了“村村有佛寺，寺寺有佛塔”的佛教圣地景观。“贝叶文化”博大精深、源远流长，是傣族人民的“教科书”和生活的“大百科全书”。刻写于贝叶上的佛经——贝叶经是贝叶文化的核心部分。佛教深刻影响了西双版纳的法律、建筑、医学和当地少数民族群众的社会心理。受过上座部佛教文化熏陶的傣族人民性情平和、心地善良，处处追求一种和谐的状态。这种和谐的状态，体现在天与人的和谐、人与人之间的和谐和个人与社会的和谐。西双版纳的宗教特点是以佛教为主，多教共存，和平共处。上座部佛教刚进入西双版纳时，曾遭到原始宗教的抵制，但两者后来又相互融合、渗透。有些地方，傣族每年祭祀的勐神“帝娃拉勐”变成了佛祖“帕召”；佛事活动中的“滴水”仪式，实际上是原始宗教中祭祀祖先的活动；傣族原本就有的“水灯节”逐渐演变成了纪念佛主的“泼水节”。经过长期的本土化，上座部佛教在西双版纳已经变成了傣族佛教。上座部佛教对西双版纳的政治、教育都有很大影响。“政教合一”是西双版纳佛教的一个基本特征。召片领不但是古代西双版纳的最高统治者（称“尊佛主”），而且也是佛教的最高统治者。西双版纳的傣族、布朗族男童从 7 岁开始，都要被送入佛寺当和尚，学习文字、经书、历史、天文。过去的傣族、布朗族知识分子都是从佛寺中走出来的，佛寺实际上是传承文字、历史、佛经、天文知识的学校。目前，规划面积约 14000 亩的西双版纳上座部佛教历史文化区也正在建设中。该项目位于景洪市，包括西双版纳总佛寺、勐泐大佛寺、西双版纳民族博物馆、告庄西双景、曼听公园等项目，据称是要打造集西双版纳上座部佛教历史文化研究展示、非物质文化遗产保护与传承、旅游资源开发等功能于一体的上座部佛教历史文化旅游产业基地。

“有些民族共同心理素质的形成与宗教信仰有一定的关系。尤其是全民性普遍信仰某一种宗教的民族，宗教意识渗入到社会生活的各个领域，其节日、文娱社交、礼仪习俗等都具有浓厚的宗教色彩，在该民族的精神面貌和性格上打下了宗教烙印。”[①] 这确实是难以否认的现实存在，但为满足消费者（游客、读者、观众等）求新、求异的文化需求，也未必就应该将宗教在缓和族群内部矛盾、促进社会和谐方面的作用无限拔高，那样的做法并不利于深入挖掘教义教规中关于社会和谐、时代进步、健康文明的

① 黄光学主编《中国的民族识别》，民族出版社，1994，第 139 页。

内容。其后果或许只能是使在某些地区本已十分敏感的族群与宗教问题变得更加复杂难解。其实，在傣族地区，虽然傣族普遍信仰上座部佛教，上座部佛教与领主政权的关系也极为密切，但“封建领主政权始终凌驾于教权之上，佛教只是维护封建领主政权统治的工具，政权还牢牢掌握在封建领主手中，佛教不能干预封建领主对于世俗群众的统治，僧侣不能参政议政”。与封建领主制的等级制度相对应，傣族社会中的佛爷与和尚也有极其严格的等级：召片领称“松列帕兵召”，意为“至尊佛主”，既是最高的军政统治者，又是名义上的宗教首领；“阿戛门里”是最高等级的僧侣，必须由召片领和各召勐的亲属担任，即只有“孟”级身份的人才能担任。[①]藏传佛教在迪庆藏区影响虽大，但与西藏“政教合一”的政治体制还是有很大不同：“宗教在这里没有取得绝对权力，特别是对属卡制度下的民众，宗教仅在精神生活上取得优势，世俗生活仍然在属卡内部，加上土官和后来的流官政府，这样导致其社会生活上的政治多元化更加明显。”改土归流后，迪庆藏区的最高审判会议“春云会议”即由各属卡老民、营官、各级土司和归化寺僧官组成，它处理过的案件中就有属卡与归化寺的山林和山地通行权纠纷。清朝末年，大批外地商人来到迪庆，属卡、土司、商会构成了迪庆本地基本的世俗政治力量。[②]尤其应该注意的是，随着物质生活水平的提高和宗教信仰环境的宽松化，一方面，许多少数民族村寨掀起了宗教活动场所的翻修之风，信众集资数百万元乃至千万元的情形并不少见；另一方面，在学校教育和现代文明的影响下，所谓全民信教的民族中也有不少成员的宗教观念实际已十分淡薄，宗教信仰和传统道德的约束力正在减弱，并因此产生了一些社会问题。

（三）婚姻习俗

生活在泸沽湖畔的摩梭人，他们“男不娶、女不嫁”的“走婚”制度甚为知名，常常在旅游宣传中被称为中国唯一仍存在的母系民族社会或者是“最后的母系家园”。过去，走婚因为不符合一夫一妻制的法定婚姻形式和与20世纪40年代性病猖獗有关而常被主流社会评价为落后、愚昧，现在，走婚制度却受到许多媒体的追捧并被建构为摩梭文化的主要特征或

---

① 李晓华：《桂西壮族与西双版纳傣族封建领主制比较研究》，中央民族大学，2007，第118～119页。

② 方慧主编《云南法制史》，中国社会科学出版社，2005，第509～518页。

核心，认为其能够解决“现代人在性魅力上的沉重压力以至在亲密关系里的占有、妒忌与矛盾”和“性骚扰、非礼、强奸等性犯罪”的问题。摩梭人的走婚习俗每年都能吸引大批游客前往探秘。[①] 在各种各样的旅游网站、图书中，随处可以见到关于摩梭走婚的民俗风情介绍、新闻报道和个人“亲身经历”，它们大多对走婚在摩梭人社会生活中的作用进行了极为正面的评价。

然而，事实上，哪怕是在改土归流之前，传统的摩梭社会中也并不是没有一夫一妻制的婚姻形式。在摩梭社会中，一夫一妻制的婚姻与“男不娶、女不嫁”的“走婚”同属制度化的伴侣关系。与其说走婚是母系社会的孑遗，不如说是一种适应性的策略。特别是在山区，因为属于不同世系群的家户都是零星地分布在陡坡和深谷中，那里的摩梭人实际不可能实行走婚制，即便是社会等级较低的摩梭人实行的也是婚姻制度。总体而言，对摩梭人来说，婚姻的意义、形式和仪式都是一种对主流汉族文化的模仿和对传统摩梭文化的提炼的混合物，“不论以何种标准来看，摩梭人的婚姻适用于人类学现有的所有严格的婚姻定义，但有一个事实除外，即摩梭人的婚姻存在于一个没有合法婚姻这个概念的社会。在传统摩梭社会中，婚姻对于土司家庭来说是政治生存所必需的，对较低等级的家户则是一种威望的象征，是延续家户的自愿或强制的措施，或一种适应性措施”。[②] 摩梭人当然深知媒体对走婚的猎奇式渲染是对传统摩梭文化的歪曲。但是一方面，“走婚”是发展旅游业、吸引游客的重要卖点，另一方面，走婚也是争取摩梭独立族称的重要依据——摩梭独立族称又能给摩梭人带来巨大的政治和经济利益。因此，摩梭人往往既对外界强调“走婚”与“母系”乃摩梭人独一无二的民族特色，在讲到“走婚”的具体内涵时却又坚持“关系稳定”“长久相依”，务必与“淫乱”彻底分割。[③]

（四）地方政权的历史

南诏国和大理国曾长期治理过今天的云南地区，其核心统治区域位于洱海周边，留下了许多历史遗址和名人遗迹。在民族文化产业的开发中，南诏国、大理国王室作为大理州地方文化的重要符号频频出现在从文化旅

---

① 周华山：《无父无夫的国度》，光明日报出版社，2001，第18、325～326页。

② 〔美〕施传刚：《永宁摩梭》，刘永青译，云南大学出版社，2003，第50、80～81页。

③ 周华山：《无父无夫的国度》，光明日报出版社，2001，第189页。

游（如崇圣寺三塔是南诏国、大理国王室专用）、舞台演出（如“蝴蝶之梦”中有南诏王接受各方朝拜）、祭祀仪典（如彝族祭祖节）到主题公园（南诏王宫、大理王宫）、影视制作（如“天龙八部”影视城）等各种门类的文化产品和文化服务中。“妙香佛国”的历史可以确定是由南诏国王、大理国王们开创的，但将彝族祭祖节与南诏王室联系起来则是近年才出现的。巍山县的巍宝山是南诏王室的发源地。据考证，巍宝山南诏土主庙始建于唐开元二年（714 年），系南诏王第三代王盛罗皮经唐朝钦准在巍宝山为其祖父细奴罗建造。2001 年，南诏土主庙扩建工程开始，为南诏十三代国王及部分家属铸立了共 18 尊铜像，并完成大型浮雕“南诏图传”。2007 年 3 月 27 日（农历二月初九），在巍山召开的“滇川黔桂四省（区）彝文古籍第十二次协作会”上，每年农历二月初八被确定为中华彝胞共同祭祀南诏大土主的主祭日——尽管学术界对南诏王室属于彝族还是白族的争议并未得出确定的结果，并将巍宝山南诏土主庙列为全国彝胞寻根祭祖的圣地。

2012 年 9 月，巍山南诏国历史文化旅游项目和大理古都历史文化旅游项目正式签约。前者占地面积 4100 亩，预计总投资 87 亿元，将围绕“南诏王宫、南诏古都、彝祖故里”三大文化品牌在巍山古城东边文华山片区建设“南诏王宫”和南诏市井街区，在图城建设“南诏第一座都城”遗址公园，在巍宝山建设中华彝族祭祖圣地。后者占地 2800 亩，预计总投资 120 亿元，将以古都文化为核心建设古都遗址公园、王宫博览区、本主神道文化区、爱情文化区等文化旅游项目；其中，大理王宫项目占地约 360 亩，预计总投资约 10 亿元，包括大理王宫、博物馆、王宫酒店等配套服务设施。① 应该注意的是，南诏国和大理国虽然都是中国传统的天下体系中实力相当强的地方政权，其文化也具有鲜明的汉文化、藏文化、印度文化和东南亚文化多元融合的特征，但就其历史演进和文化发展而言，始终未脱离汉文化巨大和持续的影响——如用汉字、读儒书、用唐历、自称“中国”、使用年号等。从根本上来讲，南诏国和大理国是多种文化在云南汇合与凝聚的历史。如要开发南诏国和大理国的历史文化资源，不应该只是片面强调它们的王室是某一民族的先祖或杰出代表人物，某种民俗、艺术形式或饮食习惯是由其王室开创，某个景点数百年乃至上千年之前曾经为其王室御用，而是要对南诏国和大理国的多元文化交流、融合——尤其是

① 张杨：《巍山南诏国和大理王宫项目签约》，《大理日报》2012 年 9 月 24 日。

其与中原内地的——做尽可能全面的展现。否则，不但作为展示主体的少数民族及其文化会因为被持续地刻板化为来自社会边缘的“他者”而处于难以进行文化创新的困境——经常需要面对民族文化失去“真实性”的指责，而且来自外部社会的游客、观众、消费者在短暂的对民族文化的“注视”中更是将无从了解少数民族社会发展的历史真实，在认知中国多民族统一国家存在的历史必然性方面也可能会引发诸多难解的困惑。

还有，近年来，在民族文化产品的开发和推广中，将原来的土司称为“王”的现象在部分地方日渐增多。丽江的木氏土司成了纳西王室，在土司开设的客栈旧址上建起了再现当年土司接待风范的丽江王府饭店；西双版纳傣族的大土司成了傣王，孟连县建起了展示土司文化的傣王宫；就连临沧佤族的头人也成了佤王，沧源“摸你黑狂欢节”上办起了“佤王宴”。自元朝在云南设置行省以来，云南少数民族聚居区曾长期实行土司制度，各地土司及其家族掌握当地的行政、司法、军事、税收大权，是少数民族社会的领导核心和统治阶层，但从来没有被中原王朝册封为王的。土司称王现象的增多一方面反映了文化市场对于尊贵、奢靡文化消费的需求在增长，另一方面也不可避免地使土司统治下的民族社会被美化、理想化和浪漫化。同时，土司虽然都是中央政府（包括元、明、清王朝和民国时期）任命，但中央政府对民族地区控制能力的加强、改土归流和汉文化对民族社会发展的促进作用在相关文化产品的营销、宣传中也常常会被有意无意地虚化或忽略。

为了使人们产生对民族文化产品所承载的文化意义、文化价值的理解与认同，将某一类、某些文化事项视为某民族文化的代表并在创意、设计、生产、销售、推广、消费等各环节加以体现，这种做法本身并不存在对与错、好与坏的区别，这也是建构民族文化品牌、扩大民族文化产品消费市场所必需。然而，不能忘记的是，对利润和商品化的追求尽管是文化产业运行、发展的主要目的，却并不必然就是文化生产的基本特征。就其本质而言，文化生产乃是人类内在的、自主的精神活动的体现，并不应该完全遵循资本的逻辑。赞美文化差异，“认为任何一种身份——包括主流身份——都是特殊而非普世的、是被构造而非自然的”的做法对于维护文化多样性，促进少数民族文化的保护、传承固然可能起到十分积极的作用，但是，把文化差异视为自然形成而不揭示其政治性、历史性渊源的做法对于实现、巩固多民族国家的民族团结却也并非不存在任何风险。接受、传播边缘文化具有独特身份的观点，努力描绘文化身份的差别、冲突，这些问题与文化政治密切相关，“换句话说，展示差异可以把‘多元文化主义旗帜’变作偶像，从而隐藏在其制造和维护过程中危险的政治利益”[①]。

沃勒斯坦在论述现代世界体系时曾说过：“各种特定经济活动在地缘上集中会对身份集团的形成不断产生压力。当地方统治阶层受到来自任何较低阶层初期的阶级意识的威胁时，强调地方文化就有利于转移当地的内部冲突，同时形成对抗外部世界的地方性团结一致。另外，假如这些地方统治阶层感到他们自己受到世界体系的更高阶层的压迫，就会加倍地激发他们去追求一种地方性认同。”[②] 近代云南的情形正是如此。云南与东南亚、南亚国家之间的跨国贸易虽然有着悠久的历史，但由于中国长期处于亚洲文明的中心，这种贸易并没有对汉族在中国传统社会中的核心地位造成冲击——或者说反倒会强化对汉族核心的认同。18 世纪中叶以后，西方殖民者相继完成了对印度、缅甸、越南的全面占领。由西方人担任最高行政长官的殖民政府取代了各国原有的王朝，外国资本在工业、矿业、交通运输业、金融业和贸易业等经济部门中都占据垄断地位，本地原有居民则处于政治上受压迫、经济上受压榨、文化上受歧视的悲惨境地……种种殖民化的措施不仅将这些国家纳入了“使未开化和半开化的国家从属于文明的国家，使农民的民族从属于资产阶级的民族，使东方从属于西方”的现代世界体系，[③] 也使云南由华夏边缘转而成为西方文明对中国冲击、西方国家对中国侵略、西方资本对中国掠夺的前沿地带，并有力推动了中华民族认同在云南各民族中的传播与流行。当下的云南以中国民族团结进步、边疆稳定繁荣的示范区闻名。在云南民族文化产业发展的过程中，虽然对少数民族的宗教信仰、婚姻习俗和地方历史的强调在所难免，但为了切实加强各民族的交往、交流、交融，积极培养中华民族共同体意识，这种强调不应该只停留在凸显民族间文化差异性的表浅层次上，而是要把揭示、阐释各民族文化的相互影响、相互依赖、相互促进作为重点任务。

---

① 〔英〕贝拉·迪克斯：《被展示的文化：当代“可参观性”的生产》，冯悦译，北京大学出版社，2012，第 158 ~ 159 页。

② 〔美〕沃勒斯坦：《现代世界体系》第 1 卷，罗荣渠等译，高等教育出版社，1997，第 467 页。

③ 《共产党宣言》，《马克思恩格斯选集》第 1 卷，人民出版社，1995，第 277 页。

第四节　文化多样性、主流价值观与国家民族的合理化

在大的时代背景下，借助科学技术的飞速进步，经济全球化、世界多极化几乎是同时强劲展开，使文化产品的跨国生产、跨国贸易和跨国消费成为常态，各种文化之间的交流、交融、交锋更加频繁。以美国为首的西方世界在文化产业发展中既有成功经验，如重视高科技的应用、精密的经营管理、灵活的市场营销、潜移默化的意识形态渗透等，也有惨痛教训如拜金主义、享乐主义、消费主义的盛行正在磨灭创业精神、败坏社会伦理、瓦解社会凝聚力。这些必然会对后发的中国文化产业造成重大和深远的影响、刺激，引发人们从各种不同视角对中国文化产业的前途、命运展开热烈探讨，并试图在整理创新马克思主义、消化吸收西方有关文化产业各种论说、承接结合中国文化传统与中国社会的现实需要的基础上去努力促成一套既包容政治标准和审美观念而又不为它们所拘束，既对现实具有解释力而又富于中国特色的文化产业理论。①

民族文化学的研究早已注意到，在不同的民族社会中，民族文化以其婚姻家庭结构、亲属称谓、等级排列、行为方式、风俗习惯等构成了内部的运行环境，决定了整个社会的秩序与制度。它提供了一种整体的生存和行为模式、价值观念，“规范着民族群体成员价值取向、思维和行为，以禁忌的方式警戒着对社会的越轨行为，通过这些，来实现群体的凝聚，调整成员之间、成员与整体之间的相互关系”②。近年来，亦有文化产业研究者主张，文化产业的发展虽然不能离开对利润的追求和等价交换的市场逻辑，但在社会整体的视域下，作为社会生产和再生产的重要环节，更值得关注和探讨的则是文化产业是人类社会活动的三大领域——经济、政治、文化——之间深刻互动的产物，它自诞生伊始就已经在社会既存经济、政治、文化秩序的维持和变革中发挥着不可取代的重要作用。③ 具体到民族文化产业来说，虽然它出现的时日尚短，还处在日新月异的演进和变化

① 单世联：《寻找文化产业的中国论说》，《粤海风》2003 年第 1 期，第 9 ~ 13 页。

② 张文勋、施惟达、张胜冰等：《民族文化学》，中国社会科学出版社，1998，第 17 页。

③ 单世联：《阐释文化产业：三种视角》，中国战略与管理研究会官方网站，http://www.cssm.org.cn/view.php?id=18550，2016 年 4 月 29 日。

中，但如果不能将文化产品的开发与民族生活中现实的精神、物质需求和良性社会秩序（包括民族平等、团结、互助、和谐在内）的建构（合法化）相结合，以形成有利于文化交流、融合、创新的外部条件和社会基础——或者说使文化生态得到改善、社会流动性得到提高，而只是围绕着已为公众熟知的、代表“他者”和差异形象的某些文化符号以及多元文化主义对欣赏边缘文化形式所开放的缺口，通过普遍化的推销性符号系统来整合并巩固市场，那么这样的模式可以被确定是难以持续下去的。

人们对文化多样性的关注和需求是民族文化产业兴起、发展的重要原因之一。同时，不管是为了促进民族文化产业在建构和谐的民族关系中发挥积极作用，还是为了使民族文化产业自身的健康发展能够获得一个良好的文化生态环境，它都必须承担起培育对国家和中华民族的认同，促进民族地区社会的和谐稳定，保障少数民族文化权利的社会责任。这也就决定了在民族文化产业的未来发展中，不能不对探究、协调文化多样性保护与弘扬主流价值观、培育国族认同之间的关系予以足够的重视。

（一）文化多样性与多元文化主义

从历史上看，多元文化——如多个文化背景迥异的民族、多种教义差异甚大的宗教——在同一个社会中和谐共存的情形当然不是只在现代社会才有的，但在意识形态层面上，对政治哲学、社会思潮、公共政策、文化理论、历史研究等起到巨大影响的“多元文化主义”的产生无疑是全球化带来跨国人口流动规模的迅速扩大和社会弱势群体权利意识的显著增强之后才出现的事情。

作为使用频度极高和内涵十分丰富的概念，与后现代主义、自由平等主义、社群主义、后殖民主义、解构主义都有很深渊源的“多元文化主义”并未有一个界定分明、一致认可的定义。就现实社会中因为使用者目的和语境的差异而已然存在的对多元文化主义的不同诠释来说，或许只有（至少在表面上）主张或赞同对不同（群体）文化间所存在差异——文化多样性——的承认和平等对待才能被视为它们的共同特征。文化的核心是价值观，现实社会中，尽管文化实践与政治、意识形态的结合是动态的、多元的，是一个涉及“争夺、赢得、丧失和抵制霸权”的过程，但任何一种文化类型、文化现象和文化样式的背后无疑都存在着价值观问题。客观地说，任何时代对文化产品的选择性消费和生产性阅读所体现出的其实都

“是一个各种利益和价值观相互竞争的矛盾的混合体，是抵抗和融合之间一种不断变化的力量平衡”[①]。

2001年11月2日，《世界文化多样性宣言》经联合国教科文组织第二十次会议通过后正式公布，宣言指出，为了“增强社会凝聚力、民间社会活力及维护和平”，“必须确保属于多元的、不同的和发展的文化特性的个人和群体的和睦关系和共处”，并重申“应把文化视为某个社会或某个社会群体特有的精神与物质，智力与情感方面的不同特点之总和；除了文学和艺术外，文化还包括生活方式、共处的方式、价值观体系、传统和信仰”。[②] 2005年10月20日，第33届联合国教科文组织大会通过《保护和促进文化表现形式多样性公约》，规定了“所有文化同等尊严和尊重原则”，即“保护与促进文化表现形式多样性的前提是承认所有文化，包括少数民族和原住民的文化在内，具有同等尊严，并应受到同等尊重”。[③] 这两个文件大大推动了多元文化主义在世界范围内的传播。时至今日，虽然对多元文化主义在实践中出现的颠覆主流价值观，不利于建构国家认同，可能助长宗教极端主义和民族分离主义等问题并未找到适宜的解决方法，但多元文化主义已经对人们的思想、行为方式造成的深刻影响并未因此而有丝毫减弱。不管是在发达国家还是在发展中国家，绝大多数的政治家与民族学、人类学、文化学研究者在谈到国际关系、族群（民族）和文化问题时依旧言必称“多元”；[④] 就大众传播和社会舆论而言，多元文化主义的印记也是越来越多。以往曾被视为背离社会主流、离经叛道的多种思想和行为都因为价值观、道德标准、生活方式、婚姻形式、家庭模式、文艺创作等的多元化而变得可以被公众接受。展望人类社会的未来，可以这样说，“多元文化主义虽遭遇挫折，但远未终结”。[⑤]

---

① 单世联：《马克思主义文化理论发展论纲》，胡惠林、陈昕、单世联主编《文化战略与管理》第1卷，上海人民出版社，2011，第108页。

② 《世界文化多样性宣言》，中国民族宗教网，http://www.cssm.org.cn/view.php?id=18550，2008年3月27日。

③ 《保护和促进文化表现形式多样性公约》，http://www.cssm.org.cn/view.php?id=18550，2007年8月3日。

④ 虽然少数发达国家的领导人公开表示由于多元文化主义存在负面影响，不适合在他们的国家中实行，但在面对本国以外的问题时却都无一例外赞扬多元文化的价值。参见王方等《欧洲蔓延多元文化失败论，种族主义终难杜绝》，《环球时报》2010年11月16日。

⑤ 刘力达：《多元文化主义面临终结（下）》，《中国民族报》2011年9月2日。

（二）和而不同：对多元文化主义的中国式诠释

由于各个国家间的历史传统和文化背景差异甚大，对多元文化主义的常用表述自然也不会完全相同，美国有“大熔炉”，欧洲国家有“马赛克”，在中国则是“和而不同”。“和而不同”出自《论语·子路》“君子和而不同，小人同而不和”。“以和为贵”是中国文化的根本特征和基本价值取向，“君子和而不同”正是对“和”这一理念追求内在的和谐统一，而不是表象上的相同和一致的具体阐发。[①]

“和而不同”有包容和尊重差异的含义，与多元文化主义的主要观点不无契合。在多元文化主义勃兴之后，中国学者敏感地发现“和而不同”作为思想方法的价值要远超出“君子”“小人”之辩，跳出狭隘的个人伦理之外，在政治哲学、民族关系、国际关系、基本人权等许多领域中，“和而不同”都可能获得全新的诠释。费孝通曾将“和而不同”由求同存异、化解矛盾的处世哲学引申发挥为“各美其美，美人之美，美美与共，天下大同”，倡导以文化自觉、相互理解、相互宽容实现世界文化的多元和谐。他把“和为贵”的观念看作中国社会内部结构各种社会关系的基本出发点，将其置于具体的民族关系中产生了“和而不同”的理念。费孝通认为：在现代社会中，“和而不同”的古老观念仍然具有强大的活力，可以成为社会发展的一项准则和一个目标，“承认不同，但是要‘和’，这是世界多元文化必走的一条道路，否则就要出现纷争。而现在人类拥有的武器能量已经可以在瞬间毁灭掉自身。如果只强调‘同’而不讲求‘和’，纷争到极端状态，那只能是毁灭，所以说，‘和而不同’是人类共同生存的基本条件”。[②] 依凭“和而不同”的理念，中国的人文社会科学研究在不太长的时间里就实现了文化宽容、文化平等、文化共享等“多元文化主义”式理念与中国传统文化资源的结合。中国领导人还将“和而不同”作为重要的外交战略思想，提出为了世界的和平与发展，应该在承认各国历史文化、社会制度、发展模式差异的基础上建设“尊重各国自主选择社会制度和发展道路的权利，相互借鉴而不是刻意排斥，取长补短而不是定于一尊”的“各种文明兼容并蓄的和谐世

---

① 林治波：《“君子和而不同”的解读》，《人民论坛》2009 年第 4 期，第 78 ~ 79 页。

② 费孝通：《论“和而不同”》，《人民日报》（海外版）2000 年 11 月 15 日。

界”。[①] 随着“和而不同”——或者说“和谐”——逐渐越出学术研究的范围而成为中国政府在对国际社会解说其民族政策、文化政策、宗教政策、外交政策时的常用话语，它也最终完成了由传统文化精神向时代风尚的转换。[②③]

值得关注的是，受传统的影响，在共同特征之外，西方世界流行的“多元文化主义”与中国的“和而不同”也存在显著差异，前者往往标榜自己没有或不允许为文化平等预设明确的前提条件，而后者的“和”则是从来都要受到意识形态标准的限制。在中国传统文化的语境中，“和而不同”的前提是要先用一定的道义、公理等具有意识形态属性的标准来判断“不同”的性质，符合者可以被兼容并包，对背离者则不仅“道不同，不相为谋”、无法共事或共处，还要尽力给予打击、排斥甚至消灭。此标准在前现代社会曾经是以道德、伦理为中心观念，囊括自然和人文秩序，具有普遍意义和宗教成分的“道统”。[④] 延至当代中国，虽然仅仅在“思想”或行为上不合乎社会主流已经不可能再被作为刑罚的依据，但在文化领域应该维持一定的意识形态标准却始终是社会各阶层的广泛共识。如“不能丢掉社会主义意识形态，不能在学习借鉴的名义下否定马克思主义的指导地位，搞指导思想多元化”[⑤]，“坚持社会主义先进文化前进方向，坚持为

---

① 胡锦涛:《努力建设持久和平、共同繁荣的新世界——在联合国成立六十周年首脑会议上的讲话》，新华网，http://news.xinhua.com/world/2005-09/16/content_3496858.htm，2016年5月2日。

② 2003年，中国总理温家宝在哈佛大学的演讲中提出：“用‘和而不同’的观点观察、处理问题，不仅有利于我们善待友邦，也有利于国际社会化解矛盾。”参见温家宝《把目光投向中国——在哈佛大学的演讲》，人民网，http://www.people.com/cn/GB/shehui/1061/2241298.htm，2016年5月2日。

③ 2009年，温家宝在谈到中国民族区域自治制度的意义时说：“文明存在差异，但没有优劣之分。各种文明都包含有人类发展进步所积淀的共同理念、共同追求。在中华文明中，早就有‘和为贵’‘和而不同’‘己所不欲，勿施于人’等伟大思想。……在多样中求同一，在差异中求和谐，在交流中求发展，是人类社会应有的文明观。”参见温家宝《尊重文明的多样性——在阿拉伯国家联盟总部的演讲》，中央政府门户网站，http://www.gov.cn/ldhd/2009-11/08/content_1458959.htm，2016年5月2日。

④ 在中国历史上，“道统”地位之高甚至超出现实政治权威。孔子说：“天下有道，则礼乐征伐自天子出；天下无道，则礼乐征伐自诸侯出。……天下有道，则庶人不议。”虽然“道”在儒、法、墨等各家思想中的具体含义有所不同，但作为建构理想社会和士庶人等批评现实政治、礼抗皇帝王侯之精神凭借的基本功用并无二致。参见余英时《道统与政统之间》，沈志佳编《余英时文集》第4卷，广西师范大学出版社，2004，第122~146页。

⑤ 陈奎元:《信仰马克思主义 做坚定的马克思主义者》，《光明日报》2011年6月13日。

人民服务、为社会主义服务，坚持百花齐放、百家争鸣，坚持继承和创新相统一，弘扬主旋律，提倡多样化”①。

（三）国家民族认同与主流价值观

价值观不是与生俱来的，主体所处的时代、生活经历、教育背景和社会地位不同，对自身和外在于自身的人或事物的重要性和所蕴含意义的认识及评价也不会完全一致；而就无数不同价值观中的多数共有部分即“主流价值观”来说，还会比个人价值观更容易受到政府、政党和大众媒体的引导和影响。与价值观相类似，国家也不是从来就有的，“曾经有过不需要国家、而且根本不知国家和国家权力为何物的社会。”国家在本质上是一种“从社会中产生但又自居于社会之上并且日益同社会相异化的力量”②。为了不在异化中把自己消灭，自国家诞生以来，培育国民对所属国家的归属感或者说认同意识就成为所有类型国家机器的重要职能。

因为同在现实社会中扮演着确定或模糊社会分类、稳定或扰乱社会期待、维护或破坏社会规范、加强或削弱社会认同、缓和或加剧社会紧张的重要角色，③ 也由于属于需要来自社会成员真实、普遍的同意才会发生作用的意识形态类型，主流价值观与国家认同之间不可避免地会存在十分密切的联系。实际上，作为国家认同的一部分，培育价值观认同的主要手段就是要以国家制度的建构和具体的国家行为来引导、影响主流价值观的形成。当代社会中，国家认同与民族认同、文化认同、政治认同、价值观认同、发展观认同等概念都存在多向度、多层次的密切关联。对处于当代社会中的主权国家来说，使“国家认同”这一经过精心设计的、“有组织的思想形式的体现”成为难以与社会生活相分离的、“不依存于任何东西，恰如生命在其核壳之中”，并且能够被所有社会成员作为天经地义的律条而不假思索地接受的“常识”要远比在传统社会中困难和复杂。④

---

① 《中共中央关于深化文化体制改革、推动社会主义文化大发展大繁荣若干重要问题的决定》，《人民日报》2011 年 10 月 26 日。

② 《家庭、私有制和国家的起源》，《马克思恩格斯选集》第 4 卷，人民出版社，1995，第 170、174 页。

③ 〔美〕克利福德·格尔茨：《文化的解释》，韩莉译，译林出版社，1999，第 242 页。

④ 〔美〕克利福德·格尔茨：《地方性知识：阐释人类学论文集》，王海龙、张家瑄译，中央编译出版社，2000，第 96 页。

如果民族国家不会在短时间内消亡①，而多元文化主义由于人类社会文明进步的需要也自有继续存在下去的正当价值，那么解决问题的关键就应该是将多元文化主义的精髓纳入国家民族认同的培育中，赋予国家认同以新的意义和内涵。在这方面，中国“和而不同”的文化传统给我们带来了重要的启示。费孝通说过，“地球村”应该有一套为大家认同和自觉遵守的、习惯化的“乡规民约”来化解个人与社会、自由主义与平等主义之间存在的基本矛盾，“中国老话里讲‘克己复礼’，这个‘礼’是更高境界的乡规民约”。② 回顾中国礼法社会的历史，显而易见，费孝通所说的“礼”绝不仅是礼仪，更包含了不同历史时期对人际关系、道德伦理以至完美社会的基本认识和追求，换句话说，其实就是对社会主流价值观的认同。而具体到国家认同与多元文化主义的融合，最简单易行的办法或许就是以价值观认同去统摄日趋多元的文化认同、政治认同、民族认同，将国家对主流价值观的倡导与践行、引导与塑造状况作为国家认同的核心问题。

（四）主流价值观、各民族交融与民族文化产业发展

相对于文化类型和政治制度，价值观在形诸文字时需要经过更高层次的凝练、抽象与概括，进而与特定的文化类型、政治制度、民族身份产生关联。对中国这样的多民族国家来说，价值观认同在培育公民的国家意识、维护民族国家的长期稳定方面理应比文化认同、政治认同、民族认同更具优势。然而，不容忽视的是，尽管价值观认同有上述种种好处，但在现实社会生活中贯彻起来并不容易，对正面临社会秩序转型、变革的中国来说更是如此。

就民族文化产业的发展而言，对于弘扬主流价值观、促进国族（中华民族）认同的最直接和最具现实意义的体现应该是促进各民族的交流与融合。首先，民族文化产业的发展可以发挥民族地区传统文化资源丰富和劳动力资源丰富的优势，有利于缩小民族地区与东部发达地区在经济发展上的差距，实现国家整体层面上的富强。一方面，民族地区往往地处偏僻、

---

① 以美国为首的西方国家习惯于打着“人权高于主权”的旗号，以其国内法为依据去推进其他国家的民主，但这并不是国际法的胜利，也不标志着民族国家的合法性已经过时，反倒是民族国家追求外在霸权的典型例子。参见张旭东《全球化时代的文化认同：西方普遍主义话语的历史批判》，北京大学出版社，2005，第24页。

② 费孝通：《论“和而不同”》，《人民日报》（海外版）2000年11月15日。

交通不便、工业化进程迟缓，但也正因为如此，这些地方的社会风貌才能保留较多的自然经济色彩和浓郁的民族文化风情。文化消费是寻求意义的消费，而意义的生产正来自于差异。与现代都市相比，民族地区的文化富于传统和回归自然的特色，这正是民族地区文化产业发展的最大优势。另一方面，由于正规学校教育获得的文化资本的充裕程度在民族地区远较全国平均水平低，民族地区的人力资本构成问题向来被认为是制约地方经济社会发展的重要因素。文化产业在民族地区的发展或许能使这种状况有所改变。从整体上说，这种具有“民族特色”的文化产业发展所需要的文化资本与现在的正规学校教育的关联并非密切和直接，可能会吸纳大量教育程度较低的劳动力。

其次，“没有不同文化的交流，单一文化往往缺乏向前发展的推力”①。各民族之间在政治、经济、文化领域广泛的交流与融合不但是文化生产力得以提高，文化的生命力、创造力得以保持的重要前提，还是文明、和谐、自由、民族平等的具体体现。马克思在《资本论》中曾反复强调社会生产的过程必须是连续不断、周而复始和不断更新的，“任何一个社会，如果不是不断地把它的一部分产品再转化为生产资料或新生产的要素，就不能不断地生产，即再生产”②。其中涉及的不断更新、转化换句话说就是人、财富（资源、产品）、利益、知识、思想、观念等在社会的不同阶层、领域、地域（国家）、部门、行业乃至个体之间的连续流动，简言之，也可称为内涵更丰富、范围更广阔的“社会流动”。人类社会的存续离不开社会生产，也不能不依赖这种顺畅循环的社会流动。一般意义上，恰如经济学对商品流、物流、资金流、信息流与经济效益之间关系的研究所揭示出来的那样，这种社会流动的速度、广度和深度与社会生产力的发展水平亦呈现正相关性。

改革开放以来，民族地区进入了经济社会加速发展的新时期。随着各民族跨越区域流动的活跃和民族工作新的阶段性特征的出现，越来越多的学者认识到以社会平等和文化多样性为取向，促进各民族的交往、交流与交融，并在此过程中培育、巩固对国家和中华民族的认同。民族文化产业

---

① 施惟达：《民族文化：中国—东盟文化产业发展的重要资源》，《民族艺术研究》2006 年第 6 期，第 23 页。

② 《资本论》第一卷（节选），《马克思恩格斯选集》第 2 卷，人民出版社，1995，第 228 页。

正是扩大公共交往的良好形式，受人口规模和消费能力的制约，民族地区生产的民族特色文化产品在当地的市场空间十分有限，其生产规模和消费人群的扩大对于外部市场——主要是国内市场——有着强烈的依赖。为了争取市场空间，吸引更多的文化消费者，文化产品的生产者将越来越多地与外界文化发生接触和交流，关注社会主流文化需求的变化，进而不断对自身产品的种类、材质、风格进行调适。同时，为了维持市场竞争中的差异性竞争优势，他们也不得不对本民族文化资源进行更加深入的挖掘，这项工作也常常非一人之力所能及，更多地将会在民族内部交往的活跃中实现。

为促进各民族的交流与融合，未来，民族文化产业在发展中应该注意以下几点。

1. 尽量少用“民族独有”

尽管对民族传统文化资源进行产业化开发，并将其与现代化色彩强烈的城市化联系起来的利弊得失还存在很大争议，但它毕竟是给处于边缘地带的少数民族文化带来了向世界展示自身特性，能够被外界了解进而融入主流文化的机会。在此过程中，强调本民族独有或专有某种文化类型、文化样式虽然可能对吸引外来消费有作用，但同时也不可避免地强化了该民族自身的边缘地位，并不利于其融入主流文化。另外，为本民族独有或专有的情形也未必就是经得起学者论证、媒体挖掘的事实。从长远发展考虑，合适的做法应该是既承认文化传统的存在是民族文化产业发展的资源基础，又重视各民族间的交流、交融，把吸收外来文化要素和利用外来人才、开拓外部市场作为文化传承、文化创新的必要条件。正如云南“印象根艺”木雕的发展，它之所以能实现“三年三跨越”，是因为在云南树根资源丰富的基础上，主动利用浙江东阳木雕的知名度和销售平台，对接全国文化消费的大市场，并学习东阳木雕的制作技术、引进东阳木雕的创作人才。①

2. 对民族文化符号的解读和诠释应该尽可能全面

有学者在论述民族文化产业时曾说：能在市场上立足，并被大众认可的民族文化品牌一定是独特性与普遍性的统一，前者主要表现在外观设计、视听效果和某一民族独特的审美体验、情感方式上；后者是指“文化

① 林艺：《民族工艺品如何再造“新西部模式”》，《中国文化报》2011 年 12 月 21 日。

品牌所展现出的审美趣味与价值内涵符合人类发展的总体价值取向而又对它文化有借鉴启示作用”，它同时也是各民族文化之间进行对话交流和相互借鉴的基础。[①②] 一般说来，外观设计等方面的独特性是外显的，比较容易被生产者和消费者感知，而价值观方面的普遍性则往往需要经过一定的解读和诠释才能被人们明了。

为了避免使组成中华民族整体的各民族身份的文化意义、政治价值被经济动机遮蔽、主导，防止由于多种文化遗产的运作而使民族国家永远都无法被看作“完整的”和只能保留在笼统、含糊的状态，因此在民族文化符号与民族文化产业发展相结合的过程中，对符号的全面解读和阐释也就显得特别重要。[③] 文化交流是文化革新、创造的重要前提，如果承认每个文化事项其本身都是流变的过程而非“化石式”的固定存在，那么在文化差异性之下被掩盖的实际也就是不同文化之间在政治、经济因素的驱动下交流、交往与融合的历史。姑且不论民族民间工艺品的艺术风格和制作技艺、民间文学的叙事方式和人物、礼仪节庆的来源和演变等常常受到周边民族（包括汉族）的影响，即便是被视为民族文化核心要素的宗教也是如此。云南以往曾盛行本土化的阿吒力教，它的源头即是古印度的密宗佛教，其经典传承利用了汉字，在发展演变过程中也曾多次向中原王朝求取佛经。还有，土司的统治虽然看似高度自治，其先辈或许还是被少数民族民众所敬仰的英雄人物，但其属民的生活并非是某些人想象的无忧无虑和美满富足，而是更多受到严格身份等级制下不可避免的奴役与压迫。尽管中央政府推行的改土归流很多时候表现为强制的过程，但在历史上，也有许多地方的改土归流是土司或土司属民主动要求的结果。毕竟，就提高社会流动性而言，世袭的土司制度的作用要比科举和流官制度的作用小得多。

3. 注意发挥民族学和民族学家的作用

在中华民族多元一体格局确立和巩固的过程中，民族学研究无疑起到了十分积极的作用。民族学研究者通过参加政府组织的民族识别、少数民族社会历史调查和民主改革，为党和政府制定民族政策提供咨询服务，有

① 施惟达：《论民族文化品牌》，《民族艺术研究》2002 年第 6 期，第 63 页。

② 施惟达：《民族文化的价值及其经济化》，《思想战线》2004 年第 3 期，第 96 页。

③ 〔英〕贝拉·迪克斯：《被展示的文化：当代“可参观性”的生产》，冯悦译，北京大学出版社，2012，第 148、164 页。

力地促进了民族平等观念的普及，也使社会上越来越多的人能够理解、认识“在中华民族的统一体之中存在着多层次的多元格局。各个层次的多元关系又存在着分分合合的动态和分而未裂、融而未合的多种情状”。[①]

时至今日，随着政府工作重心的转移，由国家和地方政府资助的民族学应用研究项目有所减少，曾经长期以配合政府民族工作为宗旨的民族学研究也出现了需要理论创新、拓展学术空间、与市场经济相适应、与国际学术界接轨等学科转型问题。然而，无论是为了促进民族地区社会发展、维护多民族国家的团结统一，还是为了保护文化多样性，更好地理解人类社会演进的历史过程和未来发展趋势，民族、民族文化都应该也必须成为社会科学研究的独立领域。在文化产业成为文化生产的主导形态引起全社会关注、许多地方都把民族文化资源的开发利用列为新的经济增长点之后，民族学作为文化资源存在及具有开发价值的重要依据，不但以往在民族史、民族文化等方面的许多研究成果都可能受到（或者说引起）社会各界的瞩目，而且民族学的应用研究也可能迎来新的发展契机。民族文化产业如果要实现可持续的良性发展，就必须依托民族社会的现实生活，在有利于促进和谐民族关系建构和彰显、促进各民族交往、交流、交融的前提下，革新、创造出充满活力的新的民族文化符号。在此过程中，对民族传统文化中的文化因子、文化要素进行分类、选择和整理，全面考察民族传统文化演变的政治、经济和文化动因，预测它们的发展趋势等，都是不可缺少的重要环节，民族学家的研究、民族学的发展无疑也可以在其中寻找到或者说开拓出新的领域和空间。

① 费孝通主编《中华民族多元一体格局（修订本）》，中央民族大学出版社，2003，第36页。

结　语

任何制度的推行都需要文化生产发挥劝服或说服作用，完全采取直接暴力、进行强制和胁迫从来都不是长期可行的办法。相较于直线型发展（这是由于功利和效益原则为发明、淘汰和更新提供了明确规定，生产效益较高的机器或工艺程序自然会取代效益低的）的经济领域和可以迅速变革的政治领域（表现为新官到任、新的晋升道路很快开通和新的指挥基地转眼建成），以绘画、诗歌、小说、宗教等形式为生活提供价值和意义系统的文化领域中的改变明显是要缓慢许多，然而其一旦发生，对于经济秩序和政治秩序的转型就会起到巨大的推动作用，可能引发剧烈的社会变革。[①] 在1949年以来中国发生的历次经济转型中，执政党和政府之所以始终强调利用大众传播媒介进行宣传、动员，积极倡导解放思想、转变观念，高度重视文化在引领方向、凝聚共识方面的作用，其深层次的原因应该说正在于此。

虽然至今仍有部分法学家认为良好的法律是不应体现价值观的（或应该体现普世、无差别的价值观），但是权利、侵占、掠夺、奴役乃至族群、人，这些在各国的法律条文中似乎不存在歧义的词在不同的国家、不同的民族中的确是有着不同的解释，于此起作用的就有专业研究文化的人类学家和民族学家。[②] 为了培育国民对所属国家的归属感或者说认同意识，获得建构社会秩序所必需的权威，所有类型的国家机器都必须或者说不能不

---

① 〔美〕丹尼尔·贝尔：《资本主义文化矛盾》，赵一凡、蒲隆、任晓晋译，三联书店，1989，第53～54、57～59页。

② 著名人类学家朱利安·斯图尔德于20世纪40年代在关于赔偿印第安人土地的诉讼中曾为美国司法部充当专家证人，主张不属于“有组织社会”的肖松尼族不能拥有土地，他们居住的地区属于法律上的无人区（无主之地），可以被殖民者自由、合法地侵占。到了1950年，斯图尔德仍支持这样的观点，即财产的所有权只有在土地占有形式明确符合美国法律所定义的土地所有权特征时才存在。参见〔美〕乌戈·马太、劳拉·纳德《西方的掠夺——当法治非法时》，苟海莹译，社会科学文献出版社，2012，第94～96、116～132页。

对文化生产进行管控，但同时也不能忘记，“人们是自己的观念、思想等的生产者，但这里所说的人们是现实的、从事活动的人们，他们受自己的生产力和与之相适应的交往的一定发展——直到交往的最遥远的形态——所制约”①。根本上，文化生产的最重要特点就在于它是人对人的社会化生产——既是组织化的人也是个体的人，需要反映作为主体的人的生活的现实历史条件和多方面的具体历史实践，表现和确立个人在现实社会中多方面发展的可能性和力量。文化领域与政治领域之间的差异是结构性的，它尤其能抵制行政控制，“国家不能简单地接管文化系统，国家计划领域的膨胀实际上使得文化的自主性成为了问题”②。

本书中对文化生产与云南民族关系变迁之间关系的描述和分析表明：文化生产对民族关系建构的作用、影响是在文化生产和政治系统、经济系统的互动中得以展开和体现出来的。这种作用、影响是否符合统治集团对文化生产进行管控、干预的预设目的由互动的性质决定，即在政治系统、经济系统的运行中，与民族关系建构有关的部分——如制度的建立、实施和遵守，活动的有序进行，行动目标及其价值标准的设定等——能否从相应的文化生产过程中获得足够的合理性依据或被充分地合理化。而一般说来，互动中体现出的统治集团关于民族关系的基本主张也不应该与增强社会的有序流动，促进各民族之间的交流、交往、交融等基本的理想价值排斥或冲突。

一　文化生产在中华民族形成中的特殊作用

在论述中华民族多元一体格局形成过程的特点时，费孝通说过：汉族之所以具有远比其他少数民族强大的凝聚力，能够像滚雪球一样不断壮大，主要的原因是汉族在社会发展、经济发展方面占据了优势。其突出的表现是精耕细作的农业经济，其次才是政治因素——鼓励或强迫同化。“任何一个游牧民族只要进入平原，落入精耕细作的农业社会里，迟早就会服服帖帖地主动地融入汉族之中。”③ 现在的少数民族聚居区大都是以农

---

① 《德意志意识形态》，《马克思恩格斯选集》第1卷，人民出版社，1995，第72页。

② 〔德〕哈贝马斯：《合法化危机》，刘北成，曹卫东译，上海人民出版社，2000，第93、96页。

③ 费孝通主编《中华民族多元一体格局（修订本）》，中央民族大学出版社，2003，第33～34页。

为本的汉族不能发挥他们农耕优势的草原、山沟和干旱地区，“这些地区只要汉族停留在农业时代，对他们是不发生吸引力的”。[①] 然而，考察云南民族关系变迁的历史过程，可以发现，除了农业经济和政治因素以外，文化生产在中华民族形成中所起的作用也十分重要，其机制之复杂远非民族建构理论所认为的“想象的共同体”和“官方民族主义”[②] 能够概括，而汉族作为中华民族凝聚核心的地位也不只是官方倡导、推动汉文化的结果，发挥影响的还有汉文化在民族观念上的开放性和中国古代在文化生产形式、文化制度上的某些特征等。

（一）开放、流动的民族观念

在民族观念上，文化是中国人在古代界分民族的主要标准或依据。“夷夏之辨”所表达的并不是不同“文明”之间的相互区别与排斥，而是相对发展水平较高的文明与相对发展水平较低的文明之间传播与学习的互动关系。在中国人看来，民族与人类、国家与天下或世界之间并无确定的界限，区分四夷与诸夏的标准不是“血统”而是“文化”——生活习惯与政治方式，即所谓“诸侯用夷礼则夷之，夷狄进于中国则中国之”。“他们只把民族和国家当作一个文化机体，并不存有狭义的民族观与狭义的国家观，‘民族’与‘国家’都只为文化而存在。因此两者间常如影随形，有其很亲密的联系。民族融和即是国家凝成，国家凝成亦正为民族融和。中国文化便在此两大纲领下，逐步演进。”[③]

在云南各族同源的族源神话中，无论汉族是否居于兄弟民族排序的首位，汉族与其他“兄弟”民族之间的区别或者说汉族的优势往往都会体现在语言、文字、习俗等文化要素上。如彝族创世史诗《梅葛》中呈现的，“汉族是老大，住在坝子里，盘田种庄稼，读书学写字，聪明本领大”[④]；哈尼族史诗《窝果策尼果》中也说“手心里生出的是会说会

---

① 费孝通主编《中华民族多元一体格局（修订本）》，中央民族大学出版社，2003，第33～34页。

② 〔美〕安德森：《想象的共同体——民族主义的起源与散布》，吴叡人译，上海人民出版社，2005，第84页。

③ 钱穆：《钱宾四先生全集》第29册，联经出版事业公司，1998，第23～26、45页。

④ 第二和第九都是傣族，原文如此。参见陶立璠等编《中国少数民族神话汇编：人类起源篇》，中央民族学院少数民族古籍整理出版规划领导小组办公室，内部资料，1984，第112～113页。

算、靠写字过日子的蒲尼（汉族）"[①]。这些现象的出现虽然不能说就一定是受到汉文化影响的结果，但它们与"夷夏之辨"观念之间确实存在契合之处，在消除民族融合的心理障碍、促进其他民族学习汉文化以及各民族在杂居中相互模仿对方的生产和生活方式等方面也必然会发挥作用。就像由汉族和土著的僰人等融合而成的白蛮在相当长的时间里在族源归属上也都是认同汉族的，他们的语言与汉语最接近，书写时大多数时候是直接用汉字。在明朝中期，白蛮的后裔更是轻易就完成了由"僰人""僰夷"到"民家汉人"的转变。再比如彝族史诗《勒俄特依》中描绘的，当时在喜德、安宁场、大兴场等地，普遍存在彝汉混杂或者相互融合的现象，"汉人变来说彝话，彝语极流利，彝人变来说汉话，汉语极流利……彝汉相交杂，出门在一起，分散各走各，汉人头上留发髻，汉族妇女穿窄裤"[②]。

（二）汉字的使用与统一的历法

在文化生产的形式上，标准化的语言、大规模复制的"印刷资本主义"和标准化的教育体系在近现代民族主义的兴起和传播中起到了"系统的，甚至是马基雅维利式的民族主义意识形态灌输"的作用，曾促进了在相距遥远的人们中间产生关于共同体的想象，并激起了"真实的、群众性的民族主义热情"。[③] 相似的事情在中国古代早有出现。伊尼斯在《帝国与传播》一书中曾对文字（书面语言）做出过这样的评价：借助于文字（符号），"时间的世界超越了记忆中的物体的范围，空间的世界超越了熟悉的地方的范围"。"人的活动和力量的拓展，大体上与文字记载的使用完善成比例。"在为既定权威提供合法解释方面，文字记载比口语更加强有力和富于效率，"文件的签署、漆封和传送，是军权之必需，也是加强政权治理能力之必需。文字使小型社区成长为大型的国家，又使国家强化而成帝国"。就古代中国而言，复杂的汉字既是中国政治官僚体制

---

① 云南省少数民族古籍整理出版规划办公室：《云南少数民族古典史诗全集》上卷，云南教育出版社，2009，第429～431页。

② 陶立璠等编《中国少数民族神话汇编：人类起源篇》，中央民族学院少数民族古籍整理出版规划领导小组办公室，内部资料，1984，第135～136页。

③ 〔美〕安德森：《想象的共同体——民族主义的起源与散布》，吴叡人译，上海人民出版社，2005，第43、109页。

的重要支撑，也促成了古代中国所倚重的精神统一，而不是建立在政治军事上的统一。[①]

根据许倬云的研究，“中国文字的起源，可能早在新石器时代，即已肇端。商周时代，中国文字一系相承。南方文化与北方文化交汇时，南方可能并无自己发展的文字，于是接受了北方的文字，以致后世楚国文献，均用同一文字书写。战国的列国体制，是政治上的多元，各地出土的战国文书，其实都用同一系统的文字书写，虽有一些字形歧异，大体相同”。[②]汉字的初始意义可能只是在于推行政令和提高政府的行政效率，但随着汉族的不断壮大、帝国疆域的扩展和儒学教育的推广，它也在中国的不同地区、不同民族中成功构建起一个可以相互理解的，并为维系“大一统”格局所不可或缺的符号共同体。战国时期，楚国凭借南方的资源，足以抗衡北方，“但是楚国终于只能进入中华政治体系，而不能独树一帜。此中缘故，可能即在北方已有一套成熟的文字系统，以先行一步的优势，使楚国必须采用同一文字系统，以组织国家”。[③] 战国之后，少数民族建立的辽、金、元、清等政权虽也曾规定将与汉字相异的本民族文字作为官方文字的一种，但它们的影响力也都远远比不上汉字。

在云南，南诏、大理国时期流传下来的碑铭、绘画题跋都是用汉字书写；元、明虽号称“白文”的鼎盛时期，但其实际也只不过是借用汉字（或笔画略有增损）来记录白语语音。而在报纸、广播等大众媒体出现之前，中国通过由中央政府统一制定历法、组织历书的出版发行、禁止私刻历书、向藩属国颁赐历书（如南诏国王接受唐王朝册封时也被授予了唐历）等手段已经实现了在广大区域内众多个体生活节奏的初步统一。“先秦历法，各地不尽相同，至少有夏历、商历、周历及颛顼历同时并行。在一个封国的疆域内，国君与臣民使用的历法，也可能不同。汉代，开始有了所谓的‘奉正朔’，即接受王室所用的历法。”[④] 唐代以后，随着雕版印刷技术的成熟，政府开始主导历书的大规模印制和发行，同时禁止民间私

---

① 〔加〕哈罗德·伊尼斯：《帝国与传播》，何道宽译，中国人民大学出版社，2003，第7～8、144页。

② 许倬云：《万古江河：中国历史文化的转折与开展》，上海文艺出版社，2006，第72页。

③ 许倬云：《万古江河：中国历史文化的转折与开展》，上海文艺出版社，2006，第59、72页。

④ 许倬云：《万古江河：中国历史文化的转折与开展》，上海文艺出版社，2006，第59、72页。

自刻印。在这些雕印的历书上，有关每日行事宜忌的内容开始大量出现，又名为具注历（也称历日、黄历、皇历等），其对日常生活的影响则更为具体。在南宋嘉泰二年（1202 年）成书的《庆元条法事类》中，对盗印历日者要处以“杖壹百”之罪，原注并称“增添事件撰造大、小本历日雕印贩卖者，准此，仍千里编管”，又说“即节略历日雕印者，杖捌拾”，但对仅雕印月份大小、节气及国忌（指先皇或先后之忌日）者，则免罪。元代的律法中规定，“诸告获私造历日者，赏银一百两。如无太史院历日印信，便同私历，造者以违制论”。类似的律例也为其后的朝代所遵循，直到清嘉庆二十一年（1816 年）才奉旨废除。[①] 据元天历元年（1328 年）统计，全年销售历书三百一十二万三千一百八十五本，计中统钞四万五千九百八十锭三十二两五钱，相当于同年江南三省（江浙、江西、湖广）夏季粮税钞数的三分之一，为湖广省夏季钞数的 2.27 倍。[②]

（三）促进社会流动的文化制度

在文化制度上，中国古代的儒学教育和科举制度在民族格局的形成中也显示出极大的优越性。汉唐以来的中国传统社会是具有相当社会流动性的，流动的重要途径之一就是平民化的儒学教育和开放性的科举制度。儒家代表人物孔丘主张“有教无类”、平民亦可习仕进之术，在中国历史上首次进行了打破贵族政治的伟大尝试。孔门七十二贤中，绝大多数出身平民，如颜子、曾子、闵子骞、仲弓父、子贡、子路、原思、公冶长等人皆然。对于孔子的贡献，章太炎先生曾评价道：“哲人既萎，曾未百年，六国兴而世卿废。民苟怀术，皆有卿相之资。由是阶级荡平，寒素上遂。至于今不废。”[③] 儒家文化的传播和科举制度的实行不仅使底层民众通过科举向社会上层的流动成为可能，也开辟了弱势民族通过“教化”实现向强势民族转化的路径，对少数民族自然会产生巨大的吸引力。以云南为例，南诏、大理时期，儒家文化在云南虽有传播，但主要局限于贵族官僚等社会上层；加之南诏和大理的统治集团以阿吒力教作为凝聚本国国民一体化的本土认同的“象征符号”的努力从未停止，对中国、中华文明的认同在社会上虽然有存在，但不是社会的主流。南

① 黄一农：《社会天文学史十讲》，复旦大学出版社，2004，第 270～278 页。
② 李明杰：《中国出版史》（上册），湖南大学出版社，2008，第 330～331 页。
③ 萧公权：《中国政治思想史》，新星出版社，2005，第 34～37 页。

诏国和大理国实行的都是世袭的等级制。不同族群等级不同，肤色、习俗各异，要“平起平坐”十分不容易，在族群内部有贵族、奴隶和贱民之分，社会流动也殊为有限。[①] 元代之后，随着儒学教育的开展和周期性的科举考试的举行，修习儒学的知识分子阶层和士大夫阶层、仕宦阶层在云南开始出现，也使儒家的“大一统”学说在云南社会中长期积淀下来。

二　文化生产与民族和谐的实现

鉴于民族一词内涵的复杂性，关于民族区分至今也没有一致的依据或标准规则，但无论在民族的哪一种定义中，文化的要素都不可或缺。对探讨民族社会秩序的形成、演讲来说，文化生产所扮演的角色、发挥的作用更是不容忽视。如在中华人民共和国成立后的民族识别中，不分人口多少、居住地域大小、社会发展阶段和经济文化发展水平高低，“只要是历史上形成的在经济生活、语言文字、文化特征、民族意识等方面，具有明显特点的稳定的人们共同体，都称之为‘民族’”[②]。按照安德森的说法，民族是一个想象的共同体，民族属性、民族归属和民族主义都是在18世纪末被创造出来的特殊类型的文化人造物，“在深浅不一的自觉状态下，它们可以被移植到许多形形色色的社会领域，可以吸纳同样多形形色色的各种政治和意识形态组合，也可以被这些力量吸收”[③]。霍布斯鲍姆认为“民族”与现当代基于特定领土主权而创生的民族国家息息相关，同时也特别强调激发民族情操的各类宣传与制度设计和将民族视为是天生的、是上帝对人类的分类的“民族主义神话”在民族建立中的重要性。“民族主义时而利用文化传统作为凝聚民族的手段，时而因应成立新民族的需要而将文化传统加以革新，甚至造成传统文化的失调——这乃是不可否认的历史事实。”[④]

改革开放以来，中国的社会体制、基层组织与经济制度都发生了重大

① 江应樑：《凉山彝族社会的历史发展》，《江应樑民族研究文集》，民族出版社，1992，第213～214页。

② 黄光学主编《中国的民族识别》，民族出版社，1994，第117页。

③ 〔美〕安德森：《想象的共同体——民族主义的起源与散布》，吴叡人译，上海人民出版社，2005，第4、6页。

④ 〔英〕埃里克·霍布斯鲍姆：《民族与民族主义》，李金梅译，上海人民出版社，2000，第10页。

的结构性转变，生产资料所有制和社会财富分配机制进行了重大调整，人们的行为方式、思想观念和文化模式也较以往有了深刻的变化。但在民族社会秩序的理论研究和建构民族社会秩序的实际过程中，却依旧是以特定社会规范为依据的、从上至下的“社会控制”学说——或者社会治理、社会稳定——在发挥主要作用，而文化生产的复杂作用也往往被简化为社会控制的手段，被置于单向地为社会秩序的维系提供精神动力、舆论支持和思想保证或者说“教化”的固定框架之内。如有人主张的，应当以法律为主导重构民族社会秩序，“形成以法律为主导的多元社会秩序结构模式，以不断满足变动着的社会生产与生活的需要”。[①] 还有，对任何一个民族社会来说，社会控制在推行统治阶级确定的社会价值观、维护现存的社会秩序方面都不可或缺。[②] 然而，总结民族关系变迁的历史经验，其中发生作用的力量或者说影响因素却绝不会只限于政治领域和由政治所驱动的军事、移民、文化传播（意识形态灌输）等活动。对民族关系的建构——尤其是以平等、团结、互助、和谐为现实目标的——来说，由官方或政府主导的各类宣传与制度设计虽然十分重要，但知识分子、社会团体、英雄人物乃至社区精英、普通民众的作用也不可轻忽，“因为唯有当这项工程是建立在现成的、非官方式的民族情感上，才有可能获致最大成效”。[③]

从 20 世纪 50 年代中后期开始，中国进入了由国家垄断社会中的绝大部分资源的“总体性社会”。在这样的社会里，社会流动虽然依旧存在，但其流动的形式、方向、速度都要遵循来自国家的集中计划，看似非常稳定有序，却难以形成普遍有效的激励机制和动力来源。改革开放之后，政府对社会生活的控制出现了范围在缩小、强度在减弱、手段在规范化的趋势。同时，随着交通便利程度的提高和传播手段的不断更新换代，对社会流动进行有计划、全面、严密和强力的控制也变得愈来愈困难。[④] 就中国

---

① 赵利生：《民族社会规范与民族社会秩序的重构——以法律为主导的多元社会秩序论》，《兰州大学学报》2003 年第 3 期，第 56 页。

② 郑杭生主编《民族社会学概论》第 2 版，中国人民大学出版社，2011，第 228 页。

③ 〔英〕埃里克·霍布斯鲍姆：《民族与民族主义》，李金梅译，上海人民出版社，2000，第 108 页。

④ 总体性社会的特征：通过运用国家机器所具有的强大力量和完整而严密的组织系统，辅以大一统和强有力的意识形态，进行大规模的资源动员和集中，并由国家按照自己所选定的优先顺序，来对这些资源进行再分配并对社会生活取得了压倒一切的支配地位。参见孙立平《转型与断裂：改革以来中国社会结构的变迁》，清华大学出版社，2004，第 3、9 ~ 12、141 ~ 142 页。

社会的现实状况来说，要使文化生产能够对促进中华民族的正当性、合理性获得全国公众——尤其是各少数民族的成员——的普遍认同有所助益，最重要和最直接的路径则应该是要重视民族地区文化产业、公共文化服务的良性发展，注意发挥以民族文化为研究对象的民族学在民族关系合理化建构过程中的合理化作用。不管是在文化产业的“跨越式”发展，还是在公共文化服务体系的完善、改进和民族文化的研究中，管理者、从业者、研究者都要注意，社会秩序是“‘公共意志’以比较不确定的形式显示的那个普遍的自我的更充分的表达”[①]，优秀的能成为文化繁荣标志的文化产品应该是对此公共意志的集中反映和表达，而不只是获取经济利益、意识形态宣传和政治动员的工具。

（一）理性预期文化产业在推动民族地区经济转型中的价值

近些年，民族地区的很多地方都提出要把文化产业发展作为打破城市化过程中的“工业化路径依赖”，调整产业结构，推动城市化健康发展、实现城乡一体化的现实选择。对经济转型而言，文化产业确实具有重要的“文化和经济”的双重意义，“优结构、扩消费、增就业、促跨越、可持续”的独特优势更加明显，但同时，文化产业的发展也具有高风险性，并非每个地方都能将“把文化产业作为经济结构战略性调整的重要支点、转变经济发展方式的重要着力点”变为现实。对大多数地级市和地区、县级市和县来说，在可以预见的将来，它们的文化产业发展水平——如就业人数、增加值等——与产业经济学意义上的业态要求之间却都还会存在相当遥远的距离，文化产业对于经济转型也难以起到直接和明显的作用。

一般意义上，正如经济学上对商品流、物流、资金流、信息流与经济效益之间关系的研究所揭示出来的，人、财富（资源、产品）、利益、知识、思想、观念等在社会的不同阶层、领域、地域（国家）、部门、行业乃至个体之间的连续流动——简言之，也就是“社会流动”——的速度、广度和深度与社会生产力发展水平的提高在许多时候亦呈现正相关性。从文化产业产生的历史来看，文化产业之所以能在近代从文化生产中凸显出来，一个很重要的原因就是相较于以往任何一次改朝换代，资产阶级革命

① 〔英〕鲍桑葵：《关于国家的哲学理论》，汪淑钧译，商务印书馆，1995，第313页。

在取消社会流动的桎梏方面都要更加激烈和彻底。世界市场被开辟并逐步扩展，贵族和教会在经济、政治、文化领域的垄断地位或特权被取消，大众的文化需求由于商业利益或选举动员开始被关注，正是在此大背景下，人口和资源向城市的集中运动才能为文化产业的产生、发展提供人力资源、消费市场、生产组织等多方面的准备。而近年来文化产业发展中新出现的“去中心化”“去组织化”的趋势，其产生的重要原因也是社会流动性的增长，即信息和交通技术进步导致人口、影像、商品、金融、信息等可以在全球范围内迅速流动；文化多元主义的兴起使原本处于“边缘”的文化类型、文化样式有了进入主流社会的机会；在《世界人权宣言》、《公民及政治权利国际公约》和《经济、社会和文化权利国际公约》等的推动下，文化权利作为与政治权利、经济权利、社会权利并列的基本人权类型获得了国际社会普遍承认，在许多国家被立法予以保障，等等。

尽管在现代交通、物流、通信、传媒高度发达的情况下，广大乡村和城市化程度较低的地区就一定不存在发展文化产业的可能，或者说这些地方必须被置于文化产业分工体系底端的说法是应该存疑的。但在那些经济流动性不强、交通不发达、地方经济体系较为封闭或限于“自给自足”、行政支出需要国家不断“输血”来维持的地方和政治流动性较弱，主要行政权力被各种利益集团把持、垄断，政治行为封闭化、政治决策神秘化的特征较为明显的地方，期望以创意设计、动漫游戏、高端会展来带动地方经济、社会的全面变革无疑是不现实的。没有社会流动性的提高，只靠政府扶持、商业炒作，或许能够使一个地方的文化产业增加值在短时间内迅速增长，但绝对不可能获得长期、可持续的发展。还应该注意的是，在文化产品的开发和营销中，如果因为寻找“噱头”和“卖点”的迫切需要而过度强调某少数民族与汉族、某地区文化与社会主流文化存在的差异性和分离性，对在中华民族多元一体的框架下发展平等、团结、互助、和谐的民族关系也会造成严重的不良影响。比如，某些少数民族基本上全民都信仰宗教。民主改革前在他们的聚居地，“政治权力、政治体系、政治过程等只有得到了民族宗教组织的认可和支持，才能得到大众的认可和支持，从而才具有合法性，否则就不具合法性，就不可能具有普遍性”。[①] 为促进当地经济社会的良性发展，构建积极健康的宗教关系，在这些地方进行以

① 周平：《民族政治学》，云南大学出版社，2011，第203页。

宗教文化体验为特色的文化产业开发时则需要特别谨慎。

迈克尔·波特指出，在今天的全球经济中，因为贸易、资本和信息流动迅速，比较优势和规模经济都已风光不再，竞争优势应该就是立足本土的结果，“产业竞争优势的创造与持续应该说是一个本土化的过程。竞争的成功更源自各个国家的经济结构、价值观、文化、政治体制以及历史的差异”①。就现实而言，未来各地在努力推动文化产业发展的同时，也应该对文化生产在塑造本土竞争优势中的作用加以关注。对经济转型来说，文化资源——特别是具有地方性的特色文化资源——不是只有被纳入文化产业的发展，实现向经济资本的转化才有意义，能与现实中社会秩序的建构发生关联，参与到生态文明建设、社会建设和创造公平的制度环境、优美的宜居环境的过程中，并在与绿色发展、循环发展、低碳发展等理念的融汇中被不断重塑、调适和“挖掘”，逐渐内化于人们的生活，也同样会产生重要的价值。② 就民族文化产业的发展而言，也有学者主张，对它的分析不能只是从产业经济学和商品经济学的角度去展开，还应该将其作为一种重要的“民生经济”事项去思考，从增进社会总体福利的政治经济学传统以及文化多样性对整个社会的文化生产所具有的意义出发来重新认识和评估它的价值。③ 应该注意的是，在美国，政府通过减免税收的方法鼓励设立非营利的文化机构和向这些机构进行捐赠，这些机构支持、帮助博物馆、歌剧院、乐团、图书馆、美术馆等承担对公众进行艺术教育和扩大高雅文化的受众群的使命。它们可以被认为是非产业性的，但除了公益目标和公共使命之外，其在管理和运营上则显然属于“市场经济”。当下，仅

---

① 〔美〕迈克尔·波特：《国家竞争优势》，李明轩、邱如美译，华夏出版社，2002，第 17 ~ 18 页。

② 诸多学者之所以会对文化产业（大众文化）持批判态度就是因为在市场的主导和资本的操控下，它可能通过对现实的虚假的、能给人带来生动快感的“再现”而使人们与真实的社会现实之间发生脱节，不再对需要严肃对待的、重大的社会改良问题发生兴趣。正如麦克唐纳所说，大众文化以及它所销售的商品代替了“那些漂移不定、无以预测，因而也是不稳定的欢乐、悲剧、巧智、变化、独创性以及真实生活的美”。传播理论家拉扎菲尔德也表达过，人民因为将革新所赢得的时间与金钱，花在电影、广告及三流的杂志上面而失去了成为“优秀”人民的机会。参见 Dwight Macdonald, *A theory of Mass Culture*; Raiford Guins, Omayra Zaragoza Cruz, ed. *Popular Culture*: *A Read* (London: Sage Publications, 2005), 45; Paul Lazarsfeld, *Mass Culture Today*; Norman Jacobs, ed. *Mass Media in Modern Society* (New Brunswick: Transaction Publishers, 1992), P. 25 – 42。

③ 此观点来自施惟达教授。

艺术领域的非营利协会在美国就拥有209万名雇员，每年产生532亿美元的直接经济效益——不能用于向董事会成员分配，而必须被重新投入不动产或增加基金的本金，间接创收则可达到1340亿美元，涉及485万人的就业。美国文化之所以被认为有活力，美国文化产业的产品能在创新性方面引导世界潮流，部分原因可以说就在于此。[①]

（二）以公共文化服务满足各民族多样性的文化需求

从2005年11月7日中共中央办公厅、国务院办公厅发布《关于进一步加强农村文化建设的意见》算起，在公共财政的支持下，围绕国民基本文化权益的保障与实现，以公共文化服务设施免费开放、广播电视村村通、文化资源信息共享、送戏下乡（基层）、送电影下乡（基层）、灯光球场、文化广场、文化大院、农家书屋等为主要内容的公共文化服务体系建设在全国范围内的展开已逾8年。在中央财政专项资金的带动下，以政府为主导，以公益性文化单位为骨干，以统筹规划和完善基层公共文化基础设施为重点，公共文化服务体系建设在短短数年的时间内就实现了对全国城乡的全面覆盖，这确实是了不起的重大成就。但同时，由于提供文化服务内容的单一化、格式化而导致民众参与程度不高的问题也已暴露出来。

不可否认，博物馆免费开放、送戏下乡（基层）、送电影下乡（基层）、灯光球场、文化广场、文化大院、农家书屋等都是公共文化服务体系的重要组成部分。通过“直播卫星户户通”的实施，政府将一个个机顶盒接到了农民家里，农民从以前只能收到中央电视台1套、7套等5个频道，增加到现在的几十个频道；以数字资源建设为核心，全国文化信息资源共享工程的服务点遍及城乡，从北京到边疆地区偏僻的乡村可以实现文化信息实时共享；乡村图书馆——农家书屋使许多农村居民在中小学教材之外也开始阅读经济、科技、法律、卫生、文化类图书。如此种种，不但大大加快了城乡之间信息、知识、思想、观念的传播速率，促进了城乡一体化的发展，也使农村社会的文化流动性得以提高，增强了农村社会的发展活力。然而，以中国幅员之辽阔、文化之多样以及地区间现实存在着的经济发展程度上的巨大差异，将各地的公共文化服务体系都搞成一个模式

① 〔法〕弗雷德里克·马特尔：《论美国的文化》，周莽译，商务印书馆，2013，第278~306页。

确实不合时宜。根据在云南一些地州调研时的所见，部分地方乡村中已经建好的综合文化站、文化大院和农家书屋平常极少有人去，多数时间是大门紧锁，只有在领导视察时才打开；影碟机普及之后，送电影下乡的效果已经大不如前，常常是没几个人来看；有些地方由财政资金购置的可以上网的电脑被摆到了村干部家里，一般群众见识最多的还是“黑网吧”……作为基本公共服务的一部分，公共文化服务体系建设当然要强调公益性、基本性、均等性、便利性，但是，文化服务自有其不同于供水、供电、交通等非文化服务的特点和规律，并不能简单地用经济学和会计学的理念去处理。在公共文化服务体系的建设中，现行量化标准、集中采购、政府补贴、统一配送的模式并非总能起到积极作用。

由于文化产品可以影响、支配和控制人的思想及行为，对社会舆论形成有着重要的影响，任何一个国家政权都不可能不重视对文化生产的掌控。为了获得维持国家机器正常运行所需要的权威和舆论支持，“掌握和控制文化产品生产能力就成为人类社会发展的一种最重要的社会权力形态之一，成为现代国家最重要的国家权力之一”。[①] 以此为基点，国家政权要通过“国有或国有控股大型文化企业或企业集团”在文化产业的发展中起到主导作用之意愿本身其实是具有相当的（或者说一定的）合理性和必要性。然而，文化权利毕竟是整个人权体系中个体性特征最为强烈的类型，它的实现——参与文化生产、进行文化消费——攸关人类延续、社会运行的内在动力——思想自由——之维系，也因此更容易受到侵犯和不当压制。[②③] 恩格斯说过，希望通过宣传，可能时通过典型示范，从外面强加于社会一套“新的更完善的社会制度”的尝试一开始就注定要成为空想，“它越是制定得详尽周密，就越是要陷入纯粹的幻想”。[④] 本质上，公共文化服务只有尊重社会的现实需要，反映民众的根本利益，才能成为推动社会发展的力量，才能满足人民群众的精神文化需求。基于思想活动独立性、选择性、多样性和差异性的特点，公共文化服务要真正融入社会

---

① 胡惠林：《再论文化产业正义：文化产业权力与权利》，《东岳论丛》2010 年第 10 期，第 150 ~ 158 页。

② 〔法〕孟德斯鸠：《论法的精神》上册，张雁深译，商务印书馆，1995，第 326 页。

③ 〔德〕黑格尔：《法哲学原理》，范扬、张启泰译，商务印书馆，1979，第 263、326 页。

④ 〔德〕《社会主义从空想到科学的发展》，《马克思恩格斯选集》第 3 卷，人民出版社，1995，第 724 页。

建设、发展的实际过程，在增强社会活力、促进和谐稳定方面发挥更大的作用，就必须在公共文化服务体系的设计、规划中做到“因地制宜”，变由国家全面主导公共文化服务体系建设为以原则层面上的引导为主，标准化的量化考核为辅，充分注意各地方在民族、历史、经济、文化等方面存在的巨大差异，鼓励、吸收各种社会组织和个人积极参与公共文化服务的供给，努力以符合地方文化生产、文化消费特点的服务方式、服务内容来满足由这些差异导致的非标准化的区域性和群体性文化需求。

对改进公共文化服务体系有借鉴价值的是，在历史上，虽然历朝历代都在边疆民族地区倡导过移风易俗，但以强制手段在少数民族居住区推行汉装、汉俗、汉姓的情形确实较少发生。不仅汉族和少数民族的双向融合在各个时代、各个地区都有发生，各民族至今在语言、宗教信仰、风土人情、音乐舞蹈、美术文学、工艺品等诸多方面也都存在显著的多样性和差异性。根本上，相对于民族之间在礼仪、风俗、服饰上的区别，中华帝国的统治者更关注的其实是维系君臣伦理的现实政治秩序。秦汉以降，“在政治上定于一尊，但在人民生活方面，不论日常起居，还是岁时节庆，多元并存就是中国文化发展的主要特征。此种具有相当普适性的文化秩序一直延续至帝制灭亡，其间虽有相当程度的增减、转变与调适，却没有发生彻底的改变。[①] 中华人民共和国成立初期，云南各少数民族之间在文化发展上处于极不平衡的状态，许多少数民族都没有自己的文字。为消除各族人民对新兴政权的疑虑，加强与少数民族之间的联系，政府不仅通过普及学校教育、广泛分发领袖像、组织少数民族上层人士和积极分子赴内地参观、办展览会、派文工团（队）到村寨巡回演出、派电影工作队巡回放映电影等方式宣传、贯彻党和政府的政策，树立政府权威，还注意利用、改造传统仪式和风俗。如在1951年召开的西盟民族团结大会上，赴内地参观团成员拉勐向与会者宣讲：“过去我们坐井观天，认为阿佤是老大，这回出去看看才知道不对了，汉人才是老大。我们西盟这点人，用火车拉上几趟就拉光了。”此次大会上，当地党政部门负责人与头人们一起“载石头”、喝咒水、剽牛、立碑，碑上刻有“抗美援朝，保家卫国，民族团结，对敌斗争”的字样。[②] 1954年，西边工委派出慰问团到布朗山区，成员包括原勐混土司召

① 许倬云：《万古江河：中国历史文化的转折与开展》，上海文艺出版社，2006，第69、119页。

② 全国政协文史和学习委员会暨云南省政协文史委员会编《佤族百年实录》，中国文史出版社，2010，第355～356页。

火怀和民族文工团演出队。慰问过程中，为当地有代表性的头人隆重举行了象征幸福的“拴线”仪式，祝愿各族人民在共产党的民族团结平等政策指引下生活幸福美满。参加“拴线”的头人兴奋地说，（土司）上山和我们一起“拴线”是开天辟地第一次。这是他听毛主席的话来和我们团结。今后，布朗族也要听毛主席的话，对布朗山的其他民族讲平等团结。[①]

（三）重视合法宗教组织、宗教活动场所的作用

宗教问题与政治、经济、文化、民族等因素紧密关联，是关系社会和谐、民族团结和国家安全的重大问题。近三十年来，中国的宗教政策渐趋宽松，各种宗教的信徒人数和宗教活动场所的数量都有显著增长。在民族地区的许多地方，都有民众自发募款以修建寺庙、道观、教堂等宗教活动场所的现象，已建成宗教活动场所的日常维护也往往由村民自己负责。同时，如何用社会主义核心价值观引领和教育宗教界人士和信教群众，构建积极健康的宗教关系，也得到了社会各界愈来愈多的关注。

树立于781年的《大秦景教[②]流行中国碑》记录了贞观十二年七月（638年8月15日至9月12日）的一道皇帝诏令，从中可以看到这样的表述：“道无常名，圣无常体，随方设教，密济群生。”[③] 其实，不仅在唐朝，就唐以后的中国各个王朝而言，对芸芸众生进行教育感化也始终是它们在处理各种宗教问题时所要达到的最高目的。清朝的雍正皇帝也曾说：儒、释、道三教虽地位不同，却都主张“好生恶杀”“视人犹己”“禁过防非”，并各有独特的社会功用，“以佛治心，以道治身，以儒治世……三教虽各具治心、治身、治世之道，然各有所专，其各有所长，各有不及处，亦显而易见，实缺一不可者”。[④] 与中原王朝对待宗教的态度相因应，在古代的中国，宗教活动场所在社会功能上的复合性表现也十分突出，不只是要经常举行宗教活动，历代王朝还允许甚或鼓励宗教教团以宗教精神、宗教伦理为依据积极参与世俗世界的事务，分担政府在教育、救济、卫生等

---

① 全国政协文史和学习委员会暨云南省政协文史委员会编《布朗族百年实录》，中国文史出版社，2010，第244页。

② 景教是古代基督教的一派，于公元5世纪产生于拜占庭，其创始人为聂斯托里，所以也称聂斯托里教。唐贞观九年（635年），由叙利亚人阿罗本传入中国。

③ 〔英〕阿·克·穆尔：《一五五〇年前的中国基督教史》，郝镇华译，中华书局，1984，第43页。

④ 卿希泰主编《中国道教史》第4卷，四川人民出版社，1996，第8页。

公益事业方面的责任。

当下的云南，在许多文化事业单位的运转仍在依赖政府给项目、给资金、给政策的同时，群众自发或受政府引导利用宗教活动场所，通过自办文化来活跃业余生活、繁荣乡村（社区）文化的案例也已纷纷出现。如昆明市富民县大营镇小水井村闻名全国的农民合唱团同时也是教堂的唱诗班。20世纪上半叶，基督教传入小水井村。基督教会每次活动必须由唱诗班集体合唱赞美诗。从那时起，小水井村的苗族村民就开始在传教士的指导下学习一声部、三声部、四声部等唱法，并组织了可以进行多声部合唱的唱诗班。1982年，村里的基督教堂恢复活动后，63名虔诚的苗族基督徒重新组建了小水井教会的唱诗班，农闲时每周一、二、四、五共四次，农忙时每周至少进行一次排练。教堂特有的宗教气氛加上苗族的歌唱天赋与勤学苦练，成就了小水井村的基督教会唱诗班。以后，他们又在政府有关部门的引导和支持下，逐步走出教堂，在赞美诗之外开辟了歌唱祖国、歌唱人民、歌唱生活以及演唱中外名曲的新天地，开始既扮演教会唱诗班的角色，又担负苗族农民合唱团的责任。① 相似的还有云南傣族地区乡村中的“奘房”。奘房又称奘寺，一般特指南传上座部佛教的寺院。每个傣族村寨都有自己的奘房。它既是村寨的宗教活动中心，也是政治活动中心和文艺活动场所。凡是村寨的各种正式活动，均可在奘房及周围空地举行。近年来，傣剧被列入国家级非物质文化遗产名录，许多傣族村寨组织了自己的业余傣剧团，经常在奘房排练、演出根据佛经故事、民间叙事长诗、民间传说改编的传统傣剧剧目。

根据中国现阶段社会经济发展的实际状况，吸收借鉴历史和现实的经验，未来在信徒聚集的地区，在不侵犯信仰自由的前提下，通过修订《宗教事务条例》等相关法规，社区文化的繁荣、公共文化服务体系的建设与合法的宗教组织、宗教活动场所完全可以结合起来，像举行传统手工艺培训，举办绘画、书法甚至球类比赛都可以在宗教活动场所举行，也可以吸收教职人员参与公共文化服务设施的日常管护，这样不仅能节约资金投入，较易吸引群众的参与，也有利于合理释放宗教活动场所吸纳的社会资源，使之不至于因为功能的单一而蜕化为某些人敛财的工具和社会不安定因素的制造者；在更高的层次，则对化解宗教与世俗社会之间的紧张关

① 施雪钧：《“小水井”，歌声融化的苗寨》，《文汇报》2012年8月15日。

系、动员全社会力量共建和谐社会也会有所助益。

（四）注意发挥民族学研究在民族关系建构过程中的积极作用

哈贝马斯认为，人类社会迄今为止出现过三种关于合法性基础的证明水平，即叙述性的原始神话；宇宙学、本体论为基础的伦理学、高级宗教和哲学；符合科学精神或理性的形式原则的归纳观察和思辨演绎、按正当程序办事、“理性协议”。不管其内容如何，一个过时的阶段的合法性都将随着过渡到下一个更高的水平而贬值。[①] 就现实而言，虽然迄今为止所有的科学都只是以一种假说的混合所贡献的一种诠释结果，而社会科学的中心任务更是常常表现为在永无休止的批判和争辩中“解释我们的企图和活动怎么会引起不希望的结果，并力图弄清如果人们在某种社会环境中干各种各样的事会产生什么样的结果”，[②] 但作为人类理性地认识、理解社会现象的重要框架和知识依据的源头，在宗教、神话被祛魅，民主共和观念深入人心，中等以上教育日渐普及，社会分工的专门化和精细化程度显著提高的当代社会（或者说国家），社会科学研究必定会在社会秩序的合理化过程中扮演越来越重要的角色。对民族关系的建构来说，以民族文化为研究对象的民族学的作用自然是不容忽视。

回顾中华人民共和国成立后民族学发展的历史，其受到政治因素影响或者说为现实政治服务的特征是非常明显的，如中国科学院民族研究所成立时的任务书中即规定，该研究所应以“进行和推动全国的少数民族研究工作，培养这一方面的专业工作者，协助国家民族工作机构解决科学研究方面的有关问题，宣传党和国家的民族政策，巩固祖国的统一和各民族的团结，促进祖国社会主义事业的发展”为主要任务。[③] 为政治服务这样的“政治—学术”关系模式虽然对传播、阐释民族平等的观念，完善、发展民族学学科体系以及民族学研究机构的建立和增加起了巨大的促进作用，但就长远来说，可能会导致民族学既不能有效满足政治形势变化的需要，为国家对民族事务的处理或者说国家行为提供足够的合理性依据，也难以

---

① 〔德〕哈贝马斯：《重建历史唯物主义》，郭观义译，社会科学文献出版社，2000，第268～274页。

② 陈庆德：《人类学的理论预设与建构》，社会科学文献出版社，2006，第22～26页。

③ 宋蜀华、满都尔图主编《中国民族学五十年》，人民出版社，2004，第196、203、214页。

有助于人们对现实社会中的民族关系问题进行理性认知和彰显其作为独立学科的社会价值。以民族文化产业的发展为例，一方面，民族文化产业发展中所利用的各种民族文化符号往往是民族学整理、发现、研究的结果，在民族界限被政治化、法律化的大框架内和文化多样性受到全社会广泛关注的时代背景下，民族学和民族学家常常需要为文化符号的民族性和在当下民族社会生活中的有效性——这种民族性和有效性未必十分真实——做出诠释和保证；另一方面，国家民族的建构又必然会要求文化多样性和少数民族文化权益的保护，少数民族文化权利的行使不能损害主体民族和国家民族整体的利益以及国家社会秩序的统一、稳定，应该促进而非阻隔各民族之间的交流、交往、交融，并逐渐消除民族间“固有”的文化界限。这样的尴尬（或者说矛盾）已经突出地表现在近年来对现行民族政策的回顾性研究中。

对任何一个多民族国家来说，民族关系的处理、民族格局的建构都必然是国家管理的重要内容。另外，社会科学在现代社会中对社会秩序的合法化发挥着越来越重要的作用，这两者共同决定了以民族为研究对象的民族学在其发展过程中不可能不与政治或者说国家权力的运作发生关联。然而，政治系统和文化系统毕竟是两个各有自己的独特模式、运行规律和变化节奏，前者可以迅速变革，后者的改变显然是要缓慢许多。[①] 正如哈贝马斯所说，文化生产特别能抵制行政控制，“对符号进行商业生产和行政计划，会消耗掉虚拟的有效性规范力量。获取合法化的‘方式’一旦被看穿，对合法化的追求就会不战自败”[②]。学术研究同政治的关系应该也是如此。未来，为充分发挥民族学在引导民族关系发展和民族关系建构中的积极作用，就不能不围绕中华民族认同的培育、国家民族的建设和促进各民族之间的交往、交流、交融等主题，从超越民族间文化界限固定化的藩篱和文化民族主义的窠臼等入手，对文化生产与民族关系建构之间的关系和作用机制开展更多、更深入的跨学科及综合性研究。特别是对于近年来社会上出现的过度强调宗教文化、婚姻风俗、少数民族习惯法等文化类型、文化样式在少数民族日常生活中的影响和地位，并将其与现行法律相悖的

---

① 〔美〕丹尼尔·贝尔：《资本主义文化矛盾》，赵一凡、蒲隆、任晓晋译，三联书店，1989，第53~54、57~59页。

② 〔德〕哈贝马斯：《合法化危机》，刘北成、曹卫东译，上海人民出版社，2000，第93、96页。

地方进行合理化的现象，民族学界应该从学术研究的角度做出自己的积极回应。而揭示、阐释不同民族之间在政治、经济、社会思想、科学、技术、贸易等社会生活各方面的相互依赖，增进人们对不同文化、不同文明之间存在相似性和相互联系的了解，消除在处理政治、经济问题过程中存在的“对各种文化的令人吃惊的狭隘看法”正是民族学和民族学研究者们不可回避的社会责任。[①]

① 〔印度〕阿玛蒂亚·森：《身份与暴力：命运的幻象》，李风华等译，中国人民大学出版社，2009，第49~50、58、61~62页。

参考文献

一　专著

〔英〕阿·克·穆尔：《一五五〇年前的中国基督教史》，郝镇华译，中华书局，1984。

〔印度〕阿玛蒂亚·森：《身份与暴力：命运的幻象》，李风华等译，中国人民大学出版社，2009。

〔英〕埃里克·霍布斯鲍姆：《民族与民族主义》，李金梅译，上海人民出版社，2000。

〔美〕安德森：《想象的共同体——民族主义的起源与散布》，吴叡人译，上海人民出版社，2005。

白润生主编《少数民族新闻传播史》，民族出版社，2008。

〔美〕A. 班杜拉：《思想和行动的社会基础——社会认知论》，林颖等译，华东师范大学出版社，2001。

（东汉）班固：《汉书》，中州古籍出版社，2003。

〔英〕鲍桑葵：《关于国家的哲学理论》，汪淑钧译，商务印书馆，1995。

〔英〕贝拉·迪克斯：《被展示的文化：当代“可参观性”的生产》，冯悦译，北京大学出版社，2012。

〔法〕布迪厄：《文化资本与社会炼金术》，包亚明译，上海人民出版社，1997。

〔英〕布莱恩·S. 特纳、克里斯·瑞杰克：《社会与文化——稀缺和团结的原则》，吴凯译，北京大学出版社，2009。

常青：《石窟史话》，社会科学文献出版社，2012。

陈庆德、马翀伟：《文化经济学》，中国社会科学出版社，2007。

陈庆德、潘春梅、郑宇：《经济人类学》，人民出版社，2012。

陈庆德:《人类学的理论预设与建构》,社会科学文献出版社,2006。

陈云生:《宪法人类学》,北京大学出版社,2015。

陈征平:《云南早期工业化进程研究》,民族出版社,2002。

达力扎布主编《中国民族史研究 60 年》,中央民族大学出版社,2010。

〔美〕大卫·赫斯蒙德夫:《文化产业》,张菲娜译,中国人民大学出版社,2007。

〔美〕戴安娜·克兰:《文化生产:媒体与都市艺术》,赵国新译,译林出版社,2001。

〔美〕丹尼尔·贝尔:《资本主义文化矛盾》,赵一凡、蒲隆、任晓晋译,三联书店,1989。

杜维明:《对话与创新》,广西师范大学出版社,2005。

〔英〕厄内斯特·盖尔纳:《民族与民族主义》,韩红译,中央编译出版社,2002。

范俊杰:《联合国教科文组织关于保护语言与文化多样性文件汇编》,民族出版社,2006。

方国瑜:《滇史论丛》,上海人民出版社,1982。

方国瑜主编《云南史料丛刊》,云南大学出版社,1998。

方汉奇主编《中国新闻传播史》,中国人民大学出版社,2002。

《费孝通文集》第 5 卷,群言出版社,1999。

费孝通主编《中华民族多元一体格局(修订本)》,中央民族大学出版社,2003。

〔美〕弗朗西斯·福山:《信任——社会道德与繁荣的创造》,李宛蓉译,远方出版社,1998。

傅永寿:《南诏佛教的历史民族学研究》,云南民族出版社,2003。

高亨:《周易大传今注》,齐鲁书社,1998。

龚荫:《中国土司制度》,云南民族出版社,1992。

郭庆光:《传播学教程》,中国人民大学出版社,1999。

郭振铎、张笑梅主编《越南通史》,中国人民大学出版社,2001。

〔德〕哈贝马斯:《合法化危机》,刘北成、曹卫东译,上海人民出版社,2000。

〔德〕哈贝马斯:《交往行动理论第一卷:行为和理性与社会合理性》,

曹卫东译，上海人民出版社，2004。

〔德〕哈贝马斯：《在事实与规范之间：关于法律和民主法治国的商谈理论》，童世骏译，三联书店，2003。

〔德〕哈贝马斯：《重建历史唯物主义》，郭观义译，社会科学文献出版社，2000。

何怀宏：《选举社会——秦汉至晚清社会形态研究》，北京大学出版社，2011。

何勤华、李秀清主编《外国法制史》，复旦大学出版社，2010。

贺胜达：《缅甸史》，人民出版社，1992。

〔德〕黑格尔：《法哲学原理》，范扬、张启泰译，商务印书馆，1979。

红河哈尼族彝族自治州民族志编写办公室编《云南省红河哈尼族彝族自治州民族志》，云南大学出版社，1989。

胡惠林、陈昕、单世联主编《文化战略与管理》第1卷，上海人民出版社，2011。

胡惠林：《文化产业概论》，云南大学出版社，2005。

胡惠林：《文化产业学》，高等教育出版社，2006。

黄光学主编《中国的民族识别》，民族出版社，1994。

黄汉国：《铜鼓王：彝族英雄史诗》，云南人民出版社，1991。

黄仁宇：《大历史不会萎缩》，广西师范大学出版社，2004。

黄一农：《社会天文学史十讲》，复旦大学出版社，2004。

〔美〕吉尔兹：《地方性知识：阐释人类学论文集》，王海龙、张家瑄译，中央编译出版社，2000。

〔加〕哈罗德·伊尼斯：《帝国与传播》，何道宽译，中国人民大学出版社，2003。

贾春增主编《民族社会学概论》，中央民族大学出版社，1996。

江应樑：《江应樑民族研究文集》，民族出版社，1992。

〔英〕卡尔·波兰尼：《大转型：我们时代的政治经济起源》，冯刚、刘阳译，浙江人民出版社，2007。

〔美〕克利福德·格尔茨：《文化的解释》，韩莉译，译林出版社，1999。

李洪涛：《精神的雕像——西南联大纪实》，云南人民出版社，2001。

李慧铨：《滇史求索录》，云南人民出版社，2011。

李昆声、祁庆富：《南诏史话》，文物出版社，1985。

李力：《彝族文学史》，四川民族出版社，1994。

李霖灿：《南诏大理国新资料的综合研究》，台北故宫博物院，1982。

李明杰：《中国出版史》（上卷·古代），湖南大学出版社，2008。

李鸣：《中国民族法制史论》，中央民族大学出版社，2008。

李益荪：《马克思“艺术生产”理论研究》，四川出版集团巴蜀书社，2010。

梁漱溟：《这个世界会好吗：梁漱溟晚年口述》，东方出版中心，2006。

廖德广：《南诏德化碑探究》，云南民族出版社，2006。

刘凤云、刘文鹏编《清朝的国家认同——“新清史”研究与争鸣》，中国人民大学出版社，2010。

刘光智：《云南教育简史》，贵州人民出版社，1993。

刘海峰：《科举学导论》，华中师范大学出版社，2005。

刘海峰、李兵：《中国科举史》，东方出版中心，2006。

刘琳校注《华阳国志校注》，巴蜀书社，1984。

刘晴波编《杨度集》，湖南人民出版社，1986。

刘小兵：《滇文化史》，云南人民出版社，1991。

〔美〕刘易斯·芒福德：《城市发展史——起源、演变和前景》，宋俊岭、倪文彦译，中国建筑工业出版社，2004。

麻国庆：《永远的家：传统惯性与社会结合》，北京大学出版社，2009。

〔意〕马基雅维里：《君主论》，李盈译，天津教育出版社，2004。

《马克思恩格斯全集》（第46卷），人民出版社，1980。

马戎：《民族社会学：社会学的族群关系研究》，北京大学出版社，2004。

〔法〕马特尔：《论美国的文化》，周莽译，商务印书馆，2013。

〔美〕马文·佩里：《西方文明史》（上卷），胡万里等译，商务印书馆，1991。

迈克尔·波特：《国家竞争优势》，李明轩、邱如美译，华夏出版社，2002。

《毛泽东选集》，人民出版社，1991。

孟繁华：《传媒与文化领导权——当代中国的文化生产与文化认同》，山东教育出版社，2003。

〔法〕孟德斯鸠：《论法的精神（上册）》，张雁深译，商务印书馆，1995。

（明）胡我琨：《钱通》，余全有译注，重庆出版社，2009。

缪云台：《缪云台回忆录》，中国文史出版社，1991。

〔法〕莫斯：《礼物：古式社会中交换的形式与理由》，汲喆译，上海人民出版社，2002。

木芹：《南诏野史会证》，云南人民出版社，1990。

（南朝）范晔：《后汉书》，中华书局，1965。

《南诏大理历史文化国际学术讨论会论文集》，民族出版社，2006。

牛鸿斌、谢本书主编《云南通史》第6卷，中国社会科学出版社，2011。

潘先林：《民国云南彝族统治集团研究》，云南大学出版社，1999。

彭信威：《中国货币史》，上海人民出版社，1965。

〔英〕齐格特·鲍曼：《个体化社会》，范祥涛译，上海三联书店，2002。

钱穆：《钱宾四先生全集》，联经出版事业公司，1998。

卿希泰主编《中国道教史》第4卷，四川人民出版社，1996。

全国政协文史和学习委员会暨云南省政协文史委员会编《布朗族百年实录》，中国文史出版社，2010。

全国政协文史和学习委员会暨云南省政协文史委员会编《佤族百年实录》，中国文史出版社，2010。

全国政协文史资料委员会编《淘金旧梦：在华洋商纪实》，中国文史出版社，2001。

任继愈：《任继愈自选集》，重庆出版社，2000。

〔瑞士〕费尔迪南·德·索绪尔：《普通语言学教程》，高明凯译，商务印书馆，1980。

〔美〕萨林斯：《文化与实践理性》，赵丙祥译，上海人民出版社，2002。

沈志佳编《余英时文集》第4卷，广西师范大学出版社，2004。

〔美〕施传刚：《永宁摩梭》，刘永青译，云南大学出版社，2003。

施惟达、段炳昌等编《云南民族文化概说》，云南大学出版社，2006。

〔英〕Joe Cribb · Barrie Cook · Ian Czrradice：《世界各国铸币史》，刘森译，中华书局，2005。

宋蜀华、满都尔图主编《中国民族学五十年》，人民出版社，2004。

（宋）司马光：《资治通鉴》，中华书局，1956。

孙立平：《转型与断裂：改革以来中国社会结构的变迁》，清华大学出版社，2004。

孙培青：《中国教育史》，华东师范大学出版社，2000。

《孙中山全集》，中华书局，2006。

〔英〕汤因比：《历史研究（上）》，曹未风等译，上海人民出版社，1986。

陶立璠等编《中国少数民族神话汇编：人类起源篇》，中央民族学院少数民族古籍整理出版规划领导小组办公室，内部资料，1984。

〔法〕涂尔干、莫斯：《原始分类》，汲喆译，上海人民出版社，2005。

〔法〕涂尔干：《社会分工论》，渠东译，三联书店，2000。

汪宁生：《云南考古》，云南人民出版社，1980。

汪榕：《佛在云南：从西双版纳到香格里拉的佛教之旅》，中国旅游出版社，2009。

汪圣铎：《两宋货币史》，社会科学文献出版社，2003。

王建娥、陈建樾等：《族际政治与现代民族国家》，社会科学文献出版社，2004。

王明珂：《英雄祖先与弟兄民族：根基历史的文本与情境》，中华书局，2012。

王文光、龙晓燕、陈斌：《中国西南民族关系史》，中国社会科学出版社，2005。

王余光、吴永贵：《中国出版通史（民国卷）》，中国书籍出版社，2008。

〔德〕韦伯：《中国的宗教：宗教与世界》，康乐、简惠美译，广西师范大学出版社，2004。

〔美〕沃勒斯坦：《现代世界体系》第1卷，罗荣渠等译，高等教育出版社，1997。

〔美〕乌戈·马太、劳拉·纳德：《西方的掠夺——当法治非法时》，苟海莹译，社会科学文献出版社，2012。

〔意〕乌蒙勃托·艾科：《符号学理论》，卢德平译，中国人民大学出版社，1990。

萧公权：《中国政治思想史》，新星出版社，2005。

许敏、木霁弘：《奠庚气象——唐继尧传》，云南人民出版社，1993。

许倬云：《万古江河：中国历史文化的转折与开展》，上海文艺出版社，2006。

薛冰：《钱神意蕴》，书海出版社，2004。

薛晓源、曹荣湘编《全球化与文化资本》，社会科学文献出版社，2005。

杨寿川主编《贝币研究》，云南大学出版社，1997。

杨学政、韩军学、李荣昆：《云南境内的世界三大宗教》，云南人民出版社，1993。

杨郁生：《白族美术史》，云南民族出版社，2005。

叶赋桂：《新制度与大革命：以近代知识分子和教育为中心》，教育科学出版社，2010。

〔美〕易社强：《战争与革命中的西南联大》，饶佳荣译，传记文学出版社，2010。

尹欣、纳麒主编《2010—2011 云南文化发展蓝皮书》，云南大学出版社，2011。

尤中：《僰古通纪浅述校注》，云南人民出版社，1988。

尤中：《云南民族史》，云南大学出版社，1994。

〔澳〕约翰·哈特利：《文化研究简史》，季广茂译，金城出版社，2008。

〔英〕约翰·斯道雷：《文化理论与通俗文化导论》，杨竹山等译，南京大学出版社，1993。

云南省博物馆编《云南青铜文化论文集》，云南人民出版社，1991。

云南省少数民族古籍整理出版规划办公室：《云南少数民族古典史诗全集》，云南教育出版社，2009。

曾宪义主编《中国法制史》，中国人民大学出版社，2009。

展龙：《元明之际士大夫政治生态研究》，人民出版社，2013。

张岱年、方克力主编《中国文化概论》，北京师范大学出版社，2004。

张光直：《中国青铜时代》，三联书店，1990。

张晋藩主编《中国司法制度史》，人民法院出版社，2004。

张文勋、施惟达、张胜冰等：《民族文化学》，中国社会科学出版社，1998。

张文勋主编《白族文学史》，云南人民出版社，1983。

张文勋主编《滇文化与民族审美》，云南大学出版社，1991。

张旭东：《全球化时代的文化认同：西方普遍主义话语的历史批判》，北京大学出版社，2005。

郑杭生主编《民族社会学概论》，中国人民大学出版社，2011。

郑卫东：《文明交往视角下纳西族文化的发展》，云南民族出版社，2011。

郑学檬主编《中国赋役制度史》，上海人民出版社，2000。

中共中央文献研究室编《毛泽东文集》，人民出版社，1999。

中国第二历史档案馆编《护国运动》，江苏古籍出版社，1988。

中国人民政治协商会议云南省委员会文史资料研究委员会编《云南文史资料选辑第17辑》，云南人民出版社，1982。

周华山：《无父无夫的国度》，光明日报出版社，2001。

周平：《民族政治学》，云南大学出版社，2011。

左玉堂主编《彝族文学史》（下），云南民族出版社，2006。

Pamela Crossley, Orphan Warriors, *Three Manchu Generations and the End of the Qing World* (Princetot: Princeton University Press, 1990).

Pamela Crossley, *A Translucent Mirror: History and Identity in Qing Imperial Ideology* (Berkeley and Los Angeles: University of California Press, 1999).

Norman Jacobs, ed, *Mass Media in Modern Society* (New Brunswick: Transaction Publishers, 1992).

Raiford Guins, Omayra Zaragoza Cruz, ed, *Popular Culture: A Read* (London: Sage Publications, 2005).

二　期刊文献

陈奇佳：《市场经济条件下的文化生产问题——以马克思的精神生产学说为批判视角》，《江海学刊》2010年第4期。

陈庆德：《民族文化资本化论题的实质与意义》，《云南大学学报》2004年第2期。

单世联：《寻找文化产业的中国论说》，《粤海风》2003年第1期。

董凯：《作为政治叙事的十七年少数民族电影》，《电影艺术》2011年第4期。

傅永军：《公共领域与合法性：兼论哈贝马斯合法性理论的主题》，《山东社会科学》2008年第3期。

谷鹏飞：《人民币设计图案的风格演变——中国当代设计美学思想史的一页》，《文艺评论》2006年第6期。

胡鞍钢、胡联合：《第二代民族政策：促进民族交融一体和繁荣一体》，《新疆师范大学学报》（哲学社会科学版）2011年第5期。

胡惠林：《再论文化产业正义：文化产业权力与权利》，《东岳论丛》

2010 年第 10 期。

胡惠林：《中国文化产业战略力量的发展方向——兼论金融危机下的中国文化产业新政》，《学术探索》2009 年第 8 期。

黄柏权：《先秦时期“武陵民族走廊”的民族格局》，《思想战线》2008 年第 3 期。

黄柏权：《元明清时期武陵民族走廊的民族格局》，《三峡大学学报》2009 年第 1 期。

金元浦：《文化生产力与文化产业》，《求是》2002 年第 20 期。

李佃来：《合法性：哈贝马斯政治哲学的焦点》，《人文杂志》2010 年第 5 期。

李东红：《阿吒力教派与白族本主崇拜》，《思想战线》1999 年第 4 期。

《历史上孔庙的称谓和类型》，《南方文物》2002 年第 4 期。

林治波：《“君子和而不同”的解读》，《人民论坛》2009 年第 4 期。

刘仲华：《清代新疆的封建教育和科举》，《西北史地》1997 年第 2 期。

马戎：《当前中国民族问题研究的选题与思路》，《中央民族大学学报》2007 年第 3 期。

马戎：《关于“民族”定义》，《云南民族学院学报》2000 年第 1 期。

马戎：《理解民族关系的新思路：少数民族问题的“去政治化”》，《北京大学学报》2004 年第 6 期。

马戎：《现代中国民族关系的类型划分》，《社会》2008 年第 1 期。

马戎：《族群关系变迁影响因素的分析》，《西北民族研究》2003 年第 4 期。

木霁弘：《论南诏文化的形成及特点》，《思想战线》1990 年第 4 期。

欧阳林夕：《“云南旅游小镇模式”推向全国》，《创造》2006 年第 6 期。

沈寿文：《〈唐律疏议〉“化外人”辨析》，《云南大学学报》（法学版）2006 年第 3 期。

施惟达：《论民族文化品牌》，《民族艺术研究》2002 年第 6 期。

施惟达：《民族文化的价值及其经济化》，《思想战线》2004 年第 3 期。

施惟达：《民族文化：中国—东盟文化产业发展的重要资源》，《民族艺术研究》2006 年第 6 期。

石钟健：《大理明代墓碑的历史价值〈大理访碑录〉代序》，《中南民族学院学报》1993 年第 2 期。

万俊人：《经济全球化与文化多元论》，《中国社会科学》2001 年第 2 期。

王凤杰、王力：《清代贵州少数民族科举探析》，《贵州民族研究》2012 年第 3 期。

王茜：《清代开发：对新疆民族分布格局与关系的影响分析》，《黑龙江民族丛刊》2009 年第 6 期。

王文光、翟国强：《西南民族的历史发展与中华民族多元一体格局关系述论》，《思想战线》2005 年第 2 期。

肖瑶：《从晚明辽东民族格局看“多元一体”理论》，《大连民族学院学报》2007 年第 4 期。

徐杰舜、罗树杰：《广西多民族格局发展轨迹述论》，《广西民族研究》1997 年第 4 期。

杨浣、陆宁：《略论唐宋党项政策与西北民族格局的互动》，《宁夏大学学报》2003 年第 4 期。

一言：《试论班洪佧佤十七王民族自决会》，《历史档案》1999 年第 3 期。

云南省建设厅：《旅游小城镇建设“云南模式”》（之一），《建设科技》2007 年第 9 期。

云南省建设厅、云南省旅游局：《加快“旅游小镇”建设，走云南特色城镇化发展道路》，《小城镇建设》2006 年第 7 期。

张詠：《焕然在严控的气象中——论明代新民族格局的形成》，《宁夏大学学报》2003 年第 5 期。

赵利生：《民族社会规范与民族社会秩序的重构——以法律为主导的多元社会秩序论》，《兰州大学学报》2003 年第 3 期。

赵利生：《民族社会控制系统分析》，《甘肃政法学院学报》2003 年第 4 期。

郑永年：《中国的“共享价值”》，《南方人物周刊》2009 年第 29 期。

周平：《政治学视野下的中国民族和民族问题》，《思想战线》2009 年第 6 期。

周雁群：《云南摩梭姑娘：走婚不乱婚》，《青春期健康：人口文化》2010 年第 4 期。

三 学位论文

程印学：《清朝经营傣族研究》，博士学位论文，中央民族大学，2005。

段金生：《南京国民政府的边政》，博士学位论文，云南大学，2010。

李晓斌：《历史上云南文化交流现象研究》，博士学位论文，云南大学，2002。

李晓华：《桂西壮族与西双版纳傣族封建领主制比较研究》，博士学位论文，中央民族大学，2007。

陆韧：《变迁与交融——明代云南汉族移民研究》，博士学位论文，云南大学，1999。

马廷中：《云南民国时期民族教育研究》，博士学位论文，中央民族大学，2004。

马志敏：《中国共产党云南民族工作研究》，博士学位论文，中央民族大学，2006。

沈海梅：《明清云南妇女生活研究》，博士学位论文，云南大学，1999。

伊利贵：《民国时期西南“夷苗”的政治承认诉求：以高玉柱的事迹为主线》，博士学位论文，中央民族大学，2011。

尤伟琼：《云南民族识别研究》，博士学位论文，云南大学，2012。

余文兵：《帝国深入西南边地——清中期中央政府对滇缅边区的治理》，博士学位论文，中央民族大学，2011。

周智生：《商人与近代中国西南边疆社会》，博士学位论文，云南大学，2002。

朱映占：《民国时期的西南民族》，博士学位论文，云南大学，2012。

四 报纸文献

陈奎元：《信仰马克思主义，做坚定的马克思主义者》，《光明日报》2011 年 6 月 13 日。

褚东华、张议橙：《回眸2013年云南旅游》，《云南日报》2013年12月28日。

单世联：《中国文化产业：观察与评论》，《文汇报》2013年4月8日。

费孝通：《论“和而不同”》，《人民日报》（海外版）2000年11月15日。

郝时远：《关于中华民族建构问题的几点思考：评析“第二代民族政策”说之五（中）》，《中国民族报》2012年4月20日。

黄晓峰、丁雄飞：《许继霖谈新天下主义》，《东方早报》2012年1月14日。

《警惕文化产业园“泡沫”化》，《中国财经报》2012年5月10日。

廖君、赵仁伟、杨一苗等：《文化产业园区房地产化趋势明显》，《经济参考报》2012年5月11日。

刘力达：《多元文化主义面临终结》（下），《中国民族报》2011年9月22日。

马戎：《美国如何处理“民族问题”》，《南方周末》2009年7月16日。

马戎：《文化娱乐中怎么体现“多民族国家”》，《南方周末》2010年3月4日。

施雪钧：《“小水井”，歌声融化的苗寨》，《文汇报》2012年8月15日。

王方等：《欧洲蔓延多元文化失败论，种族主义终难杜绝》，《环球时报》2010年10月16日。

吴楚克：《中国民族问题产生的原因及解决之道》，《中国民族报》2013年2月8日。

《云南民族文化大省建设纲要》，《云南日报》2000年1月2日。

《云南文化产业2012年增加值达635亿元》，《中国文化报》2013年11月25日。

张杨：《巍山南诏国和大理王宫项目签约》，《大理日报》2012年9月24日。

张一凯：《我省在年内启动全省50个旅游特色村建设》，《云南日报》2008年10月29日。

郑永年：《中国少数民族政策的问题到底在哪里?》，《联合早报》2009年7月21日。

《中共中央关于深化文化体制改革、推动社会主义文化大发展大繁荣若干重要问题的决定》，《人民日报》2011 年 10 月 26 日。

五 电子文献

《保护和促进文化表现形式多样性公约》，中国人大网，http：//www. npc. gov. cn/wxzl/gongbao/2007 - 02/01/content_ 5357668. htm，2016 年 5 月 2 日。

单世联：《阐释文化产业：三种视角》，中国战略与管理研究会官方网站，http：//www. cssm. org. cn/view. php？id = 18550，2016 年 4 月 29 日。

国家民族事务委员会研究室：《新中国民族工作十讲》，国家民委网站，http：//www. seac. gov. cn/art/2010/11/8/art_ 109_ 116014. html，2016 年 4 月 30 日。

《国家“十二五”时期文化改革发展规划纲要》，中央政府门户网站，http：//www. gov. cn/jrzg/2012 - 02/15/content_ 2067781. htm，2016 年 4 月 29 日。

胡惠林：《国家需要文化治理》，光明网，http：//theory. gmw. cn/2012 - 06/23/content_ 4402035. htm，2016 年 5 月 2 日。

胡锦涛：《努力建设持久和平、共同繁荣的新世界——在联合国成立六十周年首脑会议上的讲话》，新华网，http：//news. xinhuanet. com/world/2005 - 09/16/content_ 3496858. htm，2016 年 5 月 2 日。

林琳、刘伟：《云南：“三结合”“三创新” 推动文化产业一路走红》，凤凰网，http：//finance. ifeng. com/a/20090723/978371 _ 0. shtml，2016 年 5 月 2 日。

《世界文化多样性宣言》，中国民族宗教网，http：//www. mzb. com. cn/html/report/28807 - 1. htm，2016 年 5 月 2 日。

温家宝：《把目光投向中国——在哈佛大学的演讲》，人民网，http：//www. people. com. cn/GB/shehui/1061/2241298. html，2016 年 5 月 2 日。

温家宝：《尊重文明的多样性——在阿拉伯国家联盟总部的演讲》，中央政府门户网站，http：//www. gov. cn/ldhd/2009 - 11/08/content _ 1458959. htm，2016 年 5 月 2 日。

《文化部、国家民委关于印发〈关于进一步加强少数民族文化工作的意见〉的通知》，国家民委信息中心，http：//whxcs. seac. gov. cn/art/2013/8/23/art_ 6874_ 189345. html，2016 年 4 月 29 日。

《文化部“十二五”时期文化产业倍增计划》，文化部官方网站，http：//www. mcprc. gov. cn/preview/special/3477/3478/201203/t20120301_231780. html，2016 年 5 月 2 日。

《云南省召开全面启动旅游业改革发展点发布会》，中央政府门户网站，http：//www. gov. cn/xwfb/2009 – 05/27/content_ 1326184. htm，2016 年 5 月 2 日。

《云南香格里拉藏传佛教寺院吸引八方来客》，新华网，http：//www. yn. xinhuanet. com/newscenter/2012 – 03/16/c_ 131471262. htm，2016 年 5 月 2 日。

《中国苏维埃政府、中国共产党中央为抗日救国告全体同胞书》（1935 年 8 月 1 日），人民网，http：//news. xinhuanet. com/ziliao/2015 – 09/01/c_128185197. htm，2016 年 4 月 20 日。

图书在版编目(CIP)数据

文化视域下的社会变革：云南民族关系演进与文化生产/刘涛著. --北京：社会科学文献出版社，2016.12

ISBN 978-7-5097-9810-2

Ⅰ.①文… Ⅱ.①刘… Ⅲ.①文化史-研究-云南 Ⅳ.①K297.4

中国版本图书馆CIP数据核字（2016）第245723号

文化视域下的社会变革

——云南民族关系演进与文化生产

著　　者／刘　涛

出 版 人／谢寿光
项目统筹／李　闯
责任编辑／陈　颖　王　展

出　　版／社会科学文献出版社·皮书出版分社(010)59367127
　　　　　地址：北京市北三环中路甲29号院华龙大厦　邮编：100029
　　　　　网址：www.ssap.com.cn
发　　行／市场营销中心（010）59367081　59367018
印　　装／三河市东方印刷有限公司

规　　格／开　本：787mm×1092mm　1/16
　　　　　印　张：14.75　字　数：251千字
版　　次／2016年12月第1版　2016年12月第1次印刷
书　　号／ISBN 978-7-5097-9810-2
定　　价／59.00元

本书如有印装质量问题，请与读者服务中心（010-59367028）联系